GÉNÉRATION GALÈRE

GÉRARD BARDY

GÉNÉRATION GALÈRE

8 millions de jeunes
dans la tourmente

Albin Michel

© Éditions Albin Michel S.A., 1993
22, rue Huyghens, 75014 Paris

ISBN 2-226-06621-7

A Christophe
et à ses copains de 20 ans.

Impose ta chance,
Sers ton bonheur,
Et va vers ton risque.
A te regarder, ils s'habitueront.

RENÉ CHAR.

Avant-propos

Qu'avons-nous fait de leurs vingt ans ?

Lancinante, parfois insupportable, la question se pose et s'impose à nous avec chaque jour plus d'acuité. Elle obsède les meilleures consciences, culpabilise nombre de parents, trouble les enseignants et les éducateurs et déroute les politiques. En imposant le silence aux intéressés.

Ils sont nés dans des familles éclatées, parfois atomisées, ont été plongés dans un système éducatif en perpétuelle mutation, abordent le monde du travail par le chemin tortueux des petits boulots et de l'Agence pour l'emploi.

Ils ont acquis une conscience de citoyen à l'ère du « Dieu » Mitterrand, se sont dégoûtés de la politique des « affaires » et ont appris à voir en direct le monde s'embraser par le seul prisme du petit écran.

Ils désertent les mouvements associatifs, fuient les formations politiques classiques et tournent le dos aux syndicats pour planter le nez dans les étoiles et rêver d'une société plus solidaire, d'une terre mieux protégée, d'une approche plus humaniste des grands problèmes de la planète.

Ils savent que l'amour peut être mortel, la crise durable et la guerre toujours possible à deux pas des frontières.

Qu'avons-nous fait de leurs vingt ans ?

Acteurs directs ou indirects, nous observons à bonne distance, comme des apprentis ethnologues, cette génération pas comme les autres. Ne sachant trop que dire ni que faire. Refusant d'y reconnaître le fruit de nos amours.

Ils ne forment pas vraiment une population homogène mais expriment sans haine ni complexe leurs différences sociales, culturelles ou géographiques.

Ils font taire leurs divergences pour faire cause commune face aux mêmes « galères », aux mêmes écueils sur lesquels — drogue ou sida — leur jeune vie peut venir s'échouer.

Ils refusent nos références pour parler d'une même voix d'un monde bien à eux, sans vouloir des vieux schémas en faillite ni savoir par quoi les remplacer.

Leurs doutes puisent leurs racines plus dans leurs interrogations intérieures que dans un quelconque rejet de la société qui les entoure. Bien incapables, souvent, de contester des règles qu'ils ont beaucoup de difficultés à comprendre.

Ils forment, entre dix-huit et vingt-cinq ans, une génération en mal d'héritage, à qui rien de solide, rien de crédible, rien d'enthousiasmant ne semble avoir été légué. Une génération en manque d'histoire et de racines pour inventer son avenir. Une génération en quête de repères, qui cherche des bornes et des balises pour tracer son itinéraire. Une génération qui, pour l'heure au moins, n'aspire ni à bousculer ni à combattre, mais qui réclame un peu d'écoute, un minimum de dialogue, des clés pour comprendre et espérer, des cartes moins brouillées pour choisir son chemin et peser sur son propre destin.

Ce parcours au cœur d'une génération désenchantée est plus ambitieux qu'un constat et moins catégorique qu'un réquisitoire : il se veut un cri, où l'amertume le dispute à l'espérance.

1

Et si demain, la rue ?

Il y a quelque chose de menaçant dans un trop grand silence.

SOPHOCLE, *Antigone.*

C'est un échec à la mesure de cette fin de siècle, un drame sourd et douloureux sur lequel personne ne souhaite vraiment ouvrir les yeux et les oreilles, un miroir sans complaisance qui nous renvoie en pleine face nos manquements, nos lâchetés, nos incompétences et nos bassesses. C'est une plaie ouverte sur le flanc gauche, pas loin du cœur, et que nous ne savons pas guérir. Nous voulons croire à un mal bénin, sans envisager qu'il puisse s'agir d'un cancer et que ce cancer puisse emporter le malade.

C'est eux qui le disent. « Avoir vingt ans aujourd'hui, c'est galère. » Il n'est pas une enquête d'opinion, un sondage, une étude statistique qui, depuis quelques années, ne vienne jeter en pleine lumière les doutes, les peurs, les maux et — pis encore — l'absence d'espoir des jeunes.

« Je ne laisserai dire à personne que vingt ans est le plus bel âge de la vie », disait Paul Nizan. L'amer constat n'a sans doute jamais été aussi vrai, en temps de paix, dans la société française. Il n'est pas nécessaire de chercher à noircir le tableau, les faits y suffisent très largement. Les indicateurs sont au rouge et les tendances lourdes, comme disent sociologues et statisticiens, vont en s'aggravant un peu plus.

Les jeunes sont dans le tunnel. Il n'est que temps de voler au secours de cette génération désenchantée, de lui redonner espoir, de la convaincre qu'elle est le socle naturel de la France de demain, l'ancrage du nouveau millénaire, le germe d'un monde formidablement passionnant et toujours plein de promesses.

L'heure n'est plus au silence. Le temps est venu de provoquer un sursaut et de dire à ceux de vingt ans : à vous de conquérir, à vous de bâtir, à vous de (nous) bousculer, à vous de gagner, à vous de rêver. A vous de vivre !

Ils sont nés au début des années 70, dans l'ambiance de la première crise du pétrole, lorsque les Bédouins des déserts du Moyen-Orient ont décidé, de retour de Harvard, de provoquer sur nos économies occidentales la plus belle des marées noires. Le souvenir du grand chahut de mai 1968 commençait à peine à s'estomper et la « maison France » — l'expression était alors d'usage — tournait encore à plein régime. Tous les pères, ou presque, partaient au travail chaque matin. Renault, Simca, Peugeot, Thomson, Singer et les autres battaient le Maghreb et même la Turquie à la recherche de bras solides pour venir, par charters complets, jusque dans nos villes et nos campagnes afin d'y fabriquer à la chaîne des voitures, des réfrigérateurs, des machines à laver. Et des télévisions. Les banlieues de nos villes poursuivaient sans émoi leur enlaidissement alors que les autoroutes déployaient leurs tentacules à travers des campagnes où le moindre lopin de terre laissé à l'abandon faisait la honte du paysan.

A Colombey-les-Deux-Eglises, une croix austère et toute neuve portait à jamais l'ombre de ses bras gigantesques sur un peuple de fidèles meurtris que viendrait peu à peu rejoindre l'armée des ingrats repentis. A l'Elysée, en président bonhomme, Georges Pompidou jouait aux Légo avec les tours de la Défense et au Meccano au bord du trou des Halles. Tout à sa récolte à venir, Valéry Giscard d'Estaing plantait déjà des cactus. Et dans l'opposition, dépité après son coup d'Etat manqué de mai 68, François Mitterrand rongeait toujours impatiemment son frein, sans pour autant user ses incisives encore intactes. On dit aujourd'hui que cette France-là, celle du plein emploi et de l'explosion de la grande consommation, était heureuse mais qu'elle ne le savait pas. Parce qu'elle étudiait, travaillait et s'enrichissait, peut-être n'avait-elle pas de temps à perdre pour se tâter le pouls ou se regarder le nombril.

Petits garçons et petites filles, ils avaient ce que l'on appelait encore l' « âge de raison », lorsqu'en 1981 François Mitterrand s'est enfin installé à l'Elysée, avec communistes et bagages. A la force du poignet et des promesses. A la loyale, pensait-on encore. Lui avait le profil du parfait grand-père et parlait suavement, avec des mots qui sonnaient juste, de la France tranquille et du peuple de gauche. Eux montraient de jolies frimousses et des esprits neufs qui s'offraient à la vie. De guerre lasse, leurs parents venaient d'ouvrir grandes les fenêtres de la forteresse républicaine. Pour en chasser la poussière, disaient-ils, accumulée par plus de vingt ans de gaullo-pompidolo-giscar-disme.

Enfance, pré-adolescence... les années ont passé vite. On n'est pas sensible aux débats politiques ni à la marche du monde à ces âges-là. Ce sont des affaires de grands. Leurs parents, plus qu'eux, ont d'abord eu droit à un tableau impressionniste de la France des villages, avec champs de blé et clocher pointu, barbouillé plus que peint à la gouache rose. Qui pouvait seulement soupçonner qu'il s'agissait en fait de *L'Escamoteur* du peintre hollandais Jérôme Bosch, tableau qui pourrait symboliser la France de 1981 puisqu'il représente un attroupement de badauds médusés par un camelot tandis que, venu par l'arrière, un complice leur vole leur bourse ? Il n'était question que de bonheur, de partage, de justice et de solidarité. La semeuse semait à tous les vents. La France ne serait plus un goulag puisqu'elle passait des ténèbres à la lumière : Jack Lang le disait et c'était donc vrai !

Et puis, comment ne pas croire les belles promesses de ce gentil Tonton que les gros bataillons de la presse post-soixante-huitarde transformaient peu à peu, à coups d'encensoir, en demi-Dieu puis en Dieu à part entière ? Comment pouvait-on, surtout parmi les plus jeunes, douter un seul instant de la parole d'un homme d'âge si respectable ? Les illusionnistes n'ont jamais soixante-dix ans.

C'est sans doute au stade de l'adolescence que le choc a été le plus rude pour ceux qui sont aujourd'hui de jeunes adultes, c'est-à-dire les dix-huit-vingt-cinq ans. En 1981, à la veille de son élection, François Mitterrand avait été catégorique. « Avec moi, avait-il

18

promis, la France ne comptera pas deux millions de chômeurs. Je m'y engage. Grâce au plan que j'ai développé, je serai en mesure de faire recruter sur les plans public et privé un million de jeunes dans l'année. Et, de même, grâce aux 35 heures de travail hebdomadaire, nous créerons 950 000 emplois. » Heureusement que, dans son livre-programme *Ici et maintenant*[1], le même François Mitterrand avait pris la précaution d'aider l'opinion à le juger. Il y écrivait en effet : « Flatter la jeunesse est un rite ou une facilité qui ne me convient pas. On ne sait ce que vaut un homme qu'à la fin... »

Et voici que mois après mois, année après année, mandat après mandat, les usines se sont mises à fermer, les ateliers à faire silence, les entreprises à licencier de plus en plus massivement, même dans des secteurs hier encore présentés comme en pointe. Dans le thermomètre du chômage, le mercure s'est emballé et a monté, comme une flèche. Les pères, les grands frères, les oncles, les cousins, les copains, les voisins... les chômeurs se sont multipliés dans tous les camps, les manuels comme les cols blancs, dans toutes les régions et dans toutes les tranches d'âge, mais avec deux catégories nettement plus touchées que les autres : celle des plus de cinquante ans et celle des jeunes à la recherche d'un premier emploi. Les hommes d'expérience dans les dix dernières années de leur vie professionnelle et les dix-huit-vingt-cinq ans à leur sortie du système scolaire.

Le grand naufrage de l'emploi, qui ne se limite

1. Fayard, 1981.

hélas pas à la France, aura été l'échec le plus cuisant des années 80. Et l'amorce de la dernière décennie du siècle n'a fait que planter un peu plus profond cette épine douloureuse dans le talon de notre société boiteuse. Parce que le chômage, par son ampleur, engendre la misère, dérègle tous les systèmes sociaux des actifs et des inactifs, casse l'économie, ruine l'Etat et provoque la désespérance, avec son cortège de souffrances, de suicides, de drogues et de hontes, chacun d'entre nous mesure bien qu'il est devenu le problème le plus important de notre époque, celui auquel les gouvernants de France, comme ceux du monde entier, affirment vouloir s'attaquer d'extrême urgence sans être en mesure d'inventer des recettes miracles.

Frappée de plein fouet, la génération des dix-huit-vingt-cinq ans a aujourd'hui peur de la vie, une peur cachée, presque secrète, mais toujours angoissante. A première vue, il n'y a pas beaucoup de points communs entre le fils d'un petit agriculteur du Cantal qui prépare un CAP d'outilleur à Aurillac et celui d'un directeur de société de Neuilly qui termine Sciences-Po ou une école supérieure de commerce. Et pourtant...

La crise est aujourd'hui allée si loin en profondeur, elle a tant gangrené tous les rouages de la société que ni le fils du paysan, ni celui du cadre supérieur n'est assuré de trouver un emploi une fois son diplôme en poche. Les chances du second, ne serait-ce que grâce au réseau des relations de son père, sont sans doute un peu plus importantes que celles du premier. Mais personne ne peut dire pour combien de temps. Il faut ajouter à cela que le directeur de société de Neuilly s'expose autant à être « liquidé » du jour au lendemain par le conseil d'administration de sa multinationale que le paysan du Cantal court le risque d'être ruiné par les conséquences dévastatrices de la politique agricole européenne commune. Si, pour parfaire le tableau et pousser plus loin la comparaison, on tient compte des chiffres qui indiquent une forte augmentation des divorces dans les milieux ruraux jusque-là plus épargnés, les deux jeunes garçons courent presque le même risque de voir leurs parents se séparer et eux de se retrouver 1) sans emploi, 2) avec des pères brutalement privés de ressources, 3) dans un milieu familial perturbé.

Car l'autre handicap majeur des jeunes générations est celui des familles éclatées, rendues peu aptes à les aider. Cela est principalement dû aux divorces, dont la spectaculaire multiplication — un couple sur trois divorce en France et deux sur trois en région parisienne — est à la source de nombreux drames dont les premières victimes sont les enfants, et pas seulement les plus jeunes que le couple s'arrache, mais aussi les grands ados qui voient brutalement s'effondrer leur univers familial et affectif. Il faut y ajouter, car ils sont aussi déstabilisants, tous les couples de façade, lorsque chacun vit sa vie de son côté, sans se soucier de la qualité et de la sérénité de la structure familiale, devenue une coquille vide dans laquelle ne résonne plus que le souvenir syncopé d'un bonheur éteint.

En quelques dizaines d'années, le visage de la France a profondément changé, même si cela s'est opéré le plus souvent sans crise de trop forte ampleur.

Nous sommes passés d'une évolution lente, qui s'étalait parfois mollement sur les siècles, à une révolution conduite au pas de charge et qui a enjambé les années en bousculant le paysage social de la nation. Cette formidable mutation sociologique a surtout concerné la France de l'intérieur, celle des campagnes et des provinces les moins nanties, appelée avec un rien de dédain « France profonde » et qui n'est pourtant que la France réelle, celle où vivent des millions d'hommes et de femmes « ordinaires », source d'une partie importante des richesses nationales.

Dans cette période, courte si on la mesure à l'aune de notre Histoire, la France est passée de très majoritairement rurale à majoritairement urbaine. Marianne a fait ses valises et la France des champs et des villages, où les volets se sont fermés aux fenêtres des maisons, s'est métamorphosée en France des villes, grandes, moyennes ou petites, et en France des banlieues, des périphéries, des villes nouvelles, des ZUP et des ZAC. Pour les nouveaux habitants des petites villes, le plus souvent venus des campagnes, on a même inventé le terme de « rurbain », sorte de mammifère bizarroïde, mi-homme de la ville, mi-homme des bois, en veston-cravate mais avec les pieds dans des sabots...

Le monde de la paysannerie a bien sûr été la première et la plus visible des victimes de ce bouleversement. Les choux-fleurs et les tomates jetés dans les décharges à ordures, les feux de paille et les pneus allumés dans le centre des villes, comme les citernes de lisier déversées dans la cour des sous-préfectures ont su prendre l'opinion à témoin. Des secteurs industriels entiers, comme celui de l'acier, des activités ancestrales, telle la mine, ont été passés par pertes et profits. En vingt ans, la société s'est offerte un formidable chambardement.

Pourtant, cette France restructurée et recomposée, dont de larges secteurs sont aujourd'hui déstructurés et décomposés, a été si maladroite et si dysharmonieuse qu'elle a multiplié les obstacles et les handicaps pour les plus jeunes générations. Famille, cadre de vie, scolarité, emploi, références aux valeurs, rôle de l'argent, loisirs, vie associative, etc. Dans tous ces secteurs et dans beaucoup d'autres, tous les dix-huit-vingt-cinq ans ont été exposés en première ligne et jeté dans la tourmente d'une société qui doute et se cherche, quand elle ne s'enfonce pas dans la sinistrose.

Oui, mille fois oui, directement ou indirectement, la « génération du futur immédiat » est actuellement la première victime de la quadruple crise — familiale, économique, morale et politique — qui frappe la France de plein fouet. Le mal-être de toute une tranche d'âge a atteint une gravité inquiétante. Ils ne sont, le plus souvent, pas vraiment malheureux, mais pas vraiment heureux non plus. A dix-huit, vingt, vingt-deux ou vingt-cinq ans, ils sont désenchantés. Ils ont peur de la vie, peur de l'avenir. Leurs craintes et leurs angoisses priment sur leurs espoirs. A l'âge des choix, ils ne savent, ne peuvent ou ne veulent pas décider. Existe-t-il constat plus affligeant et plus alarmant ? Et pourtant, qui s'affole ? Qui appelle au secours ? Quel homme politique a décidé de saisir le dossier à bras-le-corps, alors qu'il s'agit d'un enjeu capital pour l'avenir du pays ? A quand un grand ministère d'Etat chargé de la jeunesse ?

Voici donc le visage de la vraie « génération Mitterrand », triste réalité qui s'impose derrière un pauvre slogan placardé au bord des routes, le temps d'une campagne électorale.

Parce qu'elle a été éduquée, formée et préparée au monde du travail, parce qu'elle s'est ouverte à la vie sous le double septennat, il s'agit bien de la vraie génération Mitterrand. Même s'il n'a bien sûr pas voulu ce cuisant désastre et rêvait légitimement d'un autre avenir pour la jeunesse de France, le président de la République est le premier responsable de cet échec. La jeunesse déboussolée, angoissée, parfois désespérée est le triste héritage du pouvoir socialiste, qui avait pourtant toutes les cartes en main pour séduire les jeunes générations et qui n'aura contribué qu'à leur boucher un peu plus l'horizon. Et il n'est pas certain que la nouvelle majorité de droite ait pris l'exacte mesure des handicaps et des attentes des dix-huit-vingt-cinq ans !

Depuis que leurs yeux se sont dessillés, les Français ont pris acte des difficultés que vivent et qui attendent leurs enfants. Dans le classement des peurs, établi en 1992, 76 % d'entre eux mettaient en deuxième place « les problèmes de la jeunesse », tout de suite derrière le chômage, lequel frappe d'abord et surtout les moins de vingt-cinq ans.

Une analyse fine des études d'opinion révèle que les parents n'ont pas toujours très bonne conscience face aux difficultés rencontrées par leurs enfants.

Timidement, mais avec lucidité et honnêteté, ils admettent sans trop se faire tirer l'oreille que la société (notion vague et commode), les enseignants (boucs émissaires habituels) et les hommes politiques (coupables faciles) ne sont pas seuls responsables de la situation. Aussi finissent-ils par admettre que les crises conjugales nombreuses, les divorces douloureux, un dialogue familial d'une qualité souvent insuffisante et le trop peu de temps consacré à l'écoute, à l'éducation et à la transmission des valeurs pèsent pour une bonne part dans l'origine des maux dont souffrent aujourd'hui ceux qu'ils ont mis au monde.

Toute querelle sur les responsabilités, à l'évidence très partagées, ne changerait rien à la réalité. Les dégâts sont là et largement constatables. Ils sont d'une redoutable dimension et ne cessent de s'étendre. Ils appellent un constat lucide et immédiat, et des mesures de grande ampleur. Il n'est pas besoin de saisir la Cour des comptes : un solide bon sens permet de prévoir que la facture sera très lourde, économiquement et socialement. Humainement surtout.

Il faudra, à l'évidence, consacrer une bonne partie de l'énergie de la nation et des sommes gigantesques pour, sinon y parvenir pleinement, au moins tenter de gommer toutes les séquelles de ces blessures d'adolescents, toutes ces plaies mal refermées d'un mauvais premier contact avec la vie d'adulte. Il faudra aussi de nombreuses années pour dégager ces moyens énormes et pour insérer, réinsérer ou mieux insérer ces nouveaux citoyens dans le tissu national. Pour leur dire qu'ils ne souffrent d'aucune maladie honteuse. A moins qu'une soudaine révolte de cette armée silencieuse des jeunes exclus sociaux ne bouscule les échéances et ne réclame immédiatement réparation, ce qui serait bien dans l'air du temps tant il est devenu habituel de se retourner vers l'Etat, c'est-à-dire vers la collectivité, pour obtenir indemnisation d'un quelconque préjudice, d'une sécheresse qui brûle les récoltes comme d'une maladie mortelle contractée en raison de la négligence de la puissance publique.

On n'ose imaginer que la vague des dix-huit-vingt-cinq ans en arrive demain à se révolter, à crier sa colère, à demander des comptes. Et pourtant, mus par le ras-le-bol qui aujourd'hui les décourage mais soudain les jetterait dans la rue, s'ils en venaient à contester leurs parents pour la société qu'ils sont en train de déconstruire laborieusement avant de la leur offrir, comme un cadeau empoisonné ? Et si un proche matin, que personne à ce jour n'ose seulement envisager, ils nous faisaient à leur façon le coup de mai 68, que nul politologue déjà n'avait eu l'intelligence de prévoir ? C'est connu, on dit que l'Histoire ne repasse pas deux fois les plats. Mais elle bégaye souvent. Et avouons-le, nous tirerions tous une sacrée gueule !

Nous les voyons déjà, en tennis crasseuses et jeans usés ou en chaussures Weston et blouson Perfecto, tous unis dans la même déprime colérique, en train de brûler nos voitures et de piller les vitrines des magasins, entre la rue Gay-Lussac et la fontaine Saint-Michel. Ou aux Minguettes. Ou encore dans les banlieues nord de Marseille. Fils d'ouvriers et gosses de riches. Blancs, blacks et beurs au coude à coude. A vingt-cinq ans d'intervalle, nous avions leur âge et scandions à l'unisson : « Sous les pavés, la plage. » Il n'y avait ni chômage, ni sida, ni scandale du sang, ni restaurants du cœur. Nous demandions le départ du « grand Charles », arrivé dix ans plus tôt. Nous voulions de la place pour les jeunes, de nouveaux espaces de liberté. Nous exigions que la société accorde moins d'importance à l'argent et plus de place au bonheur individuel. Nos slogans et nos rêves étaient naïfs : nous voulions élever des moutons sur le Larzac et faire de la poterie dans le Poitou...

Ils seraient bien capables d'offrir à notre bonne société un peu éteinte l'occasion de se secouer de ses langueurs et de ses états d'âme. Et nous, les quadras, après avoir mis à l'abri nos plans d'épargne populaire et nos SICAV monétaires, nous nous donnerions le grand frisson en regardant le journal de 20 heures sur TF1, pour les voir défiler sur les grands boulevards et faire face aux escadrons de CRS et de gendarmes mobiles. Et que nous feraient voir les caméras de la télévision, sur un commentaire d'une Claire Chazal enfin échevelée ? Rien d'autre que leurs visages de vingt ans, d'une grande beauté, mais crispés par la révolte. Il n'est pas difficile d'imaginer leurs cris et leurs slogans : « Du boulot, de Calais à l'Hérault », « Non aux robots, oui aux cerveaux », « Mitterrand t'es foutu. La jeunesse est dans la rue », « Oui au sexe, non au latex ». Et sur leurs banderoles : « Tonton, démission », « Ras-le-bol des petits boulots », « ANPE : on en a ras-le-TUC », « Balladur, dur-dur ».

Rusé comme un vieux singe, François Mitterrand chercherait bien à les séduire une dernière fois, pour les récupérer en court-circuitant son Premier ministre et transformer cette révolte en victoire personnelle. Il y aurait aussi deux ou trois leaders opportunément sortis de leurs rangs, quelque Isabelle Thomas par exemple, pour se mettre à parler en leur nom et pour courir les studios de radio et les plateaux de télévision. Mais cette fois, rien n'y ferait. Chat échaudé craint l'eau froide. Même la promesse de quelques milliards pour repeindre les cages d'escaliers des HLM ou pour remettre hors d'eau les universités ne pourrait calmer leur colère ni venir à bout de leur détermination collective.

Au bout de cinq longues semaines de paralysie et de désordres, et après une grève générale observée en signe de solidarité dans tout le pays par les parents des manifestants trop heureux de rejeter sur l'Etat la responsabilité de la crise, le président de la République aurait fini, de guerre lasse, par jeter l'éponge. Avec une annonce faite sur toutes les chaînes de télévision, dès l'ouverture du journal de 20 heures, par des présentateurs excités comme des puces, lisant et relisant une courte dépêche d'agence.

URGENT
PARIS (AFP). M. MITTERRAND démissionne, apprend-on à l'Elysée (officiel AA-JC 19 h 59).

28

Au nouveau président élu d'ouvrir le grand dossier de la jeunesse, le plus douloureux de l'héritage. Et de faire l'état de lieux. Au fil des prochains chapitres, nous allons tenter de l'aider...

2

Le naufrage de la famille Titanic

Dans tous les cas, mariez-vous. Si vous tombez sur une bonne épouse, vous serez heureux ; et si vous tombez sur une mauvaise, vous deviendrez philosophe, ce qui est excellent pour l'homme.

SOCRATE.

Christelle a vingt ans et n'hésite pas une seconde. « Ma mère, dit-elle, c'est ma meilleure amie. Je lui dis tout. » Et Jean-Christophe, dix-sept ans, est tout aussi spontané. « Mon père, c'est vraiment un type super. » Ils le disent et le redisent à l'unisson et sur tous les tons : leurs parents sont « pas chiants » et « vraiment cools ». « Même trop parfois » ; c'est eux qui l'affirment aussi.

Ne parlez surtout pas de guerre de générations. Lycéens, étudiants, jeunes salariés ou demandeurs d'emploi, ils sont bien là, au chaud, dans le nid douillet qui les protège encore pour quelques années des rigueurs de l'époque et où ils cumulent confort et liberté. C'est toujours ça de pris. Les obstacles de la vie, les agressions de la société, les pépins en tous genres, ils verront plus tard. D'ailleurs, ils connaissent déjà. S'ils ont jusque-là été (relativement) épargnés, il leur suffit de regarder autour d'eux. Pour comprendre la vie, il n'y a rien de mieux que d'ouvrir grands les yeux... Ils ont basculé très tôt dans l'adolescence et se sont forgé la certitude que leur entrée dans le monde des adultes ne serait pas très

33

facile, qu'ils n'étaient pas prioritaires, que beaucoup d'autres problèmes restaient à résoudre avant de s'attaquer aux leurs. Alors, ils prennent leur temps, laissent couler les jours, pas pressés d'aller s'installer sous leur propre toit et d'ajouter encore aux difficultés scolaires, affectives ou financières.

Il est vrai que la vie à la maison a vraiment de bons côtés. On part quand on veut, on revient à n'importe quelle heure, au cœur de la nuit ou au beau milieu du repas, très souvent sans avoir à donner la moindre explication. Parfois même en râlant. Ceci est vrai pour presque tous les garçons mais aussi pour bon nombre d'adolescentes, de seize ou dix-sept ans. Il leur suffit de passer un coup de fil pour dire : « Ne vous inquiétez pas, je reste dormir chez Corinne », sans avoir à en dire plus. Elles ont alors toute liberté pour « dormir chez Corinne » — ça existe — ou pour rejoindre tranquillement leur petit copain de fac dont les parents sont en week-end. Ce n'est pas rare non plus !

La vie privée est devenue un droit dès l'adolescence. Leurs parents gardaient jalousement quelques petits secrets, eux livrent généreusement de rares confidences ; le plus souvent les filles à leurs mères et presque toujours lorsqu'il s'agit d'une peine de cœur ou pour se faire aider à se procurer la pilule. Le reste est secret d'Etat. Copains-parents, soyez sympas, supercools, et tout, et tout... mais, circulez, SVP : il n'y a rien à dire, rien à apprendre et rien à voir ! Même leurs chambres sont devenues des forteresses aussi difficiles à visiter que les coffres de la Société Générale. Le grand avantage des chambres fortes des banques, c'est que tout y est bien rangé, le ménage fait régulièrement et la musique diffusée en sourdine. Et aussi — ce n'est pas rien — qu'il est interdit d'y fumer.

Heureusement que les statistiques sont là pour nous dire ce que contiennent ces bastions interdits. La société est devenue si indiscrète, parfois si impudique, qu'elle nous révèle en chiffres, en courbes et en graphiques ce que nous ne pouvons ou nous ne voulons plus voir. Ils peuvent bien multiplier les efforts pour tout nous cacher, on sait tout.

Les 8,2 millions de jeunes Français et Françaises âgés de quinze à vingt-cinq ans ont amassé un vrai trésor d'Ali Baba dans leur chambre où ils se couchent en moyenne à 22 h 40 pour se lever à 6 h 50 [1] 59 % d'entre eux possèdent personnellement un walkman (en français, un baladeur), 53 % un téléviseur (pour ne pas regarder « Sacrée soirée » avec les autres), 19 % un magnétoscope (souvent l'ancien de la famille), 52 % une chaîne hi-fi (portable, de préférence), 36 % une carte de crédit (même si le compte bancaire est à sec), 16 % un micro-ordinateur (pour les jeux électroniques, principalement) et 14 % un lecteur de disques compacts (pour les mélomanes). C'est précis, tout ça, non ? On sait aussi (mais cela ne se range pas au même endroit) qu'ils sont 36 % à posséder une voiture, 7 % une moto, 19 % un cyclomoteur et 4 % une planche à voile. On leur dit : on sait tout !

Ouvriers modestes ou cadres supérieurs, les

1. Institut de l'enfant.

parents donnent tout ce qu'ils peuvent. Et souvent bien davantage. Même au chômage ou dans la gêne, ils consentent des efforts énormes pour ne pas perdre la face. Il en va de même pour les grands-parents qui consacrent une partie parfois importante de leurs pensions et retraites pour aider leurs petits-enfants, en finançant tout ou partie de leurs études ou en soutenant ceux qui n'ont pas encore trouvé un emploi. Sans parler des cadeaux, pour Noël, le 1er janvier, l'anniversaire, l'examen réussi ou le départ en vacances... Les occasions sont multiples et les sommes rondelettes. Que ne ferait-on pas pour ces chers petits : c'est bien connu, si l'argent ne fait pas le bonheur, il y contribue.

Appâtés par la publicité qui les cible et tend à leur imposer des normes de vie et de consommation, les jeunes sont irrémédiablement aspirés dans la formidable spirale du fric-roi. Avant même d'avoir pu apprendre la valeur d'un billet de 500 francs et de connaître le lien entre le travail et l'argent, ils ont été entraînés à consommer, souvent tout et n'importe quoi, sans aucun discernement. Avec des parents qui laissaient flotter, trop heureux de faire plaisir à leurs petits chéris et pas mécontents non plus de se rassurer eux-mêmes sur leurs capacités à permettre à leur progéniture de vivre comme les enfants du voisin.

Mais le toit familial leur offre aussi l'immense avantage de ne pas se compliquer la vie avec les petits tâches quotidiennes. Laver le linge, repasser, faire les courses, le ménage, la vaisselle... foin de tout cela. Chemises, pulls, jeans et chaussettes sont jetés dans le panier à linge sale. Quand on est seul à la maison, on se débrouille comme on peut en vidant le frigo, le placard et le congélateur, avant de stocker la vaisselle dans la machine ou dans le bac de l'évier. Quant au ménage, il n'y a aucune inquiétude à avoir : il a été fait « l'autre samedi » et la chambre est « encore » propre.

Les sous-officiers de l'armée française ont noté dans leurs rapports adressés à leurs supérieurs que la tâche jugée la plus contraignante par les nouvelles recrues était, non pas d'effectuer le parcours du combattant en rampant dans la boue sous un treillage de fils barbelés, mais de faire leur lit tous les matins et de ranger leur carrée. Les fils de cadres souffrant plus que ceux d'ouvriers, et les urbains plus que les ruraux.

Ah oui, qu'elle est douce, la vie chez papa-maman ! C'est sans doute pourquoi 72 % des quinze-vingt-cinq ans habitent encore chez leurs parents et surtout qu'ils sont encore 24 % dans cette situation à l'âge de vingt-quatre ans, vraiment pas pressés de changer quoi que ce soit. On les comprend !

Ce sont surtout les enfants uniques, fils d'agriculteurs ou fils et filles de cadres et de membres de professions indépendantes qui restent au foyer parental le plus longtemps. A l'inverse, les enfants des couches sociales les plus modestes, sans doute parce qu'ils suivent des études moins longues et que les logements sont moins spacieux, quittent beaucoup plus tôt leur famille. On estime qu'en l'an 2000, les garçons et filles de trente ans seront plus nombreux que jamais à être encore installés dans le cocon familial.

Les mêmes études statistiques de l'Institut de l'enfant concluent que seulement un jeune sur cinq est aujourd'hui en mesure de contribuer aux charges de la famille (participation au loyer, à la nourriture, au téléphone, etc.). La crise aidant, il est vrai qu'il n'est pas très facile de se faire de l'argent de poche en travaillant, même quelques heures par semaine. Au sein des familles, la situation se complique souvent lorsque le petit ami ou la petite amie vient s'installer à la maison et augmente du même coup les charges, aussi bien en nourriture qu'en produits d'entretien, en eau ou en téléphone. Ces cas ne sont pas rares du tout. Ils concernent une bonne partie des jeunes de quinze à vingt-cinq ans mariés ou vivant en couple. On estime à 700 000 le nombre des « bébés-couples[1] » abrités dans l'une ou l'autre famille. Il s'agit là d'un des phénomènes les plus importants de ces vingt dernières années.

Quoi qu'il en soit, et malgré les nombreux aléas dont elle souffre, la famille a encore de beaux jours devant elle, et c'est parfait. Surtout qu'en règle générale, lorsqu'ils vivent à la même adresse, parents et enfants font plutôt bon ménage : 88 % des jeunes de dix-huit à vingt-quatre ans affirment bien ou très bien s'entendre avec leurs parents[2]. C'est la grande trêve dans le conflit éternel entre les générations, même si parfois la paix est essentiellement le fruit d'une absence de vrai dialogue, les uns et les autres partageant un toit unique sans y vivre aux mêmes

1. Expression du psychanalyste-écrivain Tony Anatrella.
2. *Vital*-IFOP, janvier 1991.

heures, ou alors en se réfugiant chacun dans son coin, en évitant d'aborder les sujets sensibles ou les points de désaccord. Face à la mère qui conserve une bonne capacité d'écoute et à qui l'on fait encore très largement confiance pour trouver des conseils et un peu d'aide, le père (quand il y en a un !) apparaît toujours beaucoup plus distant, plus froid et plus sourd, tout accaparé par les soucis de son travail. A croire que les femmes concilient plus harmonieusement leur vie familiale et leur vie professionnelle, en masquant bien les difficultés énormes qu'elles rencontrent pour réussir les deux à la fois.

Ce constat plutôt rassurant s'inscrit pourtant dans le cadre de la formidable évolution vécue par la famille au cours des dernières décennies. Une véritable révolution peut-on dire, sans aucun précédent dans l'Histoire quant à son ampleur et à sa rapidité. Les changements profonds de la structure familiale ont été ressentis dès la fin des années 50, accompagnant les transformations de la société française, des modes de vie et de l'habitat.

La France rurale est brutalement sortie de ses haies. Et les habitants des villages qui saupoudraient les paysages, par vallons et vallées, ont dû quitter, le plus souvent à regret, leur coin tranquille pour se rapprocher des zones d'emplois et s'installer dans les villes ou leurs banlieues. Adieu, bosquets et ruisseaux. Bonjour, immeubles barres, tours et bacs à sable.

Depuis toujours, les générations avaient pris l'habitude de vivre sous le même toit. On ajoutait si besoin une ou deux pièces à la maison. On transformait une grange ou on se tassait un peu mais on ne se quittait pas. Au plus allait-on s'installer un peu plus loin dans le village ou dans une bourgade voisine, mais il était assez rare de franchir les limites du département. Cette France-là n'avait pas la télévision et coupait soigneusement en quatre les feuilles des *Veillées des chaumières* pour les accrocher au clou, dans la petite cabane en bois plantée au fond du jardin, près de celle des lapins. Cette France-là n'est pas celle du Moyen Age, mais celle de l'immédiat après-guerre, celle du retour du pain en vente libre et, au cinéma, du *Diable au corps*. Celle souvent où sont nés les parents de la « génération galère », même s'ils ne s'en vantent pas.

Au sein de la famille dont ils étaient les véritables piliers, les grands-parents occupaient toute leur place, souvent jusqu'à leur mort. C'est d'eux que venait une partie du savoir et du bon sens, transmis comme un legs aux plus jeunes. Ceux qui ont vingt ou vingt-cinq ans aujourd'hui ignorent tout du rôle pivot tenu avec une autorité souvent sans partage par leurs arrière-grands-parents maintenant disparus, et aussi par nombre de leurs grands-parents. Cette ignorance s'explique par la gêne ressentie pour parler d'une époque tellement autre qu'elle semble avoir appartenu à un autre siècle ou à un continent lointain. Il s'agit pourtant de la France d'avant-hier qui servit de berceau, il y a deux générations, aux familles d'un autre type qui ont surgi depuis. Cacher cette réalité aux enfants du satellite et du zapping conduit à les priver de leurs racines.

L'apport des grands-parents représentait un véritable enrichissement, une inestimable plus-value pour la formation des plus jeunes. Aucun livre, aucune émission de télévision, ni aucun cours, fût-il magistral et donné dans une grande école, ne viendra jamais remplacer cet enseignement tranquille, transmis au fil des jours et qui rendait les jeunes citoyens moins vulnérables face aux vendeurs de rêve qui jouent sur l'absence de mémoire pour réécrire l'Histoire.

Le mouvement semble bien irréversible. Un sondage [1] effectué en 1991 montre que 65 % des Français estiment que le grand âge sera demain un problème majeur et sont pessimistes sur les capacités de la société à faire face dans de bonnes conditions à cette situation nouvelle. Mais 10 % seulement envisagent de faire vivre leurs grands-parents (ou leurs vieux parents) chez eux. Les jeunes sont exactement de cet avis et manifestent surtout de l'inquiétude pour... leur avenir après soixante ans ! Même si les échéances sont pour eux encore lointaines, ils redoutent qu'il ne soit plus possible de maintenir le niveau des retraites et des pensions. Très nettement, le souci de la sécurité matérielle l'emporte sur le devoir de solidarité envers le grand âge.

Tout n'est pourtant pas négatif dans les évolutions de la structure familiale, car l'éloignement entre les lieux de vie des générations n'a en rien altéré le capital d'affection et de confiance des plus jeunes envers leurs aînés. Et l'inverse est aussi vrai. Sauf dans le cas des familles trop à feu et à sang, la distance n'a pas rompu les liens familiaux. Bien au contraire.

Des relations différentes se sont établies entre grands-parents, enfants et petits-enfants, basées sur

1. *Notre temps*-Sofrès.

41

une plus grande tolérance et sur de nouvelles règles du jeu. Ne plus habiter les uns avec les autres a sans aucun doute permis à chacun de vivre plus librement, de choisir sans contrainte son conjoint ou son compagnon, son métier, ses loisirs, ses tenues vestimentaires, etc. Un peu d'éloignement a conduit à diminuer les tensions qui ne pouvaient que se développer sous un même toit. Si les conflits n'ont pas disparu, ils sont moins nombreux et gérés plus sereinement, avec moins de passion. Entre les générations, la communication s'est faite moins régulière mais plus franche, plus libre, plus respectueuse des choix de vie des autres. Cette évolution permet souvent aujourd'hui de constater une très grande et très saine complicité entre les dix-huit-vingt-cinq ans et leurs grands-parents, connivence bien utile lorsque le petit-fils ou la petite-fille est en difficulté au sein d'une famille déchirée ou monoparentale.

En installant leurs meubles dans des HLM ou dans des pavillons payables en vingt ans, les mutants ont gagné des salles de bains et des w.-c. intérieurs mais ils ont mis leurs femmes au travail et laissé leurs « vieux » dans les campagnes, isolés dans des maisons devenues trop grandes et terriblement vides. Ou ils les ont « casés » dans des établissements pour retraités. L'entité familiale traditionnelle a connu à ce moment-là son premier choc décisif. Elle ne s'en est jamais remise.

La nécessité de travailler à deux pour s'en sortir, payer les traites de la voiture et de la télévision, s'offrir des vacances et devenir un jour propriétaire de son logement, a beaucoup changé le visage de la famille. La course à la consommation, la libéralisation des mœurs, la crise économique, l'oisiveté due au chômage, la mobilité géographique, le souci croissant d'indépendance, la montée de l'individualisme, la télévision à haute dose, la promiscuité dans des logements trop petits et trop chers, dans des villes ou des banlieues périphériques pas très accueillantes... tout cela a été largement suffisant pour changer les codes de fonctionnement de la « vie ensemble » et pour attaquer les bases mêmes de la structure familiale. Nées sur ce terrain, la mode de la famille monoparentale et la fulgurante augmentation du nombre des divorces ont fait le reste.

En 1970, c'est-à-dire hier, on comptait en France un divorce pour dix mariages. On en est arrivé en 1993 à des scores absolument affolants. Un mariage sur trois se solde devant la justice et la proportion est encore plus forte dans les grandes villes, et notamment à Paris avec une rupture pour deux mariages. Avec une moyenne de trois cents divorces enregistrés chaque jour, les juges aux affaires matrimoniales ont peut-être de beaux jours devant eux mais le séisme qui en découle n'a pas fini de secouer la société tout entière, et au premier rang les enfants des couples déchirés.

Parmi la population des jeunes de dix-huit à vingt-quatre ans, c'est-à-dire ceux nés au début des années 70 quand les séparations ne concernaient qu'un dixième des couples, on compte actuellement un enfant de divorcés sur trois : 85 % de ceux-là ont hérités d'un beau-père ou d'une belle-mère et 66 % de demi-frères ou de demi-sœurs. Il est facile d'imaginer le nombre colossal des enfants de divorcés, dans quinze ou vingt ans. Ils formeront à n'en pas douter un groupe sociologique parmi les plus nombreux du pays !

On trouvera toujours des fils et filles de divorcés pour dire que leur famille recomposée leur a assuré des années heureuses. « Deux pères et deux mères, c'est plus de cadeaux. Et deux fois plus de frères et de sœurs, ce n'est pas mal non plus, maintenant que les couples font de moins en moins d'enfants », racontent crânement certains adolescents, qui ont appris à assumer cette situation nouvelle. Mais il ne s'en trouvera aucun pour dire qu'il a vécu sans pleurs ni déchirure la séparation de ses parents, même lorsque ceux-ci ont su rendre discrètes leurs querelles et rompre sans faire trop de casse. « De façon intelligente et cool », comme ils disent aux amis, en sortant du palais de justice.

Sa banalisation n'a pas changé les choses. Le divorce le mieux vécu reste la source d'un drame durable, un raz-de-marée qui dévaste l'univers affectif de l'enfant et le prive inévitablement, en partie, de l'un des deux êtres qui lui étaient les plus chers au monde. A tout âge, le divorce de ses parents laisse des séquelles mais on estime que les dégâts les plus graves sont enregistrés chez les enfants de douze-treize ans. Les médecins, les éducateurs et les enseignants sont unanimes à constater de fortes perturbations à l'âge de la puberté, des difficultés qui peuvent se traduire par des crises d'anorexie ou de boulimie, mais aussi par des signes plus classiques de déprime ou par des fugues. Sans parler de l'échec scolaire, redoutable, qui fait presque toujours perdre une ou deux années à l'enfant et ruine parfois le reste de ses études.

Dans une excellente enquête consacrée aux enfants du divorce, l'hebdomadaire *L'Express*[1] avait rencontré plusieurs adolescents d'une classe d'un lycée parisien. Les trois quarts d'entre eux avaient des parents séparés. « Je vis avec ma mère depuis que j'ai deux ans. Mon père, je déjeune avec lui de temps en temps. Je ne sais pas s'il est remarié ou s'il vit avec quelqu'un », racontait Cécile au journaliste. « L'âge le pire lorsque les parents divorcent, c'est quand on a entre treize et quinze ans. C'est nous qui trinquons. Ma mère est partie quand j'avais quinze ans, se confiait Géraldine. Je lui en ai voulu. J'habite chez mon père mais, comme il est représentant de commerce, il ne passe à la maison qu'une fois par semaine, pour laisser de l'argent et déposer son linge. Alors je me paie de terribles coups de cafard. Parfois, j'écoute de la musique jusqu'à 4 heures du matin et je fume clope sur clope, dans le noir. Cet hiver, ça m'est arrivé une semaine entière. Le lundi matin, je me suis réveillée en pleurant. Je n'avais pas faim, ni envie de parler à personne. Envie d'en finir. Mais je ne veux pas faire de peine à mon père. Je préfère qu'il ne se doute de rien. »

Même plus proches de l'âge adulte, les jeunes de vingt ans ne vivent pas beaucoup mieux cette période. Parce qu'ils avaient su établir avec leurs parents des relations confiantes et complices, ils se sentent dupés et trahis. Leur capacité à cacher leurs larmes ne

1. *L'Express,* 1er octobre 1992.

change rien à leurs nuits sans sommeil ni au goût de vomi qui leur monte à la gorge. A cet âge clé, beaucoup décrochent et s'enfoncent dans de grandes périodes de vide, arrêtant de voir leurs copains pour ne pas avoir à parler de ce qui les perturbe, traînant sans but et refusant de s'alimenter normalement, ne serait-ce que pour ne pas avoir à s'asseoir à la même table que leurs parents en cours de rupture et qui n'ont plus rien à se dire. Nombreux sont les étudiants qui quittent alors les bancs de l'université, parfois définitivement, pour trouver à la hâte n'importe quel petit job qui leur permettra de se prendre en charge. Les plus faibles se mettent à boire ou se laissent entraîner sur les chemins de la drogue. Parfois sans retour. D'autres en arrivent à tenter de mettre fin à leurs jours, le plus souvent de façon maladroite, comme un appel au secours ou pour culpabiliser leurs parents qui n'ont pensé qu'à eux et à leur liberté en cassant tout. On a le rouge au front en apprenant que l'immense majorité des prostitués — filles et garçons — sont des gosses du divorce. C'est pourtant l'exacte vérité, si honteuse soit-elle.

Nombreux sont les journaux, les magazines, les émissions de radio et de télévision à mettre l'accent sur le divorce et sur ses drames. Mais rien n'y fait. Les grands-parents vivent loin et ne sont pas là pour aider ou raisonner le couple en crise. Et puis, autre temps, autres mœurs, on n'accepte plus de voir ses parents mettre le nez dans les affaires de son couple.

En vingt ans, les mentalités ont fondamentalement changé, aussi bien en ce qui concerne les règles de fonctionnement de la famille que la vie de couple ou le divorce. Ainsi, en 1972, 43 % des Français affirmaient que le divorce était mal accepté par la société. Ils sont aujourd'hui 76 % à prétendre le contraire. Et même 80 % chez les dix-huit-vingt-quatre ans. C'est bien la preuve que le mariage, hier sacrement quasi inviolable dans une nation catholique et très pratiquante, est devenu chiffon de papier pour une grande majorité. Il y a vingt ans, on patientait en fermant les yeux sur les petits écarts pour « sauver son ménage ». Aujourd'hui, dès que ça ne va plus, on sanctionne par le divorce en allant voir le premier avocat de son quartier.

Les plus jeunes sont les premiers à dire que les brutalités, les disputes à répétition et l'infidélité justifient une rupture. S'ils regrettent que l'engagement du mariage n'ait plus la même force qu'autrefois, ils estiment à 80 % qu'un couple qui ne s'entend plus doit divorcer « même si ça crée un choc pour les enfants ». Et la moitié d'entre eux, toujours selon les nombreux sondages effectués sur le thème, n'oublient pas de préciser qu'il s'agit pourtant d'une « épreuve traumatisante d'abord, disent-ils, pour le couple qui se sépare ».

La catégorie des dix-huit-vingt-quatre ans est la seule à admettre ouvertement que la cause de l'accroissement des divorces est « la perte de valeur du mariage ». Ils sont 52 % à le penser[1]. Leurs mères avancent d'autres raisons ; d'abord qu'elles gagnent désormais leur vie, ce qui les rend autonomes (59 %). Et les pères hésitent avant de placer à égalité l'indé-

1. Eurostat.

47

pendance financière des femmes, la plus grande liberté des mœurs et... le stress de la vie moderne.

En instaurant le divorce par consentement mutuel, la loi du 11 juillet 1975 (gouvernement de Jacques Chirac, présidence de Valéry Giscard d'Estaing) a facilité la procédure judiciaire et donné un nouveau coup d'accélérateur aux statistiques qui montraient déjà un fort accroissement depuis 1965. Plus de la moitié des divorces se font aujourd'hui par consentement mutuel, en majorité dans les quatre premières années du mariage et souvent dès la première année. Dès que les nouveaux époux ont fait le constat de leurs divergences, ils décident de bénéficier de la loi, avant même de faire un enfant. En 1987, le nombre des divorces a atteint le chiffre record de 104 200, contre... 7 400 en 1900 ! Mais, depuis cinq ans, les chiffres ont tendance à se stabiliser. Ouf, on respire. Mais si un couple sur trois se termine encore dans le lac, c'est dans 75 % des cas à la demande de la femme. Ce sont désormais elles qui prennent trois fois sur quatre l'initiative de la rupture. C'est nouveau et en hausse permanente.

Pour cette vaste population dans le désarroi, des petits malins ont créé un Salon du divorce où se retrouvent avocats, notaires, marieuses et autres conseilleurs de tous crins. On peut y venir ensemble pour y connaître ses droits et ses devoirs, partager ses biens ou faire estimer le montant de la pension alimentaire des enfants, avant de repartir chacun vers son stand, Monsieur pour y apprendre à cuisiner et Madame pour s'inscrire à des cours de séduction dans la perspective de trouver un nouveau mari. Nous vivons une époque moderne et vraiment formidable...

Fort heureusement, il y a aussi un Salon du mariage qui marche bien, lui aussi. Et même mieux. Il faut dire qu'après une terrible période d'eaux basses entre 1972 et 1987, l'institution a eu tendance à reprendre du poil de la bête avant de « plonger » à nouveau en 1991. En quinze ans, et alors que le nombre des personnes en âge de s'unir augmentait très fortement, le taux des mariages s'est brutalement effondré, passant de 8,1 à 4,8 pour mille habitants. De 417 000 mariages en 1972, on est descendu à 267 000 en 1987. Jamais on était tombé aussi bas, aussi bien dans les registres de l'état civil que dans le cœur des jeunes gens et jeunes filles qui ne voulaient plus entendre parler de cette « corde au cou », devenue archaïque et symbole de dépendance. La tendance s'était un peu inversée entre 1988 et 1990 pour atteindre 281 000 unions. Mais à bien regarder les chiffres, on s'aperçoit que cette petite poussée était un peu factice, le léger regain étant en effet dû aux remariages (un sur quatre) et à la régularisation des unions libres pour légitimer les enfants. Et peut-être aussi aux « mariages blancs » frauduleusement contractés par des étrangers pour acquérir la natio-nalité française. Rien d'étonnant à ce que les chiffres de 1992 soient à nouveau à la baisse.

En 1990, 67 000 enfants nés hors mariage ont ainsi été dotés de « vrais » parents, passés devant le maire pour la circonstance. Sur les quelques 2 000 enfants qui naissent chaque jour en France, plus de 600 ont une mère célibataire ! Soit entre 200 000 et 220 000 naissances hors mariage chaque année.

Aux yeux des sociologues, quatre phénomènes principaux sont à l'origine du recul des mariages. D'abord, les jeunes femmes se sont mises à travailler et sont donc devenues financièrement plus indépendantes. Ensuite, elles ont souhaité vivre plus librement en privilégiant le concubinage qui permet de rompre facilement, surtout s'il n'y a pas d'enfant. Aussi la possibilité d'avoir des relations sexuelles plus facilement puisqu'elles utilisaient des moyens de contraception et pouvaient même recourir, sans risquer leur vie, à l'avortement médical légal. Enfin, les jeunes filles ne se sentaient plus du tout contraintes à rester vierges, tandis que disparaissaient les pressions familiales fortes à l'encontre des naissances hors mariage.

En 1989, la nuptialité française était, avec 5 mariages pour 1 000 habitants, l'une des plus faibles de toute l'Europe[1], loin derrière le Portugal (7,1), le Royaume-Uni (6,9), la Belgique et l'Allemagne (6,4), la Grèce (6,2), les Pays-Bas (6,1), le Danemark (6), l'Espagne (5,5), l'Italie (5,4) et l'Irlande (5,1)... Les jeunes se prononcent encore très majoritairement en faveur du mariage et attachent beaucoup d'importance à la fidélité, mais ils considèrent moins l'union à deux comme une « obligation institutionnelle » que comme une valeur sur laquelle ils veulent bâtir leur vie ensemble, de façon plus solidaire.

L'évolution est très nette à la lumière du nombre

1. INSEE.

des mariages religieux, en chute brutale depuis vingt-cinq ans : 78 % des conjoints passaient à l'église en sortant de la mairie en 1965, ils ne sont plus que 52 % aujourd'hui[1]. C'est que la valse des divorces autour d'eux les a plutôt découragés. Pas étonnant qu'ils hésitent à donner à leur union un caractère trop solennel, sacré et conçu comme définitif. Il leur apparaît moins difficile de revenir sur une parole donnée devant les hommes que devant Dieu. Et les parents, pour avoir connu des coups de chien dans leur vie de couple, ne considèrent plus comme indispensable le sacrement du mariage. « Bien sûr, disent-ils, ce serait mieux de passer à l'église, d'avoir une belle cérémonie. Mais les enfants sont libres et font comme ils veulent. »

De leur côté, les prêtres ne regrettent pas vraiment d'avoir vu les cortèges s'espacer, le samedi[2], sous le porche des églises. Car les jeunes couples qui s'avancent vers l'autel le font maintenant de façon plus réfléchie et plus volontaire que dans le passé. « Avant, on avait des quantités de jeunes qui n'avaient plus mis les pieds à l'église depuis leur communion solennelle, racontent les curés. Ils ne connaissaient même plus le Notre-Père et venaient à l'église en touristes, pour faire comme tout le monde ou pour ne pas causer de peine aux parents qui insistaient en ce sens. Il y en avait même quelques-uns pour qui c'était une façon de tuer le temps entre la sortie de la mairie et l'heure du rendez-vous chez le photographe ou au restau-

1. INSEE.
2. Quatre-vingt-un pour cent des mariages ont lieu le samedi et 60 % entre juin et septembre, avec une pointe (4 %) le dernier samedi de juin.

rant. Maintenant, le mariage religieux a retrouvé du sens. C'est un véritable engagement, à la mesure du sacrement. Les jeunes s'y préparent sérieusement pendant plusieurs semaines avec le soutien d'un religieux. On ne reçoit plus le sacrement du mariage par routine mais par adhésion profonde à ce qu'il représente. Les jeunes couples choisissent les chants et les lectures et n'hésitent pas à associer leurs meilleurs amis à la préparation et au déroulement de la cérémonie. » On se console comme on peut.

Avec force, le pape Jean-Paul II a bien multiplié ses recommandations et rappelé inlassablement le caractère sacré des liens du mariage, mais il a été assez peu entendu, y compris par les catholiques pour qui leur foi n'est plus un frein suffisant pour éviter le divorce.

De même, les jeunes chrétiens n'hésitent souvent pas à vivre en union libre. Le vieux concubinage, hier montré du doigt, a été rebaptisé cohabitation ou union libre ou encore vie maritale. Il s'impose aujourd'hui avec ses habits neufs comme un véritable phénomène de société. Il est qualifié de « choquant » par seulement 30 % des Français, contre 62 % il y a quinze ans. Là encore, les pressions longtemps exercées par l'Eglise dans une nation très pratiquante sont devenues beaucoup moins fortes. Cela ne veut pas dire qu'elles aient totalement disparu. Les régions à forte tradition religieuse, comme le Nord et la Bretagne, restent nettement plus attachées au mariage. Et toutes les études montrent que l'union libre est cinq fois plus fréquente chez les non-croyants que chez les catholiques pratiquants.

L'union libre concerne aujourd'hui 1,7 million de couples (contre 314 000 en 1968 et 975 000 en 1985). Et 60 % des gens qui se marient actuellement ont vécu ensemble une « période de rodage ». Entre dix-huit et vingt-quatre ans, un jeune sur cinq vit maritalement[1]. Et le record toutes catégories appartient encore une fois à la région parisienne où un garçon de moins de vingt-cinq ans sur deux vivant en couple n'est pas marié !

Les jeunes ne considèrent plus cette cohabitation comme un « temps d'essai », comparable à la période des fiançailles avec les câlins sous la couette — et sous le même toit — en plus. L'union libre est pour eux un test en vraie grandeur, qui peut durer des années[2]. Elle permet de mesurer les avantages et les inconvénients de la vie en couple, répondent 55 % des jeunes de dix-huit à vingt-quatre ans. Et l'arrivée d'un bébé n'est plus de nature à précipiter les échéances : on attend souvent que l'enfant ait quatre, cinq ou six ans pour « régulariser ». Parfois bien plus. On voit souvent dans les mairies, et même dans les églises puisque rien ne s'y oppose si les conjoints en sont tous les deux à leur première union religieuse, des couples qui vivent ensemble depuis dix, quinze ou vingt ans et qui souhaitent, l'âge venu, faire les choses dans les règles. Leurs enfants les plus jeunes ouvrent le cortège de mariage de papa et maman, et ceux qui sont adolescents suivent avec à leur bras leur premier flirt...

1. INSEE.
2. Credoc, 1989.

Le « mariage à l'essai » — et les jeunes ne s'en cachent pas — est avant tout une manière de conserver sa liberté, même si des raisons financières, administratives ou familiales sont souvent avancées comme prétextes plus avouables. Et ce sont les jeunes filles qui y sont le plus favorables.

« Nous ne considérons plus la vie de couple comme nos mères, affirment-elles, entre dix-huit et vingt-cinq ans. On ne se marie pas si on n'aime pas, mais on n'est pas obligé de se marier si on aime. Et puis, hommes et femmes doivent pouvoir s'épanouir sans le carcan obligatoire du mariage, faire vivre le couple pour ce qu'il représente mais sans abdiquer la vie personnelle de l'un ou de l'autre. Et ce n'est pas parce que nous faisons des études plus longues, prenons plus de place dans la société et sortons entre copines de fac ou de bureau que nous sommes moins fidèles, moins tendres et moins romantiques que nos mères. Au contraire, puisque nous ne sommes plus contraintes. »

Etre heureux ensemble, mais aussi et d'abord être heureux chacun pour soi. L'individualisme est bien là, tapi dans les méandres de la vie affective.

Ce refus du mariage, s'il est désormais admis par une majorité de parents, reste un motif de conflit plus fréquent avec les grands-parents. Moins nombreux à avoir eu recours au divorce, ils s'estiment généralement plus autorisés pour souligner les inconvénients de l'union libre, principalement en ce qui concerne les enfants nés hors mariage. Le concubinage si prisé des plus jeunes n'a d'ailleurs fait aucune avancée chez les plus de cinquante ans. Il ne touche qu'une personne sur trente, entre cinquante et soixante ans[1], le plus souvent des divorcé(e)s.

L'union libre est beaucoup plus fréquente dans les grandes villes que dans les villages où, même affaiblis, les freins sociaux sont encore vivaces. Elle est aussi nettement plus répandue chez ceux qui ont fait des études supérieures. Les cadres moyens et supérieurs obtiennent le ruban bleu, avec les profs, les médecins, les avocats, les artistes, les fils de pub et les journalistes. Avec des cohabitations plus nombreuses, donc plus éphémères, dans les milieux des médias, de la publicité et du show-biz.

On sait peu de choses sur ce qui conduit un jeune couple vivant en union libre à décider subitement de se marier. Les enfants, on l'a vu, ne suffisent pas toujours à ce choix. Le sociologue Jean-Claude Kaufmann[2], chercheur au CNRS, estime bizarrement que l'acte fondateur du couple est le moment où il décide d'acheter... une machine à laver ! « Ce moment, affirme-t-il, marque la rupture avec la période de cohabitation et le début véritable d'une organisation de la vie à deux », avant de soutenir que le « propre » et le « rangé » sont des notions essentielles qui structurent la personnalité de chacun.

Tout concourt à prouver que si l'on devient adolescent plus tôt, on accepte l'âge adulte plus tard. Dans la France de 1993, l'âge moyen au premier mariage continue d'augmenter. On convole aujourd'hui exactement aussi « vieux » qu'il y a deux siècles.

---

1. *Francoscopie 1993*, Gérard Mermet, Larousse.
2. *La Trame conjugale*, Nathan.

Tout comme au XVIIIᵉ siècle, les hommes se marient en moyenne la première fois à 27,8 ans (contre 24,4 ans en 1970) et les femmes à 25,7 ans (contre 22,4 ans en 1970). C'est dire que les uns et les unes ne s'aventurent plus à la légère et prennent le temps de la réflexion. Le temps de choisir aussi, car le brassage social par le biais du mariage se fait encore très peu. Les fils de cadres cherchent des filles de cadres, supérieurs de préférence. De même, il est statistiquement prouvé que les filles d'ouvriers trouvent chaussure à leur pied en milieu ouvrier. Seules moins de 6 % d'entre elles partagent la vie d'un cadre. En plein discours égalitariste et malgré l'effondrement de la lutte des classes, on mélange toujours aussi difficilement les torchons avec les serviettes.

Malgré son bilan en demi-teinte, le mariage reste une valeur sûre, non seulement chez les jeunes mais aussi chez les vrais célibataires. La bague au doigt continue à faire rêver. On compte en France 1,5 million de célibataires de moins de soixante ans et 45 % d'entre eux se considèrent comme des « cœurs à prendre[1] », ce qui explique peut-être le succès durable des agences matrimoniales et, pour les urbains, des clubs de rencontres. Même si les agences sont parfois des attrape-nigauds, puisque moins de 1 % des rencontres « organisées » se soldent par un mariage[2].

La couleur de la peau comme la différence de religion ou de nationalité ne font plus reculer les

1. *Francoscopie 1993, op. cit.*
2. M. Bozon, F. Heran, INED.

jeunes lorsqu'ils décident de vivre en couple ou de se marier. Principalement dans les milieux populaires, ils ont partagé les squares, les cages d'escalier et les classes primaires avec des petits Noirs, des Maghrébins et des Asiatiques, et le glissement de la société française vers une société multiraciale ne leur fait pas vraiment peur. Tolérance et respect de l'autre ont très tôt coulé dans leurs veines au point qu'une fille de vingt ans n'hésite plus beaucoup avant de présenter à ses parents son petit ami africain. Elle s'attend à des mises en garde, voire à quelques remarques, mais assez rarement à une interdiction catégorique. Les réserves sont plus nettes dans les catégories sociales plus aisées, mais les risques de conflit sont beaucoup moins grands car les mariages mixtes — il y en a 10 000 chaque année en France — y sont très peu nombreux et généralement contractés plus tard. Il faut prendre garde à ne pas généraliser car on imagine assez bien l'accueil qui serait réservé à la fille d'un patron de bistrot d'extrême droite qui ramènerait chez elle un jeune Algérien.

Dans toute l'Europe, la famille pourtant si malmenée reste une valeur très forte puisque c'est elle qui apparaît comme « la plus essentielle de toutes ». Une vraie valeur refuge qui permet de se ressourcer et de reprendre des forces lorsque tout le reste s'est écroulé. Une balise dans une vie chahutée. Un repère dans un monde un peu fou.

Interrogés par la Sofrès pour *The European* en mai 1991, les habitants des pays de la CEE ont répondu à 88 % que la famille était à leurs yeux la valeur la plus importante, devant la liberté (86 %), les droits de l'homme (82 %) et la démocratie (72 %). Par contre, ils placent le mariage loin derrière, avec 64 % seulement, prouvant ainsi que, s'il leur semble nécessaire de fonder une famille, les Européens estiment pouvoir le faire sans passer par le mariage. Les jeunes, en général, et principalement ceux des pays du sud de l'Europe (Espagne, Italie, Portugal), ont lourdement pesé sur cette estimation car les Français sont nettement plus timorés. Certes, rares sont ceux qui vous diront les yeux dans les yeux que la famille est une absurdité. Le mariage peut être qualifié de ringard, mais pas la famille. Et pourtant, la France est moins sensible aux problèmes de la famille que les autres pays latins du sud de vieux continent.

Un autre sondage d'opinion, réalisé cette fois en France seulement, à la même époque[1], ne place qu'en cinquième position sur l'échelle des valeurs « la sauvegarde de l'esprit de famille » (50 %), derrière la justice (71 %), l'honnêteté (59 %), la politesse (53 %) et la liberté (52 %). Ces valeurs ont beaucoup moins gagné en importance au cours des vingt dernières années, surtout chez les jeunes, que la réussite matérielle, la compétitivité ou l'esprit d'entreprise...

Si 53 % des dix-huit-vingt-quatre ans affirment que l'esprit de famille est une valeur à sauvegarder, ils ne sont déjà plus que 37 % de cet avis dans la tranche des trente-cinq-quarante-neuf ans. C'est dire combien le fossé se creuse en quelques années entre la « famille rêvée » par les plus jeunes et la « famille vécue » par leurs aînés. A l'âge du lycée, sept

1. *Pèlerin Magazine*-Sofrès, mai 1991.

adolescents sur dix disent vouloir se marier et neuf sur dix vouloir « un ou deux enfants, pas plus ». Seul un sur cinq souhaite avoir trois enfants. Mais, à quinze ou seize ans, doit-on avoir autre chose à l'esprit que des rêves, des projets et des ambitions ?

Parce qu'elle n'a pas su conduire depuis vingt ans une politique de la famille généreuse et ambitieuse, la France a peu à peu laissé se dégrader l'une des valeurs les plus fondamentales de toute société civilisée. La vague de matérialisme qui a submergé les années 70 et 80, renforcée depuis dix ans par la montée de l'individualisme, a imposé à toute une génération une échelle perverse des valeurs et des priorités sociales.

La crise qui fait régulièrement la une des médias n'est pas monolithique. Elle nourrit en son sein plusieurs crises. Si la plus commentée est celle qui concerne l'économie parce qu'elle touche directement au porte-monnaie de chacun, la plus grave, la plus profonde, la plus durable concerne la famille car elle frappe au cœur et à l'esprit. Et se transmet de génération en génération. La consommation et le fric-roi comme veaux d'or, le bonheur individuel, la réussite sociale et l'obsession du paraître ont été placés sur des piédestals et élevés au rang de valeurs universelles, alors que dans le même temps la famille a été oubliée et dévalorisée, et parfois même méprisée, attaquée et moquée.

La responsabilité des parents de la « génération galère » est totale. Les filles post-soixante-huitardes ont voulu « assumer », en gagnant l'argent nécessaire à leur indépendance, « sans mec dans les pattes ». Elles ont fait des bébés « toutes seules », jusqu'à le chanter sur les toits et les ondes. Nombreuses sont celles qui ont fini par souhaiter le mariage alors qu'il était trop tard. Elles sont aujourd'hui des quadras souvent mal dans leur peau, terriblement seules, qui voient défiler les années avec angoisse. Leurs enfants, quand ils ont eu la chance de connaître leur père, n'ont jamais vécu avec lui sous le même toit familial qu'ils quittent péniblement aujourd'hui pour voler de leurs propres ailes. A propos, que pensent-ils de leur enfance et de leur adolescence auprès de ces mamans sans doute aimantes et attentionnées, mais ballottées entre l'ami du moment et la crise de solitude ?

Les filles mères étaient jadis durement couvertes d'opprobre et souvent chassées de chez elles. Les mères célibataires furent admises au sein d'une société plus tolérante qui décida de les aider. Les familles monoparentales forment maintenant une composante importante de la nation qui leur octroie un vrai statut juridique et social, et des droits strictement égaux (et parfois même un peu supérieurs) à ceux accordés aux familles classiques. Est-ce aujourd'hui sacrilège, ringard, voire réactionnaire, de rappeler aux millions de parents divorcés et à la cohorte des femmes qui ont délibérément voulu des enfants « sans père » et bien à elles leur immense responsabilité dans cette rupture sociale dont toute une génération porte aujourd'hui les stigmates ?

Et pendant ce temps-là pourtant, la douce France continue à faire des bébés. Mais bien peu. Il y a eu 759 000 naissances[1] en 1991. Il s'agit d'un chiffre

_____

1. Dont 15 % ont au moins un parent étranger.

historiquement faible. En dix ans, c'est-à-dire pendant les années Mitterrand durant lesquelles on a moins entendu parler de la famille que des scandales en tous genres, la natalité a baissé de 10 % ! Avec 1,78 enfant par femme en âge de procréer (de quinze à quarante-neuf ans), la fécondité en France n'avait jamais été aussi basse depuis 1945[1]...

Plus grave encore, les naissances hors mariage ont connu dans le même temps une formidable augmentation. Près d'un enfant sur trois nés de mères françaises vient maintenant au monde sans pouvoir être accueilli au sein d'une famille classique, c'est-à-dire avec un père et une mère régulièrement unis. Chez les mères de moins de vingt ans, 75 % des bébés naissent hors du mariage. Et le pourcentage est encore très fort (44 %) chez les jeunes mamans de vingt à vingt-quatre ans. Les chiffres parlent d'eux-mêmes et donnent l'exacte mesure des bouleversements sociaux à venir et des difficultés qui attendent ces enfants, dont un tiers ne sont pas reconnus par le père lors de la déclaration à la mairie[2].

Mais ce séisme sournois, parce qu'il pétrifie silencieusement les fondements de la société comme la lave du volcan fige définitivement la vie des villages qu'elle engloutit, n'intéresse pas les gouvernements. Pour ne pas risquer de paraître rétrogrades ou pères-la-pudeur, les hommes politiques se refusent même à évoquer la pression énorme de ces nouvelles familles

1. INSEE.
2. *Ibid.*

multiformes (ou embryons de familles) sur les budgets sociaux de la nation, pourtant bien malades.

Il est illusoire dans ce contexte d'attendre un quelconque discours sur les handicaps et les carences affectives des enfants du mal-amour. Il s'agit du domaine privé : n'en parlons pas. L'argent de la collectivité paiera toute cette casse : n'en parlons pas non plus. Les ministres interrogés sur le sujet bottent en touche et répondent qu'avec 31,7 % de naissances hors mariage, la France est encore battue par tous les pays d'Europe du Nord : la Suède (52 %), le Danemark (46 %) et la Norvège (36 %). Merci messieurs !

Seule l'Eglise catholique tente, parfois maladroitement il est vrai, d'avoir un vrai discours sur la responsabilité individuelle face à la famille, à l'amour et au mariage. Mais la parole de ses évêques est trop loin des grands courants dominants pour trouver un réel écho dans le paysage social, y compris dans les grands médias comme la télévision. Il y a même des courants entiers dans l'Eglise pour contester, tant sur le fond que sur la forme, les prises de position du pape Jean-Paul II, jugées trop conservatrices.

L'affaiblissement du poids de l'Eglise a joué un rôle considérable dans l'évolution des mentalités familiales. Toutes les études montrent très clairement que le recul de la famille et la baisse de la natalité ont directement accompagné le déclin vertigineux de la pratique religieuse en France. Si marginalisées qu'elles puissent être, les prises de position de l'Eglise continuent pourtant à peser d'un certain poids puisque 35 % des catholiques pratiquants réguliers se distinguent en fondant des familles avec trois ou quatre enfants. Et on a vu que les unions libres étaient beaucoup moins nombreuses chez les jeunes de dix-huit-vingt-quatre ans ayant de fortes convictions chrétiennes.

Mais la démonstration a ses limites car les jeunes filles catholiques utilisent (presque) aussi massivement la pilule et les autres moyens contraceptifs que les autres filles de leur âge qui ne croient en rien. Car si elles souhaitent avoir un peu plus d'enfants, elles veulent elles aussi choisir le moment de les mettre au monde. La tendance est générale : les naissances non désirées sont aujourd'hui trois fois moins nombreuses qu'il y a vingt-cinq ans, avant la loi de 1967 sur la contraception. Et les études de l'INSEE montrent que, pour moitié, la baisse de la natalité s'explique par la seule diminution du nombre des bébés non voulus.

Chantre infatigable de la famille et ardent promoteur d'une politique nataliste, Michel Debré a été moqué comme peu et son discours toujours tourné en dérision. Ceux qui sont peut-être nés sous l'influence de ses chaudes recommandations ne connaissent même pas son nom ! Peut-être n'avait-il déjà plus l'âge pour entreprendre une telle croisade ? Celle-ci est aujourd'hui reprise avec force et convictions par le député de Vendée Philippe de Villiers qui, lui aussi, n'est pas épargné par les quolibets. Il est pourtant grand temps d'inverser la vapeur et de donner enfin la passion de la famille à la génération des dix-huit-vingt-cinq ans. Il s'agit d'un enjeu majeur. Car la France vieillit vite et se prépare des lendemains douloureux.

Les jeunes de moins de vingt ans sont aujourd'hui 15 millions, soit 26,5 % de la population. Contre 32,2 % en 1962. Avec l'allongement de la durée de la vie, la baisse des naissances est la cause principale de la chute du pourcentage des jeunes dans le pays. Le taux de fécondité devrait passer de 1,78 à 2,1 enfants par femme pour que le simple remplacement des générations puisse s'effectuer normalement et que la France ait une population suffisante pour financer la retraite des plus vieux. Nous en sommes loin. Très loin. Et c'est un sérieux handicap de plus pour ceux qui entrent dans leur vie d'adulte au début des années 90.

Souvent plus fragilisés qu'endurcis par leur propre expérience de vie conjugale, les parents tiennent un discours sans grande conviction sur la famille et sur le bonheur d'avoir des enfants et de les voir grandir auprès de soi. Beaucoup sont frileux et hésitent à s'aventurer sur ce terrain, délicat pour eux, de peur de s'entendre rappeler quelques vérités pas vraiment agréables. Là encore, on constate une absence de communication franche et constructive, confiante et chaleureuse, entre les parents et leurs grands enfants. C'est grave. Les premiers à en souffrir sont les ados qui attendent du soutien et de l'aide (et pas seulement quelques billets de 100 francs) pour comprendre ce qui change en eux et autour d'eux, dans une société anxiogène dont ils pressentent qu'elle ne leur déroulera pas le tapis rouge. Ils veulent obtenir autre chose que des réponses vagues, sur fond de musique ou de télévision.

« Nos parents sont cools, reconnaissent-ils volontiers. Mais on aimerait parfois qu'ils jouent mieux leur rôle, sans complexe, et qu'ils soient plus que des copains. Car des copains, on en a à l'extérieur. On a parfois l'impression que notre vie ne les intéresse pas beaucoup, aussi longtemps que nos problèmes ne viennent pas s'ajouter aux leurs. On se demande aussi si la seule chose qui les préoccupe n'est pas de se sentir jeunes par le simple fait de nous savoir encore à la maison. Pour le reste, c'est trop souvent un dialogue de sourds, genre vogue-la-galère. »

« Cette démission des adultes, cette politique de la chaise vide que pratiquent trop souvent les parents donne des adolescents carencés, qui n'ont pas réussi à se structurer psychologiquement, s'indigne le psychologue Tony Anatrella[1]. En outre, ces jeunes manifestent, sans en être conscients, des troubles de la filiation. Puisque les parents-copains ne jouent pas leur rôle de père et de mère. »

La démission des parents et leur refus ou leur incapacité à assumer pleinement leurs responsabilités ne peuvent qu'avoir des effets dévastateurs durables. Ces abandons privent l'enfant comme l'adolescent ou même le jeune adulte de repères essentiels et indispensables pour forger sa propre personnalité. « On ne devient que contre ce qui résiste », soutenait Saint-Exupéry. Alors que la personnalité et l'identité d'un adolescent se structure et s'affirme par le jeu subtil des oppositions et des complicités vécues face à (et avec) ses parents, le vide abyssal provoqué par l'absence de modèles ou de repères ne peut conduire

---

1. *L'Express,* 1er octobre 1992.

qu'à un manque d'enracinement et à une carence éducative. Les parents absents peuvent bien, avec la meilleure des volontés, parler d'amour et créer les conditions d'un confort matériel satisfaisant, leur attitude irresponsable conduit leurs enfants à multiplier les blessures affectives et les prépare à devenir des sinistrés sociaux.

Quant au calme et à la bonne entente qui règnent entre parents et enfants, ils sont assez souvent obtenus par défaut. « La bonne santé des relations familiales ne signifie nullement que la famille soit un lieu d'intense sociabilité, estime le sociologue Olivier Galland[1]. En fait, l'harmonie familiale est le résultat d'un modus vivendi qui permet aux jeunes de profiter du soutien parental tout en vivant leur vie personnelle sans que, dans ce domaine, les parents disposent d'un réel droit de regard et d'intervention. »

Aide matérielle contre affection ? Ceci est trop réducteur et ne peut ni justifier, ni expliquer la fuite des parents devant leurs responsabilités. Personne ne se plaindra d'apprendre que la paix règne généralement au sein des familles où les disputes sont devenues plus rares. Signe des temps : la moitié des querelles conjugales ont pour origine le choix des programmes de télévision. C'est deux fois plus que pour les devoirs scolaires !

Mais comment les parents réagissent-ils lorsqu'ils constatent soudain le désespoir des adolescents qu'ils n'ont pas su écouter et à qui ils n'ont pas pris

1. *Sociologie de la jeunesse*, Armand Colin.

le temps de parler ? Eh bien, ils sont perdus. Complètement paumés eux aussi. Et ça n'arrange rien...

« Ils commencent par chercher les causes ailleurs, dans les relations sentimentales ou dans les possibles difficultés scolaires ou professionnelles, affirment les sociologues. C'est d'abord : " Ton copain t'a quittée ? " ou " Tu as peur de louper ton bac ? " Il leur faut beaucoup de temps pour accepter la réalité et pour se remettre en cause. Alors, le plus souvent, c'est la panique. Beaucoup de parents ne savent pas comment s'y prendre pour entamer un vrai dialogue. Les mots leur font défaut. Et c'est vrai qu'ils font l'apprentissage du dialogue au plus mauvais moment, lorsque leur fils ou leur fille est en crise. »

Que reste-t-il à faire pour trouver une solution ? Vers qui donc se tourner pour chercher un peu d'aide ?

Les grands-parents ? Mais ils vivent loin. Et puis, à leur âge, peuvent-ils encore comprendre ces choses-là ? Et à quoi bon les inquiéter ?

Il y a bien les enseignants, mais on ne connaît même pas leur nom ni leur tête. Difficile dans ces conditions de solliciter un rendez-vous pour prendre conseil à propos d'un problème aussi personnel.

Quant au curé de la paroisse, on disait jadis qu'il savait écouter. Mais ça fait bien dix ans, peut-être même quinze, qu'on n'a pas mis les pieds à la messe. Y a-t-il seulement encore un curé dans le vieux presbytère ?

Alors, désemparés, les parents se tournent en désespoir de cause vers les nouveaux gourous de notre société un peu ivre : les psychologues, les psychanalystes, les psychiatres. En milieu scolaire ou dans le secret de leur cabinet privé, au cours de séances bien tarifées, ces maîtres modernes de la pensée et du comportement, ces dompteurs de frustrations et de sentiments refoulés, dissèquent le passé, scrutent les âmes, fouillent dans le subconscient, cherchent parce qu'ils sont payés pour ça et trouvent parce qu'ils sont là pour dire quelque chose.

Certes, à défaut d'être une science exacte, la psychanalyse permet de soulager le malade par une approche des causes du mal. Il n'est donc pas question de douter, en bloc, des compétences et de l'utilité des « psy ». Il s'en trouve beaucoup qui font leur métier correctement, avec intelligence et sensibilité. Et sont-ils responsables de cette dérive, pour ne pas dire de cette mode, qui conduit de plus en plus de parents à s'adresser à eux, pour leur arracher une explication à tout, pour leur demander de dire avec des mots savants des vérités qui sautent aux yeux, mais qu'eux ne savent, ne peuvent ou ne veulent voir ?

La famille est-elle devenue un univers si opaque pour en être arrivée à livrer aussi souvent et aussi facilement ses enfants aux mains et au jugement des héritiers de Freud et de Lacan ? On peut, hélas, le craindre.

3

L'école, creuset du sous-développement français

> Celui qui ne donne pas un métier à son fils le fait voleur.
>
> Proverbe juif.

Le système éducatif français est malade et le réformer en profondeur est devenu une des urgences nationales, celle à placer devant toutes les autres puisqu'elle conditionne l'avenir social et économique du pays à court, moyen et long termes. Le constat est maintenant ancien. Depuis la révolte étudiante de mai 68, le voile est périodiquement levé sur les réalités du monde de l'enseignement. Pour attirer l'attention de l'opinion publique, étudiants et lycéens ont plusieurs fois manifesté leur insatisfaction en défilant dans les rues de Paris et des grandes villes. Les enseignants ont, à mille occasions, tiré la sonnette d'alarme, dénonçant tantôt le manque de moyens dont souffre l'école, tantôt le faible niveau de leurs revenus et le manque de considération dont la société fait preuve à leur égard. Et plus récemment l'insécurité qui s'installe dans les collèges et les lycées.

Les gouvernements n'ont pas été avares en études et en rapports d'experts. De gauche comme de droite, chaque ministre constate vite en prenant possession de son bureau de la rue de Grenelle que l' « usine à gaz » dont on vient de lui confier l'impossible gestion peut exploser à tout moment. Devant l'ampleur de la tâche et ne sachant par quel bout commencer, le ministre de l'Education nationale fraîchement nommé n'a d'autre choix que de désigner un énième « comité Théodule » pour y voir un peu plus clair et surtout pour gagner du temps. Car le pauvre homme sait parfaitement qu'il se trouve sur un siège éjectable, au volant d'un bolide au moteur grippé et dont les commandes sont tenues par d'autres, à savoir les syndicats d'enseignants. Depuis la fin de la guerre, l'Etat a peu à peu laissé les grands syndicats faire main basse sur le système éducatif français, au point de devoir négocier pied à pied la moindre modification apportée aux programmes d'enseignements, aux horaires, aux dates de vacances scolaires. Impossible dans ces conditions d'aborder les problèmes au fond, quelles que soient leur gravité et leur extrême urgence.

Chaque ministre y est allé de sa « grande » réforme, voulant imprimer sa marque personnelle et accrocher son nom à une modification ambitieuse du système. Fouchet, Fontanet, Savary, Devaquet, Jospin... la liste est longue. On connaît les cafouillages engendrés par ces réformes à répétition, dont la dernière est imposée alors que les précédentes sont à peine mises en œuvre et n'ont donc pas encore pu prouver leur efficacité (ou leur inefficacité). On sait moins que toute réforme ne peut voir le jour que si les syndicats, énormes courroies de transmission des courants de gauche, ont donné leur feu vert au gouvernement. Au cœur même du ministère de l'Education, l'administration parvient à ralentir et même à paralyser l'application de décisions adoptées en conseil des ministres et votées au Parlement. Tous les ministres, et Lionel Jospin plus que d'autres, l'ont déploré, impuissants à stopper ce détournement de pouvoir. Ce fonctionnement n'est pas supportable. Il a pourtant été toléré depuis des décennies jusqu'à conduire à sa ruine le système éducatif. Par corporatisme et nombrilisme.

Si la bonne volonté individuelle d'une grande majorité des enseignants ne peut être mise en cause, le corporatisme paralysant dont continuent à faire preuve les grandes centrales syndicales est devenu inacceptable. Les pressions idéologiques qu'elles font peser sur l'école ont eu pour principal effet, dans la louable intention de donner des chances égales à tous les élèves, d'imposer un moule unique d'enseignement ne tenant aucun compte des différences de niveau des enfants et rendant presque impossible le repérage des élèves pour les diriger vers les bonnes filières. Avec pour résultat le grand gâchis de l'échec scolaire qui met aujourd'hui un nombre très important de jeunes de dix-huit à vingt-cinq ans face à de grandes difficultés pour trouver leur place dans le tissu économique. Il s'agit pour une partie de cette génération d'un handicap aux conséquences incalculables.

L'aversion pour l'entreprise et les « patrons », qui fut longtemps à la source des litanies de François Mitterrand, avant d'être relayée par les gros bataillons d'enseignants engagés dans les rangs du parti socialiste ou du parti communiste, a conduit à ignorer totalement les réalités et les besoins du monde du travail. Apprentis sorciers de la lutte des classes, alors tout imprégnés d'une idéologie marxiste qui a depuis fait faillite, nombre d'enseignants-militants avaient pour obsession de modeler l'esprit des futurs citoyens pour les rendre « bien pensants », sans se soucier de l'aptitude des jeunes à trouver un emploi en sortant du système scolaire. Ils estimaient sans doute que, le grand soir venu, la victoire des classes populaires serait de nature à faire des miracles.

Rendons à César ce qui appartient à César : plusieurs Premiers ministres socialistes ont travaillé efficacement à réconcilier le « peuple de gauche » avec l'entreprise. Fabius a été le premier à ouvrir les yeux en constatant les dégâts faits dans la période 1981-1983 par le tandem Mitterrand-Mauroy. Michel Rocard, guéri de l'autogestion, et Pierre Bérégovoy ont suivi. Mais c'est l'éphémère Edith Cresson qui a le plus courageusement souligné combien la « révolution culturelle » opérée par les socialistes dans ce domaine était insuffisante dans le secteur de l'éducation où il convenait de revoir les filières et les enseignements pour jeter de vraies passerelles entre l'école et l'entreprise. La dame de Châtellerault, alors à l'hôtel Matignon, racontait en privé que les deux plus gros services publics du monde avaient longtemps été l'Armée rouge et l'Education nationale française, que le premier avait éclaté avec l'empire mais que le second resterait sans doute encore longtemps une citadelle imprenable et ingérable. De tels propos, qui ne restèrent pas longtemps confidentiels, ont sans doute aidé l'intéressée à rejoindre un peu plus vite le monde de l'entreprise...

La « citadelle imprenable » d'Edith Cresson reste, et de très loin, la plus grosse entreprise du monde ! Dans la seule France métropolitaine, l'Education nationale emploie 930 000 salariés permanents, dont 705 000 enseignants titulaires. Avec les non-titulaires, qui piaffent légitimement d'impatience à la porte de l'Administration pour être intégrés (ils sont souvent dès le premier jour « encartés » par les syndicats), il s'agit d'une formidable armée de 1 050 000 salariés. C'est-à-dire trois fois la population totale du Luxembourg...

C'est dans cet univers, unique au monde par sa complexité, son immobilisme et son coût (le budget de l'Education est devenu depuis la fin des années 80 le premier de la nation), que ceux qui viennent d'entrer dans la vie active ou s'apprêtent à le faire ont grandi et sont devenus de jeunes citoyens. De jeunes travailleurs, sans emploi trop souvent.

« Une société qui laisse péricliter ses organes d'éducation est gravement malade, estime l'historien Georges Duby, membre de l'Académie française[1]. Il est anormal que les organismes chargés de transmettre le savoir et une règle de sociabilité soient si abandonnés, si démunis. Anormal que l'enseignement soit devenu l'un des métiers les plus ingrats. Qu'il est grave que l'activité des enseignants du supérieur soit dominée et en bonne part épuisée par la bureaucratie. Qu'il est plus grave encore que soit mise en cause toute hiérarchie, non seulement entre les divers degrés de l'enseignement, mais même la

---

1. *Le Monde,* entretien avec Pierre Lepape, 26 janvier 1993.

position hiérarchique, indispensable à toute pédagogie, de celui qui sait à l'égard de celui qui ne sait pas encore. Il est grave en effet que parler de " maître " paraisse indécent, que l'on ait évacué sous la pression conjointe de théories pédagogiques absurdes et d'une conception outrancière de l'égalité tout ce qui entretenait l'émulation parmi les groupes de disciples réunis autour d'un maître, que le maître soit pris entre la méfiance des parents et les brutalités des élèves. »

Et Georges Duby d'ajouter : « Je suis inquiet. Que faire ? Je juge le système éducatif incapable de se réformer lui-même. Il appartiendrait aux pouvoirs publics de l'y forcer. En ont-ils le moyen ? Le désir ? Suffirait-il d'engouffrer plus d'argent dans cet organisme monstrueux, l'Education nationale, paralysée par sa masse démesurée, par les routines et le corporatisme ? Peut-être. On peut toujours essayer. Mais qui osera essayer, puisque la société ne semble l'exiger, inconsciente qu'elle est en péril ? Le mesurera-t-elle avant de se désarticuler faute d'une formation — encore un mot tabou — morale ? »

L'Education nationale n'a pas su jouer son rôle et elle est, pour sa part, responsable des difficultés actuellement rencontrées par toute une génération. C'est aux dysfonctionnements de ce monstre mou couché sur le flanc et maintenu en vie par l'irresponsabilité d'une classe politique frileuse que les dix-huit-vingt-cinq ans doivent les maux qui les accablent : échec scolaire, absence de formation professionnelle satisfaisante, non-préparation au monde du travail. Et même, pour partie au moins, carence du sens civique.

Si l'analphabétisme (absence d'instruction) a reculé en raison de l'allongement de la scolarité obligatoire, l'illettrisme (ne savoir ni lire ni écrire) concerne aujourd'hui un pourcentage de jeunes égal à celui des plus de cinquante-cinq ans ! Trop nombreux sont les élèves éjectés du système scolaire avant ou au niveau de la troisième qui ne sont pas en mesure de lire un journal, de rédiger une lettre administrative, de remplir un chèque, de compter ou de se diriger à l'aide de plans ou de panneaux indicateurs. Dans sa *Francophonie 1993*[1], le sociologue Gérard Mermet souligne la gravité de ce handicap social qui conduit souvent à l'isolement, à la honte et au mépris de soi. Il est évident que les jeunes illettrés ont beaucoup plus de difficultés à trouver un emploi qu'il y a vingt-cinq ans, lorsque les fermes et les artisans acceptaient d'embaucher ces « braves gars » et ces « braves filles » pour qui il y avait toujours quelques menus travaux à effectuer.

Le tamis du service militaire, même s'il ne porte que sur la population des garçons, montre que l'école n'a pas été capable de réduire les inégalités entre les individus. Sur les quelque 395 000 appelés d'une classe d'âge[2], 21 % ne sont pas en mesure de lire normalement et de comprendre un texte simple de soixante-dix mots, 2,4 % d'entre eux ne déchiffrent pas les mots et 1 % sont même complètement illettrés, c'est-à-dire qu'ils ne savent ni lire, ni écrire. Les plus touchés sont les fils d'ouvriers, d'employés et de

1. *Op. cit.*
2. Ministère de la Défense, bureau du service national, étude 1991.

paysans. En permettant, il ne faudrait pas l'oublier, une amélioration du niveau moyen d'instruction, la machine éducative française fabrique parallèlement un nombre croissant de laissés-pour-compte.

Tel un rouleau compresseur, le système éducatif nivelle les 12,4 millions d'élèves avec l'ambition avouée de donner des chances égales à chacun, mais avec pour résultat d'ignorer la personnalité propre des enfants, surtout des moins doués et de ceux que des difficultés familiales ou sociales ont rendus plus faibles. Les experts estiment généralement que la méthode dite « lecture globale », imposée dans les écoles primaires dans les années 70 et qui consistait à apprendre à lire par phrases entières, sans en détacher les éléments, est à l'origine de nombreux cas d'illettrisme constatés quinze ou vingt années plus tard. Or, cette méthode n'a pas complètement disparu de nos jours.

Peut-on parler d'égalité des chances pour les 100 000 garçons et filles conduits à quitter chaque année le système éducatif à un niveau inférieur au CAP ou au BEP, c'est-à-dire sans aucune qualification professionnelle. Ils représentent 13 % de leur tranche d'âge, ce qui peut paraître assez peu, mais plus de 30 % d'entre eux font des chômeurs de longue durée, ce qui est énorme.

Réussir ses études reste la priorité des priorités, celle citée en tête de tous les sondages par les quinze-vingt-cinq ans qui redoutent comme jamais de devoir entrer sans préparation suffisante dans un monde du travail devenu très dur. Dès le collège, réussir est une obsession. A la maison, le carnet scolaire devient le centre du monde, l'unique sujet de conversation. Les parents attendent généralement beaucoup de leurs enfants, sans toujours les aider assez. Certains leur imposent des options souvent au-dessus de leurs forces, du latin ou du grec. Puisque le fils du voisin fait de l'allemand, allons-y. Puisque les langues optionnelles sont gratuites, pourquoi se priver ? Sans parler des cours de rattrapage de mathématiques pendant les vacances...

Au lycée, le culte de la réussite est encore accentué. On estime qu'au moins la moitié des lycéens souffrent régulièrement de stress. La peur de ne pas y arriver, de décevoir les parents, de déchoir aux yeux de la famille et des copains les obsède. Par ailleurs, l'âge des choix décisifs approche et il ne leur est pas facile d'exprimer une préférence pour leur orientation alors que tous les secteurs, presque sans exception, sont touchés gravement par la crise. Ce que ne manquent pas de leur répéter parents, enseignants et médias. La pression de certains parents redouble pour les convaincre de préparer un bac C, plus noble qu'un bac B, lui-même plus valorisant qu'un bac A. Il y a les filières nobles et les autres, celles qui mènent aux classes préparatoires et aux grandes écoles, et celles, sinistrement baptisées « classes poubelles » pour « petites cervelles », qui rapprochent plus sûrement encore du chômage et de l'ANPE. Comme le bac G qui prépare, en théorie, aux métiers du tertiaire mais n'a pas très bonne réputation dans les entreprises.

Le passage de la France à l'ère industrielle, le développement du commerce et des échanges internationaux et le fantastique bond en avant de la science et de la recherche ont peu à peu imposé au système éducatif tout entier une véritable tyrannie des mathématiques. Au bon temps des humanités a succédé la dictature de la racine carrée, de l'algèbre et du polynôme. Les amoureux de Baudelaire et de Maupassant ont été détrônés par les forçats du théorème et les marathoniens de math spé et math sup. Jusqu'à l'excès, constate-t-on aujourd'hui, puisque François Bayrou, le nouveau ministre de l'Education, s'est rapidement employé à corriger cette tendance. C'était l'époque où les garçons voulaient devenir pilotes d'avion, chirurgiens ou informaticiens et les filles médecins ou chefs comptables. A force de travail, beaucoup y sont arrivés. Mais on licencie maintenant à Air France et chez Bull, et nombre de toubibs sont smicards. Les « matheux » n'ont donc pas échappé à la crise, ce qui n'ouvre pas des perspectives très réjouissantes à ceux qui, dans les dernières années, ont choisi la filière C avec la conviction d'obtenir un plus et qui arrivent, diplôme en poche, dans des professions sinistrées.

L'enseignement de l'Histoire a, du même coup, sérieusement reculé, au point que les plus jeunes assistent en direct à la télévision aux bouleversements profonds du monde (éclatement du bloc soviétique, effondrement du communisme dans les pays frères, guerre dans l'ex-Yougoslavie ou même visite du chef de l'Etat dans l'ancienne Indochine et dans la cuvette de Diên Biên Phu) sans avoir, le plus souvent, les premières clés pour comprendre ce qui se déroule sous leurs yeux.

Georges Duby[1] déplore l'érosion de la place de l'Histoire et la dégradation du métier d'historien, à un moment, dit-il, où « le monde découvre avec stupeur que l'Histoire risque de devenir de plus en plus furieuse [...]. L'Histoire est une mémoire et la mémoire est utile pour bien se conduire [...]. Il est clair que l'étude dans la longue durée de l'évolution d'une formation sociale et culturelle permet de mieux interpréter ce qui se passe actuellement dans le crépitement de l'événementiel. C'est, affirme-t-il, mon expérience d'historien qui m'autorise à lancer ce cri d'alarme à propos de l'état de notre système d'éducation ».

Continuera-t-on encore longtemps à « saucissonner » l'enseignement de l'Histoire, de la sixième à la terminale, en la segmentant par périodes, sans jamais permettre aux élèves d'avoir une connaissance et une analyse globales de la marche du monde à travers les siècles ? Cette pédagogie trop strictement basée sur la chronologie aide à la mémorisation des faits mais rend difficile la compréhension des grands mouvements de l'Histoire et donne assez peu de repères pour bien saisir les formidables évolutions en cours (Europe centrale, Asie, Afrique) qui trouvent leurs origines non dans un épisode, si marquant qu'il ait pu être, mais dans une succession d'événements à cheval sur les grandes périodes classiques de l'Histoire telles qu'elles sont racontées aux élèves depuis toujours. Défenseur d'une nouvelle conception de l'enseignement de l'histoire de la société, l'éminent Fernand

1. *Le Monde*, janvier 1993.

Braudel a été, à juste titre, admiré et respecté. Mais a-t-il été vraiment entendu ?

Le système éducatif, et la gauche socialiste en a toujours fait un cheval de bataille, se vante de ne pas recourir à la sélection. Il s'agit de l'une des plus belles supercheries entretenues depuis trente ans. La sélection existe et soutenir le contraire revient à tromper l'opinion et plus encore les jeunes qui commencent leur parcours éducatif en fondant leurs espérances sur un mensonge officiel. La sélection est d'ailleurs nécessaire pour orienter ou réorienter les élèves avant qu'il ne soit trop tard, pour les diriger vers des filières professionnelles plus tôt, dès que l'enseignement général s'avère ne plus être adapté à leur niveau ou à leurs goûts.

Leur admission à l'université fournit d'ailleurs aux bacheliers l'occasion de toucher du doigt les problèmes de la sélection. Chacun sait bien que les universités filtrent les inscriptions. Pour ne prendre que l'exemple de Paris, il est infiniment préférable d'avoir un bac avec mention pour s'inscrire à Assas. Et cette mention est quasi indispensable pour être admis à Dauphine. La sélection sournoise, et souvent mal vécue par les étudiants, continuera ensuite à la fin de la première année de fac avec la fixation — certes non officielle — d'un quota de redoublants. Puis l'année suivante avec le DEUG. Et ainsi de suite. Ceux qui tenteront plus tard les concours d'entrée aux grandes écoles découvriront qu'il y a souvent 30, 40 ou 50 candidats pour une place. Parfois plus.

« Cela ressemble à un jeu de massacre, déplore Aline, vingt-trois ans. Tu peux bien bosser comme un fou, le système t'éjecte brutalement sans faire de bruit, même si tu es dans une honnête moyenne. Et de cela personne ne parle puisqu'il faut cultiver le mythe de l'égalité des chances. »

Les parents ne sont pas les seuls à mettre la pression sur les lycéens. Les professeurs n'hésitent pas à en rajouter autant qu'ils le peuvent. Il y va du taux de la réussite au bac et de l'honneur des « bahuts », toujours flattés d'être mentionnés, en association avec les noms des lauréats, au palmarès du concours général. Avant d'envoyer leurs meilleurs éléments vers les grandes écoles.

Même si la situation n'est pas comparable à celle du Japon où les malheureux étudiants sont conduits au suicide et à la folie, les résultats de tout ce stress, de toute cette fatigue sont mesurés par les médecins — scolaires ou non — qui ne comptent plus les cas de déprime, de boulimie, d'anorexie, d'insomnie, de fugue ou de tentative de suicide chez les lycéens et les étudiants. Nombreux sont ceux qui utilisent plus ou moins régulièrement des tranquillisants, des vitamines, des médicaments pour la mémoire...

En terminale C, par exemple, le total des cours hebdomadaires oscille entre 30 et 35 heures et il y a autant d'heures de travail à faire à la maison. Ce qui fait entre 60 et 70 heures par semaine. On voudrait connaître les salariés qui travaillent autant. « C'est une vie de dingue, qui conduit à étudier même la nuit et le dimanche et ne laisse plus le temps de vivre. Nous sommes écrasés de travail, noyés sous les sujets souvent ennuyeux. Et tout cela pour arriver à quoi ? Enfin, heureusement, quand on a le nez dans les bouquins, on n'a pas le temps de trop penser à l'avenir ! » déclarent les lycéens, plus fatalistes qu'inquiets. Nombreux ont été les scientifiques, les médecins, les experts et les maîtres à dénoncer les horaires de cours trop chargés. Mais rien ne change vraiment. Le gavage pédagogique a de beaux jours devant lui.

C'est que ce bon vieux baccalauréat, créé en 1808 par Napoléon, a su garder toute sa magie et son aura. Et une partie de son pouvoir aussi. Car si on ne peut pas facilement trouver un emploi avec son seul bac, il est impossible de continuer ses études sans lui. Voilà sans doute pourquoi, près de deux siècles après sa création, cette « peau d'âne » a valeur de passeport. En 1900, seulement 1 % des jeunes scolarisés obtenaient leur baccalauréat. Ils étaient 26 % en 1980 et 45 % en 1992... Une progression fulgurante qui va jusqu'à remettre en cause la valeur réelle du diplôme, y compris dans certains milieux enseignants.

Ne reculant devant rien pour flatter la jeunesse et tenter de redorer leur blason auprès des enseignants, les gouvernements socialistes ont décidé d'aller plus loin encore, avec pour objectif de porter 80 % d'une classe d'âge au niveau du bac à l'horizon de l'an 2000. C'est sans doute l'une des mesures les plus démagogiques du siècle. Des plus dangereuses aussi. Car c'est tout ignorer des conditions de fonctionnement des universités que de vouloir déverser sur les campus un nombre toujours plus grand d'étudiants que l'enseignement supérieur ne pourra pas former correctement et que le monde du travail sera dans l'incapacité d'accueillir dans de bonnes conditions, tant tous les emplois ne nécessitent pas un tel diplôme.

Les associations de professeurs, agrégés ou non, ont été nombreuses à hurler contre cette décision politicienne. Mais rien n'y a fait. Les socialistes savaient pertinemment en fixant cet objectif que, sauf à baisser le niveau des épreuves de l'examen, il est impossible à atteindre. Mais peu importe. Ils prévoyaient sans doute de quitter le pouvoir avant l'an 2000 pour retourner dans l'opposition et mieux dénoncer, l'échéance venue, le gouvernement qui n'aura pas su atteindre le cap des 80 % de bacheliers !

Pour faire grimper le taux de réussite au bac et pouvoir publier un communiqué tiomphaliste sur les bienfaits de sa politique, le ministère de l'Education a multiplié les consignes visant à limiter la difficulté des épreuves et à obtenir un peu plus de souplesse de la part des examinateurs. Ainsi, en 1992, une recommandation officielle a-t-elle été adressée aux examinateurs de français à l'oral du bac A, leur demandant de « conduire l'interrogation avec le souci de distinguer ce qui est ignorance ou sottise de ce qui est inhibition, étourderie ou maladresse » et de « se garder aussi de désarçonner le candidat par une intervention trop vive ou ironique, ainsi que de le laisser s'enferrer ». Sympa, non ?

Jack Lang, devenu ministre d'Etat chargé de l'Education nationale et de la Culture, en avril 1992, a frappé encore plus fort en annonçant que les candidats au bac pourraient, à partir de 1995, passer leur examen sur une période de cinq ans en conservant, épreuve après épreuve, année après année, le bénéfice de leurs notes supérieures à la moyenne. Et en limitant le choix des options. Mais, devant la levée de

boucliers provoquée par cette tentative de démantèle-
ment du diplôme le plus populaire de France, à
l'approche de l'échéance des élections législatives de
mars 1993, le même Jack Lang a battu en retraite et a
retiré son projet, unanimement critiqué. Jusque dans
les rangs socialistes, nombreux étaient les opposants à
cette décision farfelue de « bac à crédit ».

En confondant l'essentielle politique du savoir avec
le distrayant *Livre des records,* les gouvernements
socialistes ont, en dix ans, accentué la détérioration
du système éducatif. Sans le vouloir certes. Et plus
par démagogie que par incompétence. Ce qui ne fait
qu'accentuer leurs responsabilités.

François Mitterrand et Jack Lang n'ont jamais été
avares pour flatter la jeunesse : la sélection pour
personne et la promotion pour tous. Et ils n'avaient
pas beaucoup d'efforts à faire pour amadouer du
même coup les parents. On sait que les Français
rêvent légitimement d'études solides et de diplômes
pour leurs enfants, toujours convaincus qu'ils sont
souvent, ce qui n'est pas faux, des clés pour obtenir
un emploi meilleur, moins pénible et mieux payé. On
connaît aussi la réticence des adultes à orienter les
enfants vers des métiers manuels. La France, peut-
être pour n'avoir pas su valoriser le travail des
ouvriers ni réserver à ces derniers un statut social
correct, souffre aujourd'hui d'un mal profond : le
désamour pour les cols bleus. On comprend comment il a été facile pour tous les gouvernements
d'entraîner la société dans cette spirale de l'enseignement classique généralisé et des diplômes pour tous.

L'inégalité (criante) des chances de réussite des

élèves, l'inadaptation du système français et sa responsabilité directe dans l'échec scolaire qui frappe toute une génération sont très nettement mis en relief dans le rapport « Education et formation » du XIᵉ Plan, élaboré à la demande de Michel Rocard lorsqu'il était Premier ministre et rendu public au début de l'année 1992.

Les experts du Plan demandent l'ouverture d'un débat national, principalement au Parlement, sur l' « éducation de base » car, écrivent-ils, « il n'y a, pour l'instant, pas d'indication précise sur ce que recouvre cette appellation en termes d'activités intellectuelles, de pratiques culturelles, de savoir-faire, de connaissance de la vie sociale et professionnelle. Il importe donc d'établir une hiérarchie dans les exigences pédagogiques ; sinon, leur accumulation alourdit la pratique enseignante et paralyse toute tentative d'évaluation de l'efficacité ». Ils réclament aussi la généralisation du soutien pédagogique pour les jeunes en difficulté, avec une amélioration du système de repérage des élèves. Le coût de ces activités de soutien serait compensé par la baisse sensible du nombre des redoublants. Les auteurs du rapport préconisent aussi une amélioration des relations entre l'école et les familles, surtout celles des enfants des couches sociales défavorisées qui connaissent les difficultés les plus fortes. Le but de ce rapprochement « enseignants-parents » est de donner plus de sens à la notion de « communauté éducative » et de mettre l'accent sur la complémentarité et la coresponsabilité de l'école et de la famille pour éduquer et former les enfants. Les experts du XIᵉ Plan ont aussi dénoncé la suppression du brevet des collèges et souhaité son rétablissement, estimant qu'un examen de fin de collège « vaudrait reconnaissance sociale » pour ceux qui ne peuvent aller jusqu'au bac. Une façon, à leurs yeux, de ne pas donner à ces jeunes le sentiment qu'ils sont a priori des exclus sociaux en n'ayant aucun diplôme à exhiber. Ils ont obtenu satisfaction puisque l'examen a été rétabli.

Malgré leur décision louable de faire passer, de façon plus que symbolique, le budget de l'Education devant celui de la Défense, les socialistes auront réussi le triple exploit de désorienter un peu plus un monde enseignant qui leur était pourtant largement acquis, de déstructurer davantage encore l'énorme appareil éducatif et, pour avoir voulu favoriser l'égalité des chances au nom de l'idéal républicain sans tenir compte des réalités environnantes, à créer un système encore plus injuste avec des écoles pour riches face à des écoles pour exclus.

Le meilleur exemple reste cette décision de conduire 80 % d'une classe d'âge au niveau du bac. Un projet démagogique pour un fiasco annoncé, qui condamnait l'enseignement supérieur français à un nouvel effondrement de son niveau, à sa paupérisation accentuée, ainsi qu'à un système à deux vitesses avec d'un côté des universités « fourre-tout » qui auraient accueilli le tout-venant pour faire n'importe quoi, et de l'autre quelques universités sélectives et les grandes écoles, pratiquant toutes une sélection très rigoureuse et dominant le monde du savoir pour mieux peser sur celui du travail. Ce renoncement à toute sélection avant le bac ou au niveau du bac, seule capable de diriger une partie des jeunes vers des filières professionnelles — et pas forcément pour des boulots dégradants ou mal payés —, aurait conduit à des diplômes universitaires sans valeur, offerts généreusement à la jeunesse de France au nom de l'égalitarisme proclamé mais ne lui donnant aucune formation pour trouver un emploi.

L'état des universités françaises exige une radiographie immédiate et des mesures sans doute drastiques, avant même la fin du siècle. On ne fera pas, dans ce domaine, l'économie d'un grand débat national sur l'enseignement supérieur. Fort de son aura dans la jeunesse et de sa capacité à dialoguer avec elle, en allant même jusqu'à renier publiquement ses ministres, François Mitterrand aurait pu se saisir à bras-le-corps du dossier au lendemain de sa réélection en 1988. Il en avait les moyens et les centristes comme les chrétiens-démocrates auraient, sans beaucoup hésiter, apporté leur soutien à Michel Rocard. Mais le « sphinx » de l'Elysée a manqué là un rendez-vous capital, comme l'occasion de laisser son nom attaché à celui d'un grand projet ambitieux. En lettres capitales, couleur d'espérance. Sa responsabilité face à l'état de l'université, devenue le creuset du sous-développement français, est totale. Il le sait. Les Français aussi, dont 63 % affirment que l'école a une large responsabilité dans le chômage des jeunes.

L'absence de véritables débouchés professionnels conduit en période de crise la quasi-totalité des titulaires du baccalauréat à s'inscrire à l'université, beaucoup sans grande conviction mais simplement pour échapper au chômage. Ainsi 92 % des bacheliers décident de suivre des études supérieures. Et leur pourcentage va en s'accroissant, notamment avec l'arrivée d'un plus grand nombre de jeunes filles dans l'enseignement supérieur (+ 50 % entre 1984 et 1992). Il y avait 1 700 000 étudiants inscrits dans l'enseignement supérieur à la rentrée 1992, soit la moitié de plus qu'il y a dix ans. Mais seulement 81 000 dans les instituts supérieurs de technologie (IUT) ; c'est dire le peu de succès de l'enseignement professionnel supérieur. Pour la première fois, sans doute en raison de la révolte des infirmières et des conflits entre l'Etat et les médecins, on a vu reculer le nombre des candidats aux professions de santé. Mais un tiers des jeunes continuent à se diriger vers la filière lettres sans trop savoir pourquoi.

Il y a souvent bien peu de points communs entre les facs, entre la Sorbonne ou Assas, où les étudiants sont triés sur le volet, et Paris XIII-Villetaneuse, sur fond de banlieue triste, de HLM miséreux et de centres commerciaux où les étudiants croisent des marginaux de leur âge. Avec pour horizon le risque du chômage. Pourtant, à Assas comme à Villetaneuse, et ceci est vrai pour l'ensemble des universités de France, les étudiants ne refont plus le monde. Mais s'y conforment. Sans défaitisme excessif. Sans illusions non plus. Dès le lycée, on les a laissés libres de choisir leur voie, le plus souvent sans être contraints par leurs parents. Dès le lycée aussi, on leur a dit qu'ils entraient dans un tournoi de gladiateurs et qu'il y aurait des morts et des éclopés. Ils sont donc tout juste surpris lorsqu'ils sont éliminés, et à peine soulagés quand ils sont admis à franchir un degré.

Chaque année qui passe les rapproche pourtant du possible couperet de la sélection. Sur les 1 700 000 étudiants, la moitié seulement accèdent au second cycle après avoir réussi leur DEUG. Les autres arrêtent en cours de route, choisissent de poursuivre en IUT, trouvent un petit boulot ou s'inscrivent à l'Agence pour l'emploi, terre d'échouage pour rêves brisés. Mais là encore, on est surpris par le fatalisme des étudiants qui, il est vrai, sont nés et ont grandi dans une ambiance permanente de crise économique et sociale.

Interrogés sur les bancs de l'université, là même où devraient se construire leurs certitudes et se forger leurs espérances, 54 % des étudiants[1] s'attendent à se retrouver sans emploi lorsqu'ils auront leur diplôme — 60 % des filles et 40 % des garçons. Il s'agit là d'un gâchis dramatique. Comment peut-on travailler avec ardeur et s'investir totalement dans ses études avec la perspective d'avoir le chômage comme point de passage obligé avant de commencer à gagner sa vie ?

Les plus inquiets sont les étudiants fils ou filles d'ouvriers, d'employés ou de paysans. Ils ont « ramé comme des malades » pour se retrouver sur les bancs d'un amphi alors qu'aucun membre de leur famille avant eux n'avait foulé le sol d'un campus, et les voilà sans aide, ni piston, ni connaissances, en train de faire de l'équilibre pour se hisser au meilleur niveau mais en courant le risque de ne pas trouver un emploi. Car eux savent bien que l'inégalité sociale est la première cause de l'inégalité de réussite à l'école. Dès le cours

1. *Talents*-Sofrès 1992.

91

préparatoire, les enfants de cadres redoublent exactement dix fois moins que les gosses d'ouvriers ; 79 % des enfants d'enseignants sont admis en terminale mais seulement 15 % des élèves issus de familles de salariés agricoles[1] ! Et la probabilité d'accès à l'enseignement supérieur d'un fils de cadre supérieur est vingt fois plus grande que celle d'un fils d'ouvrier. Pour les socialistes au pouvoir depuis 1981 et accrochés au « credo » de la justice sociale, est-il sévère de faire observer que ce constat n'est pas très glorieux ? Même s'il est à partager avec ceux qui ont dirigé la France avant eux.

La collectivité consent pourtant des efforts financiers importants pour son système éducatif. Un étudiant en faculté coûte chaque année 19 000 francs à la nation, 32 000 francs pour un élève d'IUT et 52 000 francs pour un élève ingénieur. Et avec un étudiant pour quarante habitants, notre pays se trouve globalement au même niveau que ses voisins européens : Allemagne, Belgique, Pays-Bas et Espagne. Elle fait mieux que la Grande-Bretagne mais deux fois moins bien que les Etats-Unis. On comprend d'autant moins, sauf à mettre en cause une fois encore, l'énorme et archaïque appareil éducatif, comment certaines universités peuvent connaître un tel état de délabrement, comment d'autres sont surchargées comme à Montpellier, avec 13 000 étudiants pour 4 500 places ou à Lille III, avec 17 000 inscrits pour 9 000 places. Partout et dans tous les domaines, l'enseignement supérieur français manque de

1. Ministère de l'Education, 1992.

moyens. C'est le cas notamment des bibliothèques universitaires où l'on compte une seule place pour dix-sept étudiants. Et certaines sont même fermées une partie de la semaine faute de personnel en nombre suffisant. Jack Lang s'est bien engagé en 1992 à « améliorer les choses »... en 1995. Encore une promesse à crédit, un cadeau qui sera à payer par les héritiers.

Les étudiants évoquent aussi très souvent leurs conditions de logement particulièrement désastreuses avec seulement 137 000 lits offerts par le CNOUS (Centre national des œuvres universitaires) et ses antennes régionales. Ce parc locatif étudiant est dramatiquement insuffisant et conduit nombre d'entre eux à louer une chambre chez l'habitant, pour un loyer qui avoisine ou excède 2 000 francs par mois et dont le paiement représente un énorme sacrifice pour les familles aux revenus modestes. Il n'est plus rare de voir des jeunes arrêter brutalement leurs études lorsque leur famille ne peut plus assurer le paiement de ces charges, après le licenciement du père par exemple. Des solutions de fortune conduisent de nombreux étudiants à vivre dans des conditions précaires. Dans la France de 1993, 25 % des élèves du supérieur vivent sans baignoire, ni douche, ni w.-c. intérieurs (contre 3 % pour l'ensemble des Français). Il est difficile de se satisfaire de cette situation en se contentant d'affirmer que cela « fait du bien aux jeunes de manger un peu de vache enragée ».

Insalubrité des locaux, crédits toujours insuffisants ou mal utilisés (et peut-être même détournés comme dans d'autres domaines du secteur public), réformes inadaptées, mal expliquées et mal admises, insécurité grandissante avec la montée du vandalisme, des agressions, des vols et même des viols sur les campus... le système éducatif français sent la poudre. Et il ne faut pas s'étonner dans ces conditions de voir un tiers des 300 000 étudiants sortant chaque année de l'enseignement supérieur se retrouver sur le carreau, sans autre diplôme que le bac.

La façon de sortir du système éducatif détermine souvent le reste de la vie. Les études effectuées par les services de l'Etat montrent qu'en 1990, dans la tranche des salariés âgés de vingt-cinq à vingt-neuf ans, ceux ayant leur CAP ou leur BEP gagnaient 10 % de plus que ceux qui n'avaient aucun diplôme. Les bacheliers gagnaient 20 % de plus que les titulaires d'un CAP, les DEUG 30 % de plus et les diplômés de l'enseignement supérieur 70 % de plus. Et les écarts sont encore plus sensibles en milieu de carrière, entre trente-cinq et quarante-cinq ans. Le jeu en vaut donc la chandelle pour les jeunes lancés dans des études longues. Tôt ou tard, ils finissent par retomber sur leurs pieds, même en acceptant d'occuper dans un premier temps un emploi jugé un peu médiocre en regard de leur qualification.

Les grandes écoles, qui constituent toujours un cercle très fermé où se retrouvent surtout des fils et filles de cadres supérieurs, connaissent elles aussi leurs difficultés et leurs élèves le chômage, même si celui-ci ne dure généralement pas plus de six mois, au grand maximum. On voit maintenant des diplômés d'HEC faire du porte-à-porte pendant des mois dans les entreprises alors que les patrons se les disputaient dès leur sortie de l'école, il y a peu encore. Entrer dans une grande école demande pourtant d'avoir satisfait à des épreuves de sélection tout au long d'une scolarité qui ressemble à un parcours du combattant. Prenons l'exemple de Polytechnique. Sur les 50 000 jeunes qui passent le bac C chaque année, 4 000 entrent en math spé pour préparer, entre autres, la célèbre école de Palaiseau. Mais la moitié abandonnent en cours de route et sur les 2 000 qui restent, moins de 400 se retrouvent à Polytechnique.

Une injustice particulière frappe les jeunes filles pourtant plus nombreuses que les garçons dans les grandes écoles. Si elles réussissent plutôt mieux qu'eux, un avenir moins brillant les attend dans les entreprises où elles ne représentent que 30 % de l'encadrement. Et pourtant, toutes les études montrent sans aucune contestation possible que les filles, plus travailleuses et bénéficiant d'une maturité plus précoce, obtiennent de meilleurs résultats dès le cours préparatoire où elles sont moins nombreuses à redoubler. Avant de rafler 57 % des baccalauréats. Seule la misogynie du monde de l'entreprise, comparable à l'univers de la politique, explique ce décalage inéquitable pour les filles qui, fort heureusement, ne se découragent pas pour autant. Bien au contraire.

Dans un tout autre domaine, et même si le sujet est tabou, l'arrivée massive d'enfants d'immigrés dans les écoles des quartiers populaires a souvent beaucoup perturbé la scolarité des petits « autochtones ». Cette promiscuité entre enfants de races et de couleurs différentes a eu pour résultat de former une génération de jeunes généralement beaucoup plus ouverts et tolérants que leurs parents. Mais nombreux ont payé cette expérience humainement enrichissante par un retard scolaire et des difficultés handicapantes. Cette affirmation, qui s'appuie sur des rapports d'académies soigneusement passés sous silence, fait tordre le nez des généreux donneurs de leçons de la « gauche caviar », qui vivent dans les beaux quartiers et confient leurs chers petits aux écoles privées. Mais le discours est mieux reçu chez les « gens simples », ceux qui n'ont jamais la parole mais qui ont élevé leurs gosses à Gennevilliers, à Nanterre ou dans les quartiers nord de Marseille, là où, dans certaines classes primaires, les petits Africains ou Maghrébins représentent 80 % des effectifs. Le ralentissement imposé au rythme des cours par la présence d'enfants ne parlant pas (ou très peu) notre langue a perturbé l'apprentissage du français, de la lecture et du calcul chez beaucoup de ceux qui ont aujourd'hui quinze, dix-huit ou vingt ans. Il s'agit d'un simple constat de bon sens et ceux qui voudraient y voir autre chose seraient dans l'erreur. L'absence de moyens dont ont souffert les responsables de ces écoles « à problèmes » les a empêchés de créer des classes spécifiques de mise à niveau pour les jeunes étrangers, seules capables de leur assurer un bon début de scolarité sans gêner les autres.

Le système éducatif français n'a également pas beaucoup progressé dans son aptitude à enseigner les langues étrangères. Ce dossier est comparable au monstre du loch Ness dont on parle régulièrement sans jamais en voir ni la tête, ni la queue. Et la génération qui s'avance sur le marché de l'emploi ne pratiquera pas les langues beaucoup mieux que celle qui l'a précédée. Et pourtant, les Français voient juste lorsqu'ils estiment à 68 % que l'apprentissage des langues est la première condition pour accéder à des emplois supérieurs et qu'à l'heure de l'unification européenne, elles sont (pour 72 % d'entre eux) un « véritable passeport d'intégration pour les jeunes [1] ». L'expression « parler l'anglais comme une vache espagnole » a bien vingt ou trente ans. Elle reflète le ridicule dont se sont couverts les Français lorsqu'ils se sont mis à voyager plus nombreux au-delà des frontières. C'est bien, voire beaucoup mieux, aujourd'hui, mais le niveau moyen reste très insuffisant pour permettre aux jeunes de rivaliser à armes égales avec leurs petits concurrents allemands, anglais ou belges qui pratiquent souvent deux ou trois langues de façon très correcte.

Nombreux sont les responsables pédagogiques à réclamer l'étude d'une première langue dès le primaire, afin qu'il soit possible d'en aborder une seconde en 6e. Alors, pourquoi ne les écoute-t-on pas ? Eh bien tout simplement en raison d'un manque de moyens (beaucoup d'instituteurs de la « vieille génération » ne parlent pratiquement pas l'anglais) et d'un manque de courage politique pour les contraindre à une formation professionnelle accélérée, comme le font les patrons du secteur privé avec leurs salariés. Le gouvernement qui se hasarderait à imposer un tel sacrifice aux instituteurs — pardon, aux professeurs des écoles — sans compensation salariale mettrait

1. *Le Figaro*-Sofrès, janvier 1993.

aussitôt le feu à sa crémerie. Et comme il n'y a pas d'argent dans les caisses, on verra plus tard. Il s'agit d'une attitude coupable car, pour un nombre grandissant d'emplois, les entreprises exigent dès l'embauche la pratique d'une ou de deux langues étrangères. Elles ont déjà fort à faire avec la formation permanente du personnel en place pour ne pas se charger des nouvelles recrues. La France, qui se targue avec fierté d'avoir été l'un des piliers de la construction de l'Europe et se vante d'être le premier pays touristique du monde, se doit de guérir vite de cette infirmité, plus gênante qu'une bosse dans le dos.

Aux maux dont souffre l'école, il faut maintenant ajouter l'insécurité. Depuis le milieu des années 80, les établissements scolaires ont peu à peu été gagnés par la petite délinquance, celle que l'on qualifie parfois d' « ordinaire », puis par la violence au quotidien, qui s'exerce désormais autour des lycées et collèges mais aussi à l'intérieur des classes. Principalement depuis trois ou quatre ans. Jamais les écoles n'avaient connu un tel climat d'insécurité. Il s'agit d'un phénomène très grave car les délinquants sont presque toujours des adolescents (ou des enfants) issus de milieux sociaux déstructurés, avec un nombre important de jeunes immigrés, incapables de suivre une scolarité normale ou de trouver un emploi, donc dans une situation d'exclusion sociale absolue. Les jeunes qui souhaitent suivre normalement les cours subissent de sérieux handicaps, tant il est impossible de préparer correctement un examen dans un climat de violence et de peur.

C'est par milliers que les élèves des collèges et des

lycées se font « tirer » leurs blousons ou leurs chaussures, ou encore leurs cyclomoteurs, par des bandes venues les attendre à la sortie des établissements. C'est par dizaines de milliers que les plus jeunes se font racketter de quelques francs ou dizaines de francs par des petits voyous à peine plus âgés qu'eux. C'est par centaines de milliers de francs que l'Education nationale doit ponctionner ses budgets pour nettoyer les murs couverts de « tags », ces graffiti tracés généreusement avec des bombes de peinture et qualifiés d' « expression artistique » par Jack Lang.

Dans la France de 1993, il est difficile de trouver, pour y inscrire ses enfants, un lycée où la drogue ne soit pas presque en vente libre, où les petits dealers ne fassent pas pression sur les élèves à la sortie des cours pour leur vendre des « joints » de haschisch. Dans les beaux quartiers comme dans la périphérie grise des grandes villes, dans les chefs-lieux de canton des belles provinces hier si paisibles comme au cœur de Paris, collèges, lycées et universités sont le champ clos des petits trafics les plus divers d'objets volés, et de celui de la drogue en particulier. C'est là, dès le collège, que les revendeurs piègent leurs jeunes cibles dont certaines, livrées à elles-mêmes au sein de familles éclatées, risquent un jour l'aventure du rêve. Avant d'y revenir et de devenir dépendantes, à la fois de la drogue et de ses pourvoyeurs.

Dans certains lycées et universités, les élèves savent désigner les w.-c. où leurs camarades drogués s'enferment pour se faire un « shoot » (une injection). Quant au haschisch, le plus souvent, il se fume librement dans la cour ou même dans les locaux scolaires, par exemple dans le fond du grand amphi à l'université de Paris-Villetaneuse. Les directeurs d'établissement connaissent le plus souvent parfaitement ce qui se passe chez eux ou à leur porte. Mais ils sont sans moyens. Les policiers aussi sont au parfum. Pourtant, en nombre insuffisant, surtout dans les grandes cités, ils ont peu de temps pour intervenir ou organiser des planques ou des filatures. Agressions de vieilles dames, casses de magasins, vols de voitures ou de cyclomoteurs, trafic de faux papiers leur garantissent déjà des journées bien longues.

Et la violence est en train de franchir un nouvel échelon avec, depuis peu, la multiplication des agressions visant les enseignants et les surveillants, les incendies criminels, les explosions, les dégradations de locaux, de matériels et de véhicules. Au point qu'un département comme la Seine-Saint-Denis, après avoir enregistré cent agressions en quatre mois dans ses établissements scolaires, a dû faire appel aux super-flics de la Brigade criminelle, spécialisés dans la traque des terroristes et dans la recherche des grands délinquants.

« Les bombes lacrymos aujourd'hui, ce sont les pistolets à eau d'hier », assure Gérard Marteau, proviseur du lycée Louise-Michel de Bobigny, théâtre d'une explosion en mars 1993[1]. « Les violences ont même lieu dans les écoles primaires, et quelquefois à l'instigation d'enfants de huit ou dix ans, témoigne Jacques Thomas, dirigeant du SNES. Quant aux incendies, leur multiplication date d'il y a

---

1. *Journal du dimanche*, 14 mars 1993, par Patrice Trapier.

trois ou quatre ans. Ils se déroulent souvent dans les périodes de conseils de classe ou après des sanctions. » Dans les lycées, les surcharges dues à la volonté politique d'amener 80 % des élèves au bac ont conduit à bonder les classes et à accentuer les difficultés.

Au lycée Louise-Michel de Bobigny, comme dans tous les établissements où les problèmes sont plus aigus qu'ailleurs, les enseignants remarquent que bon nombre d'élèves, la moitié d'une classe parfois, vivent dans une famille monoparentale. Avec souvent une mère abandonnée, sans pension alimentaire, sans emploi ni instruction suffisante pour espérer pouvoir en trouver un. Les enfants sont inscrits au lycée parce que, avec les bourses et les aides municipales, « ça ne coûte rien ». Et les établissements, entre poubelles et dortoirs, deviennent des lieux où se concentrent les désespérances les plus douloureuses, les appels au secours les plus dramatiques, les gestes de violence les plus irrationnels.

Le système éducatif mécontente aujourd'hui tout le monde — parents, enseignants et élèves — et les problèmes sont à la fois de plus en plus apparents et de moins en moins supportables. L'école, au sens large, est trop souvent devenue synonyme d'échec, d'inégalité des chances, de violence et de peur. Attention, danger !

Les parents s'inquiètent de l'inadaptation de l'école et sont presque unanimes à considérer qu'elle a une responsabilité directe dans le chômage des jeunes. Nombreux sont ceux qui s'irritent de la paralysie engendrée par la puissance des syndicats trop corporatistes, face à un pouvoir tantôt complice, tantôt impuissant.

Chacun a gardé le souvenir du sinistre projet de loi Savary qui, en 1984, voulait « faire sa fête » à l'école libre. Les millions de manifestants descendus dans la rue ont fait reculer le gouvernement des idéologues et des sectaires. Il aura fallu huit ans pour parvenir, grâce à la capacité d'écoute de Jack Lang, à un début d'accord avec les responsables de l'enseignement catholique. Mais là encore, les pressions des syndicats ont ensuite conduit le même ministre à chercher à mettre discrètement la main sur la formation et le financement des maîtres du privé. Le dossier du développement de l'enseignement privé et de la modification de la loi Falloux a ensuite fait l'objet de sérieuses escarmouches entre le gouvernement Balladur et François Mitterrand.

Mais les parents — certains d'entre eux bien sûr — ont eu tendance, absorbés par leur vie professionnelle ou perturbés par leurs déboires familiaux, à ne pas jouer pleinement leur rôle en lien avec les enseignants. Rejeter toute la responsabilité de l'échec scolaire sur la mauvaise qualité du système éducatif relèverait de la mauvaise foi.

« En regard d'une institution familiale réduite à une cohabitation plus ou moins conflictuelle, le jeune ne peut guère se soutenir d'un système scolaire qui n'a été conçu que pour une instruction complémentaire d'une éducation, qui a été de fait et reste encore en droit l'apanage de la parentèle, écrit Serge Poignant, qui travaille dans un secteur de psychiatrie infanto-juvénile à Paris. La levée de l'emprise familiale aurait pu être compensée par le transfert de la fonction éducative à l'institution scolaire. Il n'en a rien été et sans doute l'inertie du système d'instruction y est-elle pour beaucoup. Il se constitue de la sorte une carence, un vide institutionnel flagrant, laissant la classe d'âge adolescente dans un état d'abandon de fait : exclusion des entreprises de production, éviction en cours du foyer d'origine, méconnaissance sinon rejet par un système scolaire ayant privilégié une fonction traditionnelle de sélection d'élites, plutôt que de formation ou de prise en charge d'un ensemble de jeunes [1]. »

Et quand les deux parties du tandem, la famille et l'école, sont malades, il n'y a plus qu'à compter les gosses à la rue, les adolescents délinquants, les élèves exclus de l'école et les jeunes chômeurs : notre société est friande de statistiques !

Les enseignants dénoncent leurs conditions de travail, le manque de moyens, la violence qui gagne du terrain et dont ils sont parfois victimes à l'intérieur des établissements. D'une façon plus générale, ils souffrent d'un manque de reconnaissance de la part des élèves comme des parents qui se posent de plus en plus comme des consommateurs et de moins en moins comme des interlocuteurs-partenaires. Les maîtres, qui n'ont plus le monopole de la transmission du savoir depuis la toute-puissance de la télévision, ont le moral à zéro. Les évolutions de la société et de la place des notables font qu'ils ne sont plus les instituteurs et les professeurs d'antan, aimés, res-

1. *La Baston et les adolescents de la rue*, L'Harmattan, 1991.

pectés, reconnus et consultés pour leur bon sens et leur savoir.

Les élèves, et là n'est pas le moins grave, déplorent eux aussi les classes et les amphis surchargés et le manque d'enseignants et de moyens pédagogiques modernes. Ils pensent, parfois avec exagération, que l'école et l'université ne les préparent pas (ou le font mal) à leur insertion dans la vie professionnelle. Les années passées dans le système éducatif finissent par apparaître comme des années parking, un peu perdues, acceptées pour tuer le temps en attendant la fin de la crise. Ils ne savent pas trop quoi proposer, en raison de la complexité des problèmes (sont-ils là pour cela ?), mais demandent une école plus efficace, plus vivante, plus concrète et plus ouverte sur l'entreprise et sur la société. Sur la vie.

Voilà pourquoi il y a urgence. La remise à flot de l'Education nationale nécessite, appuyé sur un calendrier rigoureux, un véritable plan Marshall.

4

La galaxie
des petits boulots

Regarde mes mains, mon camarade,
Depuis que j'ai plus le droit de bosser,
(...) Elles sont cassées.

FRANCIS LALANNE,
Des mains de chômeur.

Les pieux discours et les belles explications-justifications n'y pourront rien changer : les chiffres sont là, comme de terribles témoins à charge. La France a le triste privilège d'être la lanterne rouge de tous les grands pays industrialisés pour le chômage des jeunes de moins de vingt-cinq ans. Ils sont plus de 650 000 à attendre du travail, souvent un premier emploi. Parfois après des études longues. A l'âge où tout est à rêver, à conquérir et à construire, les garçons et filles de la « génération de l'espérance » sont abandonnés comme des parias, par centaines de milliers, aux portes d'une société hostile, entourée de hauts murs avec meurtrières et mâchicoulis. Ils devraient s'avancer confiants et pleins d'ardeur vers le nouveau millénaire et nous leur offrons le Moyen Age.

En vingt ans, l'écart entre la France et ses principaux partenaires économiques mondiaux n'a cessé de se creuser. Il s'agit là de la tare la plus exécrable de la nation, car si le chômage massif est grave, celui des jeunes est particulièrement inacceptable. Ce déshonneur devrait donner des insomnies à toute une kyrielle d'hommes politiques, de responsables socio-économiques, d'éducateurs et de parents. Pourtant, aussi longtemps que les jeunes concernés par ce fléau se contentent des mesures dites de « traitement social du chômage », de petits boulots, de « stages-parkings » et de l'appoint financier des familles, et que l'idée ne leur vient pas de manifester bruyamment leur rancœur, un silence pudique reste jeté sur ce problème, souvent considéré comme une fatalité — une de plus — liée à la crise.

Pour s'en convaincre, il suffit de se rappeler le tumulte provoqué par Philippe Séguin en juin 1993 lorsqu'il a cru bon de dénoncer le « Munich social » dans lequel « nous vivons depuis trop longtemps ». « Non, a soutenu le président de l'Assemblée nationale, il n'est pas vrai que la lutte contre le chômage soit la priorité [...]. Le chômage a atteint un stade où se pose ni plus ni moins le problème de la capacité de survie du corps social [...] C'est une gangrène qui risque, qui promet même, de tout emporter... »

Le défaitisme vient de haut ; c'est pourquoi il a de quoi décourager les plus optimistes. « Le chômage n'est ni un mal français, ni un mal socialiste », n'a pas hésité à dire François Mitterrand peu avant les élections législatives de mars 1993, pour tenter de dégager la responsabilité de ses gouvernements successifs.

Il est parfaitement exact que le chômage — y compris celui des jeunes — frappe tous les pays industrialisés sans exception aucune, même si paradoxalement le vocabulaire officiel continue à les qualifier de « nations riches ». Mais le phénomène apparaît bien plus fortement en France, où des scores affolants ont été enregistrés au cours des dix dernières années, alors que la décennie nous avait été annoncée comme celle du progrès, de la justice, de la solidarité. En un mot, du bonheur pour tous. A l'été 1993, le chômage des dix-huit-vingt-cinq ans était en France de 25 %, alors qu'il atteignait, à la même époque, 4,5 % en Allemagne. On mesure combien l'écart est dramatiquement important entre les deux nations qui se présentent au reste du monde comme les deux piliers de la construction européenne.

Mais à qui fera-t-on croire sérieusement qu'il est possible de construire efficacement l'Europe, d'en faire un grand dessein enthousiasmant et de mobiliser à sa cause les jeunes générations pour ce qui devrait être la grande aventure du début du troisième millénaire, si l'on fait jouer les jeunes Allemands en division d'honneur et les jeunes Français en seconde division ? A-t-on seulement mesuré les risques d'une telle distorsion de destins, cause possible de tensions à venir ? L'avenir d'une Europe à ce jour en proie aux doutes et aux difficultés repose d'abord sur sa jeunesse. Et il y a quelque souci à se faire si l'édifice franco-allemand, présenté comme le pavillon d'honneur, repose d'un côté sur des piles de pont et de l'autre sur des piquets de clôture de jardin.

C'est la solidarité et la paix, principaux facteurs de richesses, qui sont attendues par les peuples, principalement par les générations qui ne traînent plus derrière elles les souvenirs ensanglantés de l'Histoire. Et c'est l'injustice, avec ses corollaires, la division et la jalousie, qui devient la règle du jeu de part et d'autre du Rhin. Voudrait-on édifier l'Europe en glissant des explosifs dans le béton ?

Avant le référendum visant à permettre la ratification du traité de Maastricht, François Mitterrand, une fois encore, n'avait pas été avare de promesses en annonçant « une Europe plus forte, une Europe plus solidaire ». En pesant sur les mots et en appuyant son propos d'un geste de la main. « Mais plus forte pour quoi, plus solidaire pour qui ? » sont en droit de se demander les jeunes Français qui piétinent par centaines de milliers à la porte de l'ANPE, qui désespèrent par millions en traînant dans les universités pour repousser le moment de se jeter dans l'inconnu.

Si fastidieux soient-ils, les chiffres sont impossibles à éviter pour bien saisir l'ampleur du handicap dont souffre toute cette génération. En 1973, le taux des jeunes chômeurs de quinze-vingt-quatre ans était de 4 % en France contre 0,9 % en Allemagne, 3,1 % en Grande-Bretagne, 2,3 % au Japon, mais de 9,9 % aux Etats-Unis. En 1990, ce taux se situait à 19,3 % en France contre 4,5 % en Allemagne, 8,1 % en Grande-Bretagne, 4,3 % au Japon mais à 10,7 % aux Etats-Unis où la relative stabilité du chômage des jeunes a permis à notre pays de se placer bien en tête de ce triste peloton. Et l'écart s'est encore creusé depuis avec nos voisins européens.

On remarquera au passage que la télévision française de service public, généralement prompte à critiquer le modèle américain, a généreusement filmé les pauvres aux USA avant l'élection de Clinton, mais qu'elle s'est bien gardée, dans ses grands journaux

110

nationaux, de souligner qu'il y avait proportionnellement deux·fois plus de jeunes chômeurs dans la
France de Mitterrand que dans l'Amérique de Bush.

Chez nous, la cote d'alerte a été atteinte en 1985,
avec un taux de 25,6 %, déclenchant aussitôt la mise
en place d'actions ponctuelles visant autant à dégon-
fler les statistiques, lesquelles, à quelques mois des
législatives de 1986, résonnaient chaque mois comme
l'annonce d'une catastrophe naturelle, qu'à donner
une meilleure chance d'insertion à des jeunes sortis
trop vite et sans diplôme d'un système scolaire
sclérosé.

Les jeunes, dit-on, sont aujourd'hui devenus fatalistes et désabusés. Mais ils sont avant tout parfaitement conscients des difficultés qui les attendent. Très
peu espèrent trouver un emploi dès leur diplôme en
poche, surtout s'ils sont étudiants en lettres, en
économie et en droit. Seuls 13 % d'entre eux considèrent comme « totalement exclu » de connaître le
chômage dès le début de leur « vie active »[1]. Ce
chiffre très faible explique bien leur grand découragement.

La perspective d'entreprendre des études longues
pour, malgré tant d'efforts, de nuits blanches et de
week-ends sacrifiés, courir le risque de finir en bout
de course dans une profession sinistrée complique
beaucoup le choix d'un métier chez les adolescents.
Depuis plusieurs années, les représentants des professions — souvent des parents d'élèves — sont invités à
venir parler des réalités de leurs secteurs d'activité

1. CSA-*Talents*, décembre 1992.

dans les lycées et collèges. Le tableau qu'ils brossent de leurs différentes professions contribue souvent à décourager un peu plus les élèves à qui l'ensemble du monde du travail apparaît touché par la crise.

Quelle espérance peut-on faire naître chez un étudiant en deuxième année de DEUG de droit en lui présentant, chaque soir au journal télévisé de 20 heures, les tableaux de bord d'une économie dont les principaux clignotants sont au rouge ?

Comment peut-on stimuler l'envie d'acquérir du savoir chez un élève d'un lycée professionnel en lui rappelant chaque fin de mois les scores de la poussée du chômage. En insistant sur le fait qu'avec 3 millions de chômeurs, le taux de 10,4 % enregistré en France fin 1992 selon les normes du Bureau international du travail (BIT) de Genève est nettement plus élevé que la moyenne (7,5 %) des grands pays de l'OCDE ?

Quelle rage de vaincre va-t-on donner à l'étudiant qui révise son programme en lui indiquant qu'avec 2 millions de bénéficiaires d'un « traitement social de chômage » (stages, contrats emploi-solidarité, préretraites, etc.) ajoutés aux chômeurs, la France totalise plus de 5 millions d'exclus, soit près d'un citoyen sur cinq en âge de travailler ? Et que le désastre va aller en s'amplifiant, avec un gouvernement de droite comme avec un gouvernement de gauche. Et encore que les jeunes resteront au moins deux fois plus touchés que les autres par ce drame banalisé.

Quelle ambition peut bien animer celui qui vient de décrocher son BTS quand on lui annonce que le secteur de l'informatique, longtemps considéré en France comme une branche d'avenir, s'écroule au point d'avoir enregistré un déficit de 6 milliards de francs en 1984, de 50 milliards en 1991, pour atteindre selon les prévisions officielles plus de 100 milliards avant 1995 ? Ou que le secteur du textile aura perdu plus de 200 000 emplois au cours des années 1992-93 ? Ou encore que les métiers de la publicité, jusque-là prospères et bien payés, auront jeté sur le carreau plus de 5 000 personnes, uniquement à Paris, entre l'été 1992 et l'été 1993 ?

Quelle foi en l'Europe peut bien faire vibrer un bachelier qui a entendu François Mitterrand promettre en 1988, pour se faire réélire à l'Elysée, « une Europe sociale et généreuse, capable de créer de 2 à 5 millions d'emplois en quelques années[1] », lorsque devenu titulaire d'une maîtrise d'économie en 1992, ce même garçon apprend que la Communauté économique européenne totalise quelque 23 millions de chômeurs ?

Si le chômage en général est une terre de détresse où l'implacable logique de politiques économiques (douteuses) piétine la dignité de l'homme, le chômage des jeunes, et plus encore lorsqu'il est masqué par le mensonge ou présenté comme une fatalité, est un manquement au civisme et à l'honneur, une vraie trahison qui devrait relever de la Haute Cour de justice. L'allongement spectaculaire de la durée de la scolarité fait que ceux qui accostent sur les rives du marché du travail ne sont plus des gamins, de jeunes arpètes à qui on peut dire et faire faire n'importe quoi. Les

1. *Lettre à tous les Français.*

113

exigences qu'ils expriment sont plus fortes. A qui la faute ?

En 1962, 50,6 % des jeunes avaient déjà un emploi à l'âge de seize ans. Ils étaient 1,13 % en 1987 ! Pour les dix-huit ans, les chiffres passent de 72 % en 1962 à 27 % en 1987. Et pour les garçons et filles de vingt-deux ans, de 91 % à 67 %. C'est dire le bond fantastique fait en vingt-cinq ans dans l'allongement de la durée des études.

Envers et contre tout, la réussite de leur vie professionnelle reste la principale ambition des jeunes. Une obsession, même. Loin devant le désir de fonder une famille, selon toutes les études réalisées sur le sujet.

Interrogés avant de faire le grand plongeon dans le monde du travail, filles et garçons ont une vision un peu différente de leur avenir. Les filles veulent surtout gagner de l'argent et avoir du temps libre, alors que leurs copains, s'ils souhaitent aussi gagner correctement leur vie, avancent d'abord l'exigence 1) d'avoir un travail, 2) de faire un métier passionnant. Les jeunes filles espèrent peut-être compenser par un peu de libertés un salaire dont elles savent qu'il sera plus faible que celui de leurs collègues masculins. Car les inégalités salariales sont encore très fortes, surtout dans les emplois à responsabilités. Les femmes gagnent 25 % de moins que les hommes lorsqu'elles sont cadres, et 48 % de moins lorsqu'elles passent cadres supérieurs. Si la crise ne calmait pas leurs ardeurs, il y aurait sans doute encore de beaux jours pour les mouvements féministes... car le chômage est aussi très sexiste. Chez les quinze-vingt-quatre ans, il touche en France 26 % de filles contre « seulement » 16,7 % de garçons[1].

Pour éviter de se retrouver sur le sable, les deux tiers de dix-huit-vingt-cinq ans se disent prêts à accepter des sacrifices importants, y compris dans leur vie privée, afin de mener à bien leur carrière. Ils sont disposés, pour cela, à jouer à fond la carte de la mobilité géographique pour trouver ou pour conserver un emploi, acceptant dans leur grande majorité de quitter leur ville ou leur région, et même, pour plus de la moitié d'entre eux, de partir de France pour aller planter leurs tréteaux dans un autre pays d'Europe, voire même sur un autre continent[2]. On est loin des rigidités constatées chez leurs aînés, dont beaucoup préfèrent se faire licencier (avec indemnités) plutôt que de perdre de vue leur clocher et de devoir revendre leur maison ou leur appartement. Mais la crise est là et elle a sérieusement bousculé les comportements. Le mouvement des migrations professionnelles est engagé et la plupart des 4 800 familles qui déménagent chaque jour en France y sont presque toujours conduites par des motifs liés à un changement d'emploi ou à une évolution professionnelle.

Pourtant, dans les faits, les jeunes hésitent encore souvent à déménager. Non seulement certains vivent ce changement comme un déracinement, d'autant plus risqué que la crise est encore bien là, menaçante, mais beaucoup ont des difficultés à quitter leur milieu familial, souvent confortable et sécurisant, pour

1. BIT, 1992.
2. *Ibid.*

occuper un emploi précaire et mal payé, qui a peu de chances de déboucher sur un travail stable.

En France, un salarié sur dix est intérimaire et la moitié de ces emplois, qui font l'objet de contrats à durée déterminée (CDD), sont occupés par des moins de vingt-cinq ans. La précarité de ces postes permet de mieux comprendre pourquoi les jeunes, diplômés ou non, ont parfois le sentiment de jouer les bouche-trous et s'interrogent sur leur place dans la société. C'est notamment le cas des 400 000 garçons et filles qui, encore en 1992, ont été utilisés dans les fameux TUC (travaux d'utilité collective) ou dirigés vers des formations en alternance.

Ceux qui, depuis des mois et des années, sont ballottés de stage en TUC, de contrat de solidarité en trimestre d'intérim, chipotent pour s'éloigner de chez eux, convaincus que seule une vraie reprise économique forte, lorsque cette sale crise avec laquelle ils sont nés aura enfin vécu, peut permettre la création d'emplois durables. Pour l'heure, exactement la moitié des dix-huit-vingt-cinq ans alternent les emplois à intérêt (souvent) réduit et (très) peu payé avec les périodes de chômage. Ils considèrent que leur avenir est bouché. Qui peut leur dire le contraire ?

« Depuis deux ans, je travaille trois mois ici, deux mois là, puis je reste un trimestre à ne rien faire avant de décrocher un remplacement de six mois. Avec un diplôme de contrôleur de gestion et à vingt-quatre ans... pas de quoi pavoiser », soupire Patrick.

Sans attendre l'hypothétique fin de la crise économique, qui va bien finir par sonner pour peu que l'Europe s'en donne les moyens et que les nouveaux dirigeants politiques parviennent à rétablir la confiance, il faut créer en France un big-bang (un vrai !) social et culturel et s'attaquer aux racines du mal. Tout le reste ne sera que bricolage.

Sans volonté de culpabiliser quiconque mais avec la seule ambition de régler le problème majeur de notre époque, il est urgent selon l'avis de nombreux experts, de :

1) désigner clairement l'Education nationale comme principal responsable du chômage des moins de vingt-cinq ans, en raison de l'incapacité du système à répondre à sa mission d'instruction générale tout en se conformant aux besoins économiques de la nation ;

2) ne pas épargner les entreprises dont les dirigeants ne jouent pas toujours le jeu, même lorsque l'Etat réduit les charges et invente des mesures fiscales pour les inciter à embaucher des jeunes ;

3) prendre la mesure de la dimension culturelle du chômage des jeunes en réhabilitant les « cols bleus » et les métiers techniques auprès de l'opinion, c'est-à-dire des familles.

La nécessité d'une remise à plat complète du système de formation, non plus pour faire plaisir à tel ministre atteint à son tour de « réformite » ou pour céder aux velléités corporatistes de syndicats puissants, comme la FEN, est maintenant acquise par l'ensemble de la nation. Enseignants compris. Cette métamorphose nécessite une puissante volonté politique et le soutien sans faille de l'opinion, au-delà des clivages classiques. Elle sera, hélas, trop tardive pour changer le destin de l'actuelle « génération sinistrée »

117

mais, à la condition de s'y atteler sans trop attendre, elle peut sauver les élèves qui sont actuellement dans le primaire, et peut-être même dans le secondaire.

L'ouverture franche de l'école au monde du travail et la meilleure qualification qui en découlera assez rapidement semblent les meilleurs antidotes au chômage des jeunes. Il y a urgence à porter le binôme école-entreprise sur les fonts baptismaux d'une nation moderne, volontariste et réconciliée, enfin consciente de sa responsabilité collective face à l'avenir de toute une génération. L'exemple de l'Allemagne montre parfaitement qu'en faisant vivre le système scolaire plus près de l'entreprise, on obtient de bien meilleurs résultats : un taux officiel de jeunes chômeurs de 4,5 % outre-Rhin et de près de 35 % en France, si on ajoute le « traitement social » au taux officiel du chômage des moins de vingt-cinq ans (25 %) annoncé par le ministère du Travail, mi-1993.

« A cette disproportion affolante, on commence à trouver une explication dès que l'on compare la qualité des formations reçues dans chacun des deux pays, remarque Philippe de Villiers[1]. Sur 100 actifs occupés, nous avons en France 16,4 % de diplômés de l'enseignement supérieur contre 11,7 en Allemagne, avec un nombre comparable de bacheliers simples dans les deux pays. Mais la différence la plus significative est la suivante : nous avons en France 28,9 % de titulaires d'un diplôme professionnel (CAP, BEP) contre 55,4 % en Allemagne pour les formations équivalentes ; et en revanche 43,1 % de

1. *Avant qu'il ne soit trop tard*, Albin Michel, 1992.

personnes sans qualification professionnelle chez nous contre seulement 19,5 % en Allemagne (source : INSEE). Et, ajoute le fondateur de Combat pour les valeurs, l'écart que l'on constate sur le papier entre les diplômés professionnels des deux pays (28,9 % et 55,4 %) s'agrandit encore sur le terrain ; car il s'agit en Allemagne, dans la plupart des écoles, de formations " duales ", c'est-à-dire organisées selon une méthode d' " alternance " qui donne une expérience concrète du monde du travail, alors qu'en France, nos diplômes dits professionnels peuvent parfois être préparés sans mettre les pieds dans les entreprises, sauf pour des visites guidées. La situation réelle apparaît même encore plus grave que cela. Non seulement 43 % de nos actifs ne possèdent pas de qualification professionnelle, mais, de plus en plus nombreux, beaucoup de jeunes se trouvent démunis de bases suffisantes pour en acquérir une, si l'occasion se présentait ultérieurement. On l'a appris avec effarement à l'occasion du lancement par Mme Aubry, ministre du Travail, du programme PAQUE (préparation active à la qualification et à l'emploi), destiné à " permettre l'accueil " de jeunes qui, avant de chercher à obtenir un niveau professionnel quelconque, doivent " régler des handicaps personnels et sociaux " ou acquérir " la maîtrise des connaissances de base " (écrire, lire, compter, raisonner). »

Le programme PAQUE de Martine Aubry concernait 70 000 jeunes, faute de moyens suffisants pour faire plus, mais la population nécessitant une telle thérapie éducative de remise à niveau était alors estimée au double ! Le problème est trop grave pour supporter l'humour, mais on déplore quand même que les grands patrons de l'enseignement dont les erreurs d'appréciation ont rendu nécessaire un plan PAQUE d'une telle ampleur ne se soient pas fait sonner un bon coup les cloches !

A Paris, au pied de la tour Eiffel, dans les locaux du CIDJ (Centre d'information et de documentation de la jeunesse), qui reçoit chaque année près d'un million de jeunes en quête d'orientation ou d'emploi, des bénévoles de l'APEJ (Avenir promotion-emploi des jeunes) ont dû installer des bureaux pour aider des candidats à un job à rédiger un curriculum vitae présentable. Et ceux qui sollicitent ce coup de main ont pourtant souvent derrière eux de longues années d'études, y compris en université !

L'urgence est bien d'améliorer l'efficacité du système de formation français, aussi bien sur le plan économique, social que culturel. Et de demander à l'école de justifier l'effort budgétaire considérable, même s'il est jugé encore insuffisant, consenti par la nation depuis quelques années. Une vraie révolution culturelle, c'est-à-dire des esprits, est nécessaire pour conduire l'Education nationale à s'inscrire, avec ses personnels, dans une logique nouvelle — celle du rendement et de la compétition — et à accepter de nouer des relations plus étroites avec les responsables des entreprises.

Le partenariat entre maîtres et patrons, aujourd'hui voulu par un pourcentage énorme d'employeurs et d'enseignants responsables, ne peut que conduire à redorer le blason de l'école de la République, en la rendant plus apte à s'adapter aux réalités économi-

120

ques et sociales et à contribuer à résoudre le problème central du chômage des jeunes. Il faut pour cela mettre un terme au discours encore tenu par les communistes et quelques archéo-socialistes, pour qui l'école est faite pour instruire et former et l'entreprise pour produire, sans que celle-ci ait le droit de dire son mot sur la formation de ceux dont elle sait mieux que personne ce qu'elle attend d'eux.

Les experts du groupe « Education et formation » du XIᵉ Plan, présidé par Michel Praderie, directeur de l'Association pour la formation professionnelle des adultes (AFPA), ont parfaitement mesuré les difficultés d'un tel rapprochement entre l'école et l'entreprise. Dans leur rapport-diagnostic remis en février 1992, pourtant très mitigé pour ne pas mettre le feu aux poudres chez les enseignants, ils préconisent clairement une sérieuse amélioration de l'efficacité de l'ensemble du système éducatif français, jugé beaucoup trop replié sur lui-même et trop sûr de sa légitimité et de son savoir-faire. Après avoir évalué les performances du système et la progression régulière de la scolarisation au-delà de seize ans, les experts du Plan ont cru bon de souligner que le taux de la population non diplômée avait reculé de vingt points (passant de 56,5 à 37 %) entre 1975 et 1989, avant d'insister sur la mauvaise qualité du système d'orientation scolaire.

Avec son gros million de salariés et ses difficultés à évoluer assez rapidement pour s'adapter aux réalités de l'époque, le monstre de la rue de Grenelle souffre d'un manque dramatique de management. Le XIᵉ Plan somme l'école de mettre le cap sur l'entreprise mais constate qu'elle n'a ni le pilote, ni le plan de vol. « Plus que de nouvelles sirènes, l'école a besoin d'une boussole », notent les experts qui s'inquiètent aussi de la présence de 90 000 à 100 000 jeunes (10 % de leur classe d'âge) qui sortent chaque année du système scolaire sans la moindre qualification. « Le taux d'échec est actuellement insupportable », écrivent-ils avec une louable franchise.

L'existence de zones très défavorisées, de procédures peu efficaces, de populations marginalisées ainsi que la disparition des valeurs créent des risques de « tensions fortes et de violence soudaine », indique encore le rapport du Plan qui demande donc à l'école de s'inscrire dans « une logique de résultat » et de fonctionner sur le mode d'une entreprise qui évalue son marché et son univers de concurrence, qui se fixe des objectifs clairs et précis, qui met en place un système d'organisation et de management avec une hiérarchie efficace et réellement contrôlée et qui justifie ses choix et les estime régulièrement à la lumière des résultats.

Il s'agit là d'atteindre une autre planète, à des années-lumière du monde dans lequel évolue aujourd'hui la lourde machine de l'Education nationale, avec ses armées d'enseignants dont la valeur est souvent sous-estimée, sa hiérarchie pétrifiée, son syndicalisme paralysant et son centralisme forcené. C'est pourquoi les recommandations pressantes des experts du Plan ressemblent à des vœux pieux, déjà formulés antérieurement mais restés sans grands résultats. Le pachiderme de l'Education a été rendu sourd et aveugle par sa taille et sa force. La noble institution a ainsi déjà freiné des quatre fers pour mettre en place de nouveaux processus d'orientation, pour réhabiliter les filières technologiques et professionnelles, pour multiplier les passerelles entre les enseignements généraux et techniques ou pour l'intégration d'une formation technologique de base pour tous les élèves, notamment au collège.

Mais là où les préconisations du Plan ressemblent à un vrai brûlot, c'est lorsqu'elles mettent en doute le sérieux du contrôle de l'efficacité pédagogique individuelle — en clair, de la compétence — des maîtres et des professeurs. « Cette évaluation devrait faire l'objet d'une réflexion prioritaire chez les responsables du système éducatif », dit courageusement le rapport qui suggère plus loin une autre réflexion sacrilège sur la relation entre les performances individuelles des personnels enseignants et leurs rémunérations ! En ne renonçant en rien à ses missions et à ses finalités, l'école est condamnée à mieux coller aux réalités économiques et aux attentes de la nation.

Même l'enseignement supérieur doit sortir de ses rêves et former autre chose que des profs, des chercheurs, des conseils en communication et des stratèges en... conseil ! Seize mille ingénieurs sont formés chaque année en France contre vingt mille en Grande-Bretagne et trente mille en Allemagne (ex-RFA). Et personne ne sait expliquer cette différence qui pèse sur la compétitivité des entreprises. Pour aggraver encore la situation, les jeunes ingénieurs s'orientent vers des emplois d'études, de recherche et de gestion et répugnent à occuper des fonctions en prise directe avec la production. L'objectif est de doubler dans les vingt ans le nombre des ingénieurs formés chaque année, avec la possibilité, pour combler le retard, de permettre à des techniciens supérieurs et à des cadres technico-commerciaux de passer leur examen.

Les mêmes dérives sont constatées chez les diplômés des grandes écoles de commerce, plus attirés par les études et le conseil que par les métiers de terrain. Le commerce extérieur français a pris, selon les experts, une vingtaine d'années de retard sur l'Allemagne et le Japon en raison de l'absence de mobilisation des diplômés pour les carrières de contacts et de défrichage, tellement plus risquées.

L'ancien ministre socialiste du Travail Jean Auroux trouve « scandaleux que les élites formées dans les grandes écoles aient pour principal objectif de trouver une pantoufle à leur pied » dans un grand corps de l'Etat. On ne peut vraiment lui donner tort. Pas plus quand il fait observer qu' « au moins la moitié de nos diplômés de haut niveau devraient sortir avec un projet d'entreprise alors qu'ils ne sont que 5 à 10 % chaque année à oser prendre ce risque ». Mais peut-on demander au même Jean Auroux combien de parlementaires socialistes renvoyés à leurs chères études en mars 1993 se sont aventurés à créer leur société ? Et combien, en revanche, à l'image de Pierre Joxe parti se mettre à l'abri à la présidence de la Cour des comptes sans même attendre les élections, se sont trouvés des « planques » dans la haute administration ? Que Jean Auroux se console de cette attaque : on fait exactement la même chose dans le camp d'en face...

Même si elle continue à opposer une solide résistance aux réformes, l'Education nationale ne peut plus faire l'économie d'une transformation radicale de son fonctionnement, de ses missions et de son état d'esprit. Le chômage des jeunes, pour douloureux qu'il soit, aura au moins servi à secouer le cocotier.

Malin comme dix et déterminé comme personne, Charles Pasqua, en sa qualité de président du conseil général des Hauts-de-Seine, a osé le premier mettre un coup de pied dans la fourmilière en profitant de l'air du temps, propice aux évolutions, pour créer dans le quartier de la Défense le premier pôle universitaire entièrement privé et totalement financé par un département, en l'occurrence le sien, en coopération avec les entreprises. D'un coût d'un milliard de francs, cet établissement privé d'enseignement supérieur professionnalisé, d'un nouveau type, est géré pour et avec les entreprises, y compris pour la définition des programmes, dans le souci de diriger 5 000 étudiants vers des filières scientifiques, technologiques et commerciales, avant de leur fournir un emploi.

L' « université Pasqua » a provoqué un joli coup de tonnerre dans les milieux de l'enseignement, en ouvrant une brèche de taille dans la forteresse de l'Education nationale. Est-ce un hasard si le ministère Lang a annoncé, en 1992, que les diplômes délivrés ne recevraient pas l'habilitation et n'auraient que la valeur que les entreprises voudraient bien leur accorder ? Sachant bien que ce que fait un gouvernement, un autre peut le défaire... Charles Pasqua s'est contenté, dubitatif, de gonfler les joues...

125

Après les responsables politiques, d'Edith Cresson à Jacques Chirac en passant par Philippe Séguin ou Pierre Bérégovoy, après les experts du XIe Plan, le patronat français s'est mobilisé sur le sujet, ayant constaté une pénurie grave de jeunes qualifiés dans certains secteurs professionnels comme le bâtiment et les travaux publics ou l'industrie, en région parisienne tout particulièrement. Alors que 100 000 jeunes quittent annuellement l'école sans aucune formation, les patrons du bâtiment et les industriels cherchent en vain, dans le même temps, plus de 80 000 jeunes qualifiés.

Dans un Livre blanc publié en février 1993, le CNPF déplore que la France ne dispose pas des structures de formation professionnelle nécessaires et demande qu'un effort important soit fait sur ces types de formation, qualifiés d' « investissement essentiel ». Il demande une formation professionnelle pour tous. Quel que soit le cursus scolaire, celui-ci doit, selon lui, se terminer par une phase d'une ou deux années d'instruction professionnelle proprement dite, sur des bases rénovées et en coresponsabilité avec les responsables des branches professionnelles, ce qui veut dire en accordant une importance accrue à l'entreprise formatrice.

Les patrons déplorent que les bacheliers ne soient pas mieux informés des réalités de l'entreprise et, pour cette raison, choisissent à plus de 50 % des filières généralistes (droit, économie ou lettres). Ils insistent donc pour mieux professionnaliser l'enseignement supérieur, pour réorienter les flux d'étudiants vers des filières scientifiques, technologiques

126

et professionnalisées, toujours en liaison avec les professions.

« L'incapacité du système scolaire actuel à mettre sur le marché du travail des jeunes bien formés entraîne pour les sociétés des surcoûts importants car il leur revient d'assurer pour ces nouvelles recrues des stages de formation continue très onéreux. » Pour une obligation légale fixée à 1,2 % de leur masse salariale, les entreprises dépensent en réalité près de 3,2 % pour la formation continue de leurs salariés, soit près de 40 milliards de francs[1]. Alors qu'elles supportent déjà les charges sociales les plus lourdes d'Europe, elles sont donc contraintes de dégager des sommes énormes pour corriger ce que l'école n'a pas su faire correctement.

« Quand nous questionnons les sociétés sur la formation professionnelle des jeunes, nous obtenons rarement un témoignage favorable. On comprend mal la pénurie de main-d'œuvre dans certaines professions [...] Réussir la formation, c'est se donner des moyens de compétitivité, de créativité, d'adaptabilité et de dynamisme », déclarait Jean Domange, président de la commission sociale du CNPF en présentant le Livre blanc.

Tout comme le rapport du Plan, qui demande de pousser plus loin la décentralisation engagée en 1983 et 1985 pour permettre la mise en place d'une politique d' « aménagement éducatif du territoire », les patrons choisissent la région administrative plus que le département pour créer des organismes pari-

1. CNPF, février 1993.

taires capables de rapprocher l'école de l'entreprise, à proximité de l'une et de l'autre. Le CNPF réclame une concertation permanente pour orienter le système de formation à partir d'une véritable codécision des patrons et des pouvoirs publics, comme il propose des contrats d'objectifs entre l'Etat, les régions et les branches d'activité pour définir la répartition géographique des formations technologiques et professionnelles, secondaires et supérieures. « Il n'est plus possible de tout décider depuis Paris, sans tenir compte des réalités et des besoins locaux », souligne un patron de PME du Vaucluse.

L'autre point important du Livre blanc concerne toutes les familles. Il s'agit de la professionnalisation de l'enseignement supérieur, pour que les universités ne soient plus des fabriques de chômeurs diplômés ne sachant rien faire de leurs dix doigts.

Il faut remettre en valeur des filières universitaires non classiques et revoir la formation des ingénieurs pour qu'ils soient moins théoriciens et plus proches des réalités de la production. Plus que jamais la France a besoin de scientifiques et de techniciens de haut niveau pour mettre en valeur ses industries et conquérir de nouveaux marchés. Et aussi pour résister à l'envahissement de nos supermarchés, de nos garages, de nos bureaux et de nos maisons par des produits importés qui génèrent du chômage dans l'hexagone et déséquilibrent massivement les résultats du commerce extérieur.

En dénonçant les formations à caractère trop académique, l'inadaptation des programmes de formation, l'absence de renouvellement des méthodes pédagogiques, les processus d'exclusion sociale dont l'école est porteuse, la logique suicidaire des réformes en vase clos et le refus de considérer l'entreprise comme un véritable partenaire, le CNPF a irrité les milieux enseignants qui doutent de la crédibilité du patronat pour intervenir sur un tel sujet, lui qui s'est distingué en supprimant des emplois et (ou) en figeant les embauches pour régler des problèmes de productivité, y compris dans des entreprises réalisant pourtant des bénéfices substantiels. Nul ne peut nier que l'ambiance de crise, autant que la crise, ait servi de prétexte à de nombreux patrons pour comprimer les effectifs et refuser d'engager des jeunes, même dans des sociétés en bonne santé.

L'avenir des jeunes de dix-huit-vingt-cinq ans qui se trouvent au chômage après avoir échoué à leur examen et surtout ceux qui ont fait des études courtes sera-t-il plus rose dans quelques années ? Peuvent-ils compter sur la formation professionnelle continue (FPC) pour évoluer lorsqu'ils seront parvenus à intégrer une entreprise ? Ce n'est pas sûr du tout, si les choses ne changent pas rapidement, là aussi.

« La formation continue fonctionne souvent sur le mode de l'exclusion. Ceux qui ont échoué au sein du système scolaire n'ont guère plus de chances d'accéder à une deuxième chance au sein de l'entreprise, souligne Michel Gutsatz, maître de conférences à l'université d'Aix-Marseille II[1]. Le faible accès des ouvriers à la formation professionnelle continue implique une faible transformation des structures

1. *Le Monde*, 4 mars 1993.

d'emploi au sein des entreprises, et par conséquent, un immobilisme des formes d'organisation du travail. L'argument de certains directeurs des ressources humaines selon lequel on forme d'abord les cadres parce qu'ils sont amenés à occuper des fonctions très diversifiées et des responsabilités importantes et évolutives est strictement conforme à une organisation de type taylorien. Il est impossible de nier, estime encore Michel Gutsatz, que le système éducatif français n'est plus adapté au fonctionnement du monde moderne, mais, à l'évidence, l'entreprise n'est pas encore ce lieu idyllique de la " success story " de tel ou tel manager que le " prêt-à-penser " ambiant véhicule. Au-delà des discours officiels, la réalité du terrain résiste. Si coresponsabilité il y a entre les entreprises et le système éducatif, c'est bien dans l'état actuel de l'économie française. Si coresponsabilité il doit y avoir, c'est dans la mise à plat en commun de l'ensemble des problèmes, ceux de l'entreprise comme ceux du système éducatif... »

Les enseignants ne sont pas seuls à refuser de voir l'école endosser l'entière responsabilité de l'échec scolaire et des difficultés d'intégration sociale des jeunes. Capitaine d'industrie célèbre pour ses coups de gueule, François Dalle, l'ancien patron de L'Oréal, estime que le chômage des jeunes, auquel il a consacré un important ouvrage[1], est tout à la fois la faute de l'Education nationale et des patrons. A soixante-quinze ans, il porte le regard du vieux sage conjugué à

---

1. *L'Education en entreprise, contre le chômage des jeunes*, avec Jean Bounine, Odile Jacob, 1993.

130

l'attention du grand-père pour sa descendance sur l'insupportable condition des moins de vingt-cinq ans dont un sur trois est aujourd'hui en difficulté. Et s'il renvoie dos à dos l'école et l'entreprise, c'est parce que la première prépare mal les jeunes au monde du travail (250 000 non-diplômés sont au chômage) et que la seconde ne s'intéresse qu'aux diplômés qualifiés, en négligeant ses besoins en ouvriers, les « opérateurs » comme les appelle François Dalle.

« La moitié des effectifs industriels est constituée d'opérateurs, de professionnels sans diplôme, explique-t-il[1]. Ils sont huit millions dans cinq secteurs : les travaux publics, les assurances, les transports, la restauration et les services aux entreprises. Les " opérateurs " représentent le double de la population des techniciens et à peu près le tiers de la population active occupée. Ce sont les conducteurs de machines, le personnel des lignes d'assemblage, les manutentionnaires, les manœuvres, les vendeurs, les chauffeurs-livreurs, les employés de bureaux administratifs, etc. L'Education nationale ne peut répondre aux besoins de formation professionnelle des " opérateurs " [...]. Nous pensons que les jeunes laissés pour compte par le système actuel peuvent très bien s'adapter à la nature de ces emplois qu'on qualifiait d'OS autrefois [...]. Aujourd'hui, on a besoin d'opérateurs polyvalents, intelligents, capables de s'adapter aux besoins du client [...]. Quand les entreprises auront compris cela, elles s'attacheront à former ceux qu'elles oubliaient. »

1. *La Vie*, 4 février 1993.

Et François Dalle, qui soutient qu'exercer un travail manuel ne doit pas donner le rouge au front, cite les femmes de ménage du Club Méditerranée, les balayeurs stylés de chez Walt Disney, les opératrices de L'Oréal qui conversent avec les fournisseurs par Minitel ou encore les liftiers des grands magasins japonais qui aident à renseigner les clients. Il propose donc une nouvelle culture du travail manuel, trop dévalorisé et trop décrié, alors que ces emplois permettent à ceux qui les occupent de conserver leur dignité et de pouvoir ultérieurement se perfectionner pour progresser dans l'entreprise.

La France est malade de « diplomite » aiguë, affirme-t-il en dénonçant les entreprises qui embauchent des jeunes surqualifiés pour des emplois qui ne nécessitent aucun diplôme. Le résultat est que personne n'y gagne puisque les salariés surqualifiés travaillent sans entrain et sont mécontents à la fois de leur condition sociale et de leur salaire. L'exemple de l'Allemagne, où le couple école-entreprise fonctionne mieux, prouve qu'il est possible de former des ouvriers autonomes et bien payés. Leur bonne formation permet de limiter la hiérarchie et les niveaux de supervision du travail, d'où une économie qui permet de leur servir de meilleurs salaires. On est loin du démagogique bac pour tous et du fatalisme du chômage.

Derrière Philippe Séguin et Edith Cresson (et maintenant beaucoup d'autres...), François Dalle se range dans la catégorie des patrons qui militent en faveur de l'apprentissage, non seulement auprès des artisans mais aussi dans les entreprises. C'est la main tendue à des jeunes, non pas poussés à des échecs scolaires successifs mais recrutés pour leurs qualités de comportement et leurs capacités à travailler en équipe, à apprendre, à prendre des initiatives et à se dépasser. A la manière des apprentis qui acquièrent un métier auprès d'un artisan charcutier, d'un mécanicien auto ou d'un plombier-couvreur.

Pour la formation des techniciens, la France pourrait sans honte copier sur sa voisine allemande où les jeunes pratiquent en alternance à l'école et dans l'entreprise, bénéficiant tour à tour de l'enseignement général prodigué par les maîtres et du savoir-faire professionnel des cadres.

Il y a urgence à redonner aux jeunes le goût de travailler au sein de l'industrie, pour peu que celle-ci accepte enfin de leur réserver une meilleure place et cesse, pour pouvoir créer des emplois, de faire fabriquer ses produits dans les pays en voie de développement où la main-d'œuvre est moins chère puisque souvent constituer d'enfants à peine payés et sans aucune protection sociale. Il n'est pas certain que les quelques francs économisés sur la fabrication d'un stylo à Taiwan n'entraînent pas la collectivité à dépenser beaucoup plus pour le traitement social du chômage, que les cinq francs gagnés par M. Dupont-consommateur n'obligent pas M. Dupont-contribuable à payer dix francs de charges sociales et d'impôts supplémentaires. Sans parler des problèmes humains rencontrés par les chômeurs, les plus jeunes se sentant exclus de la société et les plus de cinquante ans refoulés en préretraite, dépouillés de leur dignité.

Triste constat fait sur un fléau bien français : le

travail manuel et les métiers du secteur technique ont mauvaise presse. La facilité offerte de poursuivre des études longues a agi comme un miroir aux alouettes sur une génération peu empressée à se salir les mains en usine ou en atelier, pour effectuer des tâches peu valorisantes dans une profession insuffisamment reconnue et — ça compte aussi — souvent très mal rémunérée. Les jeunes bacheliers répugnent à s'impliquer directement dans la production et préfèrent faire carrière dans les services techniques d'étude, de méthode et de maintenance. On tremble en pensant aux dérèglements sociaux qui naîtraient demain dans une France dont une bonne partie des 80 % de bacheliers refuseraient les emplois jugés dégradants au regard de leur diplôme pour exiger des postes d'agents de maîtrise ou de cadres intermédiaires...

Vaincre la résistance culturelle au travail manuel ne sera sans doute pas la tâche la plus facile. Il faudra pourtant bien y parvenir et faire passer le message par le canal de héros des temps modernes, comme Pierre-Gilles de Gennes, prix Nobel de physique, pour qui « travailler avec ses mains pour construire un télescope est au moins aussi important que de lire des livres de physique ». Ou encore se servir des grands prêtres de la télévision, comme Jean-Pierre Foucault, Michel Drucker, Nagui ou Jean-Luc Delarue, crédibles chez les parents comme chez les adolescents, pour faire entrer dans la tête de tous qu'un emploi manuel n'a rien de honteux, que la satisfaction du travail bien fait et la qualité de celui qui l'exécute ont autant de valeur que n'importe quel diplôme. Nous sommes encore loin du but.

Quand on demande aux jeunes filles de dix-huit-vingt-quatre ans[1] les métiers qui les font rêver et qu'elles aimeraient exercer, elles répondent journaliste (32 %), artiste (30 %), avocate (29 %), chef d'entreprise (26 %), directrice de publicité (25 %), médecin (25 %), chercheur scientifique (19 %), etc. Il ne faut pas s'étonner si aucune n'a répondu institutrice ou jardinière d'enfants, la liste des professions proposées n'en comportait aucune de ce genre. C'est dire que ces métiers-là n'intéressent même plus les médias ni les spécialistes des études d'opinion. Comme si, pour vivre heureux et s'épanouir dans la vie, il fallait obligatoirement marcher dans les pas d'Anne Sinclair ou de Claire Chazal, de Sophie Marceau ou d'Isabelle Adjani...

Pour l'heure, la télévision continue à miser à fond sur les standards de l'argent et de la réussite et joue, sans le vouloir ni y réfléchir vraiment, un rôle considérable auprès des jeunes pour les détourner des professions techniques. Feuilletons et téléfilms valorisent surtout des « héros » dont la profession exhale un parfum d'aventure, comme médecin humanitaire, agent secret, diplomate, homme d'affaires, flic ou journaliste. Et quand le cinéma se risque à mettre en vedette un ouvrier, comme dans *Tchao Pantin* où Coluche jouait le rôle d'un pompiste de nuit, c'est le plus souvent pour en faire un alcoolique et un marginal. Parfois même un imbécile sans le sou qui regarde ses copains promener des filles de rêve dans des voitures de luxe.

1. Sofrès-*Figaro Madame*, janvier 1993.

« Quand tu reviens bredouille de ton dixième entretien d'embauche et que tu te réfugies dans le premier film diffusé à la télé pour te changer les idées, raconte Sébastien, vingt-deux ans, chauffeur-livreur au chômage, il y a des moments où tu te dis, en voyant ceux qui réussissent, que tu es en train de louper ta vie. »

« Au lycée, on n'est pas assez informé des métiers qui marchent. Il n'y a personne, sauf une fois par an quand des parents d'élèves viennent parler de leur profession, pour nous guider vers les secteurs qui se développent. Ce n'est pas le refus du travail manuel mais l'ignorance de ses réalités qui nous écarte de métiers sans doute passionnants. »

Une école qui enseigne les sciences naturelles sans jamais permettre à ses élèves de toucher une écorce de chêne ou de voir une ruche ne les prédispose pas à devenir technicien de l'Office national des forêts ou apiculteur, deux métiers qui en valent beaucoup d'autres exercés en milieu urbain dans le stress et la pollution. On est loin de la France des villages où les instituteurs prenaient le temps de conduire leur classe chez un artisan ou au cœur de la futaie voisine. Mais, là encore, faut-il en faire grief aux enseignants dont les écoles sont enclavées au cœur des villes ou des banlieues immenses, dans un tissu urbain où les artisans ont été remplacés par Bricorama ou Castorama ? S'ils en avaient les possibilités, nombreux sont les maîtres qui se feraient un plaisir d'éveiller leurs élèves à des disciplines captivantes que la télé ne fait jamais voir. Dans les régions rurales, ces visites d'initiation ont encore lieu très souvent.

Des pans entiers de l'économie nationale sont sinistrés et ne donnent aucune envie de s'y aventurer. C'est le cas notamment de l'agriculture. Les crises s'y succèdent à un rythme tel que les jeunes, même fils ou filles de paysans, cherchent ailleurs leur voie. Les productions excédentaires jetées sur les décharges publiques ou dans les cours des sous-préfectures, outre le fait qu'elles choquent lorsque la télévision nous les montre après un reportage sur la famine au Sahel, dissuadent toute une génération de choisir les métiers de la terre. Il en est pourtant peu d'aussi nobles, sinon la médecine et l'éducation. La limitation des récoltes, l'obligation de mettre les terres en jachère, le désarroi des agriculteurs endettés... autant de raisons qui interdisent, à vingt ans, d'espérer rester et vivre dignement sur le domaine familial sans risquer d'en être chassé tôt ou tard par l'huissier ou par la misère. Ou par les deux.

Pâturages et labourages ne sont plus les deux (seules) mamelles de la France. Mais est-ce une raison pour dégoûter les jeunes des métiers de l'agriculture ? D'une part, nos exportations agro-alimentaires restent le point fort de notre commerce extérieur et, d'autre part, rien n'interdit de redouter que le grand enjeu national ne soit plus exclusivement demain, dans un pays où la récession durerait, de fournir du travail mais aussi de donner du pain à tout le monde. Vision pessimiste ? Peut-être. Et pourtant, le nombre sans cesse plus grand des sans-abri et des repas servis chaque hiver dans les Restos du cœur, par les soupes populaires ou le Secours catholique sont là pour nous dire la persistance de la crise à nos portes. Si les pénuries alimentaires qui sévissent au sud, en Afrique, et à l'est, dans les pays de l'ancien empire communiste, devaient s'accentuer — ce qui est hélas hautement probable — et avec elles leur cortège de tensions, nous serions très heureux de disposer d'une agriculture forte, servie par de jeunes bras et non par des paysans vieillissants et découragés. Jacques Chirac a mille fois raison lorsqu'il insiste sur l'enjeu capital représenté par l'agriculture française et ses métiers dérivés. Ceux qui l'accusent de clientélisme en le voyant taper avec bonheur sur le cul des vaches devraient s'offrir un week-end dans une ferme de Corrèze et visiter un lycée agricole du Limousin...

Il est difficile de ne pas mettre en parallèle la situation de l'agriculture et celle de la pêche. Les métiers de la mer sont de véritables vocations que refusent de suivre aujourd'hui les fils d'artisans marins-pêcheurs. Ce ne sont pas les terribles dangers du grand large qui les dissuadent, mais la disparition programmée de bassins d'emplois entiers. Les suicides de petits patrons endettés ne sont pas rares. Alors les jeunes qui, hier encore, reprenaient dès leur majorité la barre de la *Marie-Josée* ou de l'*Etoile de la mer* évitent aujourd'hui de croiser le regard de leur père et s'en vont, sans trop savoir, vers des métiers nouveaux qui sont vécus comme autant de ruptures culturelles et sociales dans des régions fortement identitaires, comme la Bretagne ou la Normandie.

Priver toute une génération de l'espoir de tirer des poissons de la mer et de moissonner les blés dans les champs pour contribuer à nourrir les habitants de son pays est peut-être le symbole le plus fort émis par une société désorientée qui a brûlé ses repères et bouleversé ses schémas ancestraux. La disparition accélérée des métiers nobles de paysan et de pêcheur, qui s'impose à l'opinion comme la conséquence directe et brutale de la construction du grand marché unique européen, dessert beaucoup plus la cause de l'Europe que mille discours de Philippe Séguin, Philippe de Villiers et Jean-Pierre Chevènement réunis. Et principalement aux yeux des jeunes, ces nouveaux disciples de saint Thomas qui ne croient que ce qu'ils voient. C'est que promesses et discours fondent vite, à vingt ans, quand on voit son père désespéré vendre sa ferme ou son bateau.

Toujours pour eux, des mesures concrètes doivent être prises pour réhabiliter le travail manuel. Rebaptiser « opérateurs » ceux qu'on appelait ouvriers hier, comme veut le faire François Dalle, part sans doute d'une bonne intention et d'une volonté d'améliorer leur image. Mais cela ne change rien aux réalités quotidiennes de ces métiers et ne peut suffire à les rendre plus attractifs pour les jeunes et moins calamiteux pour leurs parents. Face à ce qui peut apparaître comme un simple gadget, des rémunérations suffisantes et évolutives, une considération plus grande du salarié et un véritable statut social sont autrement prioritaires. « Des directions existent pour progresser vers une solution des problèmes, sans pour autant faire une révolution ni déstabiliser la trésorerie des entreprises », affirment des hommes de terrain, qu'ils soient petits patrons, enseignants ou sociologues.

Lorsqu'on les interroge, les idées fusent :
1) Redonner à tous le goût du travail bien fait et

mettre en valeur, ce qui est parfaitement jouable au siècle de la communication, ceux qui exécutent avec sérieux, talent et créativité des objets, même usuels, des produits, même de grande consommation, ou des tâches dans les services, même secondaires.

Il existe des trophées pour ceux qui réalisent les plus beaux conditionnements mais il n'y a rien pour distinguer ceux qui cuisinent le meilleur cassoulet ou fabriquent la plus jolie poupée contenu dans ces emballages primés. Il n'est sans doute pas difficile de s'inspirer des traditions de perfection des Compagnons du Tour de France qui, depuis le Moyen Age, donnent à leurs métiers leurs lettres de noblesse. L'outil télévision, surtout celui du service public, permettrait aujourd'hui de fêter ces « Césars en col bleu » ou ces « 7 d'or de l'excellence professionnelle ».

2) Offrir des salaires décents aux jeunes travailleurs des secteurs techniques et manuels et leur donner dans l'entreprise la même capacité à s'épanouir, à s'exprimer et à être informés. Sans oublier de les intéresser aux résultats, comme cela est fait pour les personnels d'encadrement, en liant pour partie le salaire aux résultats et non plus seulement à l'ancienneté.

3) Ne pas exclure les jeunes qui débutent au bas de l'échelle dans des tâches ingrates du bénéfice de la formation permanente, afin de leur donner des perspectives de progression sociale.

4) Redorer le blason de l'apprentissage en faisant de l'apprenti un « élève d'entreprise », c'est-à-dire un élève comme les autres, disposant d'un statut identi-

que à celui de l'étudiant et ayant pour seule particularité d'apprendre son métier hors des structures classiques de l'Education nationale. Avec une formation mixte — l'acquis professionnel dans l'entreprise et l'enseignement général à l'école — l'apprenti aurait de meilleures chances de bien posséder son métier et de trouver un emploi.

En France, seulement 6 % des jeunes d'une tranche d'âge entrent en apprentissage, contre 13 % en Grande-Bretagne et 40 % en Allemagne. Orienter son fils vers l'apprentissage est presque toujours ressenti chez nous comme la sanction d'un échec dans ses études.

« Ce n'est pas faux, reconnaissent les parents de Luc, élève au lycée agricole de Bergerac. On l'a mis là parce qu'il ne pouvait pas faire mieux. Et lui était d'accord car il ne savait pas trop quoi choisir. »

Personne ne vient dire aux parents ni aux jeunes disposés à s'orienter vers ces métiers dont les réalités sont mal connues qu'un bon ouvrier plombier gagne autant qu'un instituteur débutant, qu'un artisan carreleur sérieux a des revenus nets égaux à celui du médecin de son quartier. Personne n'ose dire, de peur de porter atteinte à l'image de l'école, que le chômage des apprentis, une fois leur diplôme en poche, est deux fois moins important que celui qui frappe leurs petits copains sortis des lycées professionnels.

Il faudra aller résolument au bout de ces quelques pistes, et en explorer beaucoup d'autres, pour faire basculer les mentalités et convaincre les parents qu'un bon métier manuel ou technique pratiqué avec sérieux n'est pas synonyme de sottise, de honte ou de pauvreté. Et pour leur démontrer de façon séduisante et incitative qu'il y a des boulots sympas (et pas que des « petits boulots » pour sous-prolétaires expulsés des statistiques gouvernementales) dans la restauration, les loisirs, le tourisme, l'environnement, l'artisanat, etc. qui ne demandent pas à ceux qui les choisissent d'être titulaire d'une licence de droit ou d'une agrégation de philosophie.

Cette révolution, tranquille mais résolue, des modes de pensée et des comportements culturels sera obligatoirement génératrice de progrès sociaux et d'une plus grande dignité pour tous.

D'une part, celui qui travaille « de ses mains » dans un emploi ouvrier doit avoir une meilleure image de lui-même que son malheureux voisin qui se désespère dans l'inactivité avant de croupir dans la marginalité. Et cette dignité face à lui-même et à sa famille et ses amis n'a pas de prix. On sait aussi ce que coûtent à la société les mesures de réinsertion des jeunes chômeurs restés sans ressource pendant plusieurs années, dans un état de semi-clochardisation.

D'autre part, le devoir de solidarité risque de devenir très vite une chimère lorsque ceux qui ont entre dix-huit et vingt-cinq ans actuellement, et dont beaucoup auront été laissés sur le sable, seront dans l'incapacité de financer les retraites de leurs parents et grands-parents. A la fois parce qu'ils sont quantitativement moins nombreux et statistiquement salariés moins longtemps, les jeunes qui entrent, viennent d'entrer ou tentent d'entrer dans la vie active ne seront pas en mesure de supporter le coût des retraites de leurs parents, les fameux enfants du baby-boom. Ce constat a guidé les premières mesures d'allongement de la durée des cotisations prises dès son arrivée au gouvernement par Edouard Balladur.

La génération de l'après-guerre consent actuellement des efforts énormes pour assurer à ses parents, qui ont eu soixante ans entre 1975 et 1990, non seulement des pensions de retraite mais aussi une prise en charge des dépenses de santé d'un niveau jamais connu dans l'Histoire. Et sans doute l'un des plus élevés au monde. Cette rupture de l'équité risque-t-elle de conduire à une « guerre des générations » ? Certains experts le redoutent.

Ainsi donc, sans évoquer les impératifs de dignité humaine, des raisons bassement égoïstes doivent-elles nous conduire à « mettre le paquet » pour donner du travail à tous les jeunes. A défaut d'y parvenir, les quadras d'aujourd'hui peuvent-ils en venir demain à se battre avec leurs enfants pour de sordides histoires de retraites impayées ?

Oui, répond François Dalle, pour qui la situation faite à la jeune génération est « insupportable ». « On ne peut continuer d'accepter que 25 % des actifs âgés de quinze à vingt-cinq ans soient au chômage, ce qui représente deux fois et demie le taux national. Pour se rassurer, on a tendance à assimiler le chômage à la crise et à attendre la reprise. Or, la crise n'explique pas tout [...]. Non seulement il existe des risques d'explosion sociale mais, par un effet mécanique, la population active occupée vieillit. Les personnes âgées de plus de soixante-cinq ans, qui représentent aujourd'hui 22 % de la population active, vont approcher les 30 % d'ici l'an 2000. Il y aura donc moins de monde pour produire les richesses qui devront être redistribuées à un plus grand nombre [1]. »

Ainsi apparaissent les réels dangers d'implosion sociale créés par cette situation sans précédent et qui va peser demain sur les épaules de la « génération galère ». N'en déplaise aux beaux esprits : si la défense des droits de l'homme est une belle cause et un combat noble et nécessaire, se battre pour la dignité de toute une génération menacée d'exclusion sociale apparaît aussi important. Et aucun des intellectuels d'ordinaire si prompts à apposer leur nom au bas d'une pétition et à défiler au coude à coude derrière des banderoles n'a jamais fait la moindre démarche ni pris l'initiative d'un appel pour attirer l'attention sur la détresse qui mine des pans entiers de la jeunesse de France.

1. *La Vie*, février 1993.

5

L'âge du latex

Au soir de votre vie, vous serez jugés sur l'amour.

Saint Jean de la Croix.

Le grand amour, le vrai, le beau, le mystérieux, celui qui s'écrit dans le cœur en lettres majuscules, qui enflamme, blesse, torture et déprime, cet amour-là, vieux comme le monde, peuple encore leurs rêves. C'est comme ça. Inespéré et formidable à la fois. L'amour sera toujours l'amour...

Ils auraient pourtant, convenons-en, mille et une bonnes raisons, toutes plus justifiées les unes que les autres, d'avoir peur et de vouloir prendre leurs distances avec cette drôle d'aventure qui a laissé nombre de leurs parents sur le carreau et risque aujourd'hui — tous y pensent — de briser leur jeune vie comme le lampadaire brûle les ailes du papillon. Pourtant, tout prouve, dans leur comportement quotidien comme dans les études des sociologues, que ni le développement spectaculaire des divorces dont ils furent souvent les premières et innocentes victimes, ni la terrifiante menace du sida contre lequel la médecine reste, à ce jour, sans armes, n'ont pu ruiner leurs espérances et éteindre la petite flamme qui s'est éveillée en eux au matin de l'adolescence.

Faut-il en louer Dieu, en remercier le cinéma et la

télévision et pourquoi pas la littérature, y compris celle dite « de gare » ? Tout cela a sans doute été pour eux plus fort que l'exemple donné par leurs parents, dont le comportement en la matière n'a pas toujours pu leur servir de référence. Mais il faut d'abord y voir l'énorme soif d'amour confondue avec le formidable besoin d'aimer qui habitent tout à la fois, et très naturellement, le cœur de chaque homme et de chaque femme qui s'ouvre et s'offre à la vie. Et que rien ni personne ne peut endiguer.

En cela, malgré les pires exemples qui les entourent et l'épée de Damoclès que le sida brandit au-dessus de leur tête, les garçons et filles de dix-huit à vingt-cinq ans ne sont en rien différents des générations qui les ont précédés, ni de celles qui les suivront. Ce n'est pas l'amour qui a changé mais le monde qui les entoure, un monde qui leur offre plus de facilités et de libertés pour vivre à leur guise que d'occasions réelles de partager des sentiments forts et des moments de dépassement. Il en fait des consommateurs souvent blasés plus que des aventuriers lancés à la conquête d'improbables chimères.

Reste alors pour eux à explorer librement l'immensité des sentiments, amoureux ou non. C'est qu'à vingt ans le regard porte loin, au-delà de l'horizon, sur ces paysages grandioses et infinis, où l'on est en droit d'espérer conduire son destin à sa guise, vivre ses rêves et courir à grandes enjambées vers ses ambitions, alors que tout cela est apparu si difficile jusque-là, partout ailleurs, que ce soit dans la famille, à l'école ou dans la vie professionnelle. « A nous deux la vie » est d'abord « à nous deux l'amour », ce qui ne veut pas dire que les priorités ne sont pas ailleurs, dans la réussite des études, par exemple.

Peut-être parce qu'ils sont souvent déçus, découragés ou écœurés par ce qu'ils vivent et subissent, leurs exigences d'amour sont si fortes qu'elles s'apparentent vite à une quête d'idéal, dès lors que le stade du flirt est dépassé. Leur engagement est d'abord prudent et raisonné mais devient vite passionné et intraitable, y compris lorsqu'il n'y a pas contrat officiel de mariage. « L'amour ressemble à la soif : une goutte d'eau l'augmente », affirme Nicolas Restif de La Bretonne dans *Monsieur Nicolas*.

Jusqu'à l'âge de quinze ans, ils placent presque toujours l'amitié au-dessus de tout le reste. Puis, très vite, les sentiments amoureux prennent le pas et font rêver filles et garçons presque à égalité, même si elles l'avouent plus facilement qu'eux. Ensemble, les quinze-vingt-cinq ans sont 72 % à penser que l'amour peut durer toujours. Même si ce pourcentage est dû en grande partie aux moins de vingt ans, plus idéalistes, on se frotte les yeux devant tant de confiance placée dans la pérennité d'un attelage aussi malmené que le couple.

La façon dont les jeunes vivent leur sexualité a changé. Il leur est beaucoup plus facile d'en parler, mais les grands idéaux de l'amour n'ont pas autant évolué. Il est clair que, chez les moins de vingt-cinq ans, les relations amoureuses ont beaucoup perdu de leur mystère sans pour autant se banaliser.

Qu'elle semble loin, la folle épopée libertaire et libertine des parents post-soixante-huitards, façon Woodstock ou Larzac métamorphosés Radio Nostalgie, qui voulaient faire l'amour et pas la guerre. Cette « génération pilule » aura probablement connu une vie sexuelle plus libre et plus active que jamais, pendant vingt longues années, de 1968 à 1988, sans grands risques, avec des contraceptifs en vente dans toutes les pharmacies, la législation sur l'interruption volontaire de grossesse, une société bien plus permissive et assez peu de maladies sexuellement transmissibles. Un grand moment de récréation, avec une déculpabilisation des « plaisirs de la chair », dans une France moins contrainte par le poids d'une religion chrétienne sur le déclin. Entre la syphilis vaincue et l'arrivée du sida.

Par crainte de mourir d'amour, les dix-huit-vingt-cinq ans ont redécouvert que l'acte sexuel ne pouvait pas être banalisé. Après la période d'exubérance vécue par la génération des parents (et qui n'est toujours pas achevée chez nombre d'entre eux), on assiste dans le domaine de l'amour à un net retour des valeurs traditionnelles, constaté par ailleurs dans d'autres secteurs de la vie individuelle. A la « baise » ludique succède une sexualité plus apaisée et plus raisonnée.

C'est même le grand renouveau des sentiments, de la tendresse et de la fidélité. Et ce changement semble tout autant dû à la progression alarmante du sida qu'à la volonté de connaître une vie affective plus stable et plus satisfaisante que celle souvent constatée au sein de leur famille. D'où une sensible modification de la façon dont garçons et filles conçoivent leurs relations, dans un premier temps exclusivement fondées sur l'amitié, sans obligatoirement penser tout de suite « à ça ».

« Nous voulons croire, disent-ils, qu'il est important d'avoir des sentiments pour l'autre, d'être amoureux avant d'accepter une relation sexuelle. Ça donne du sens à ce que l'on fait. Même si ce n'est pas mieux réussi, c'est plus beau au départ. » Mais, lucides, ils refusent pourtant de parler de romantisme. « Bien sûr, le romantisme, c'est merveilleux. On en rêve tous. Mais ça fait un peu démodé et un peu mièvre. Et puis, pour ne pas être trop déçu, il est préférable de garder les pieds sur terre. C'est vrai que c'est mieux de faire l'amour avec quelqu'un avec qui on se sent bien, avec qui on est complice au-delà de l'instant, pour qui on éprouve des sensations fortes et non pas seulement pour passer un bon moment. Ça fait prendre conscience que l'autre existe, que l'on n'est pas seul à décider. C'est une façon de se respecter, d'être honnête avec son partenaire. Même quand on sait qu'on ne restera pas ensemble toute la vie. »

On critique encore trop souvent la façon de vivre des jeunes, en les montrant du doigt, à propos de la permissivité ambiante, quand ce n'est pas de la débauche sexuelle. C'est une profonde erreur. Les enquêtes les plus sérieuses, comme celle réalisée en 1991-1992 par l'INSERM pour actualiser le fameux rapport Simon rédigé en 1970 sur le comportement sexuel des Français, ou encore celle financée en 1992 par l'Agence nationale de recherche sur le sida[1], nous

1. Conduite par le Dr Alfred Spira, épidémiologiste, et Nathalie Bajos, géographe, elle a permis d'interroger 20 000 personnes âgées de dix-huit à soixante-neuf ans, et a coûté 13 millions de francs.

montrent que la génération des moins de vingt-cinq ans, n'est pas partie pour sombrer dans le stupre et la fornication. Au contraire.

Par exemple, l'âge moyen du premier rapport sexuel a peu varié en un demi-siècle. Il est passé de 18,4 ans pour les hommes aujourd'hui âgés de cinquante-cinq à soixante-neuf ans à 17,1 pour ceux de la tranche actuelle des dix-huit-vingt-quatre ans. Et pour les femmes, de 21,3 à 17,9. L'écart est là plus net, sans doute dû à la sécurité offerte par la contraception. Les adolescentes et les jeunes filles de 1993 n'ont plus peur d'avoir un bébé par accident, d'être couvertes de honte et de se faire chasser de chez leurs parents. Et, à de rares exceptions dans les familles chrétiennes très respectueuses des enseignements de l'Eglise, leurs mères ne leur demandent plus, avec des trémolos dans la voix, de rester « pures » jusqu'au grand jour pour mériter leur robe blanche. Plus grand monde, pas même certains prêtres, n'est choqué de voir une mariée, dont les formes bien arrondies prouvent qu'elle a mis Pâques avant Carême, s'avancer toute vêtue de blanc jusqu'au chœur d'une église pour y recevoir le sacrement du mariage.

Mais, au-delà de l'âge moyen de la « première fois » établi par les statistiques, on s'aperçoit vite que ces chiffres très médiatisés en cachent d'autres, et qu'une partie non négligeable des adolescents ont une sexualité active plus tôt encore. Ainsi, 52 % des garçons ont leur premier rapport à quinze ou seize ans et une fille sur quatre avant l'âge de seize ans. Inversement, d'autres adolescents veulent vivre leur sexualité de façon plus réfléchie et responsable, et refusent de se laisser entraîner uniquement « pour faire comme tout le monde ». Des considérations personnelles fortes apparaissent chez les garçons comme chez les filles de dix-sept à dix-huit ans qui n'ont pas encore fait l'amour : 50 % estiment qu'ils sont trop jeunes, 40 % qu'ils ne se sentent pas prêts et 29,5 que cela leur fait un peu peur [1].

L'entrée dans la vie sexuelle continue à être un peu plus précoce dans les milieux populaires. On sait aussi que la prostitution a presque totalement disparu comme moyen d'initiation des garçons, alors que plus d'un homme sur dix se déniaisait encore au bordel dans la génération précédente. Les jeunes ne fréquentent pas — ou très peu — les prostituées, pas plus qu'ils ne consultent le Minitel rose, sauf par curiosité une unique fois, entre copains. Ils en parlent plus librement mais s'en détournent très vite. De même qu'ils sont très peu nombreux à se rendre dans les sex-shops ou les peep-shows, dont le succès décline d'ailleurs.

Ces enquêtes de comportement soulignent aussi à quel point les adolescents dissocient totalement — mais c'était déjà vrai chez leurs parents — le rapport sexuel de la perspective d'un mariage ou d'une installation en couple. C'est toutefois un peu moins vrai chez les très jeunes filles, les petites rêveuses, qui continuent à voir un mari potentiel dans leur premier partenaire, pour lequel elles ont pris la décision importante de « craquer ». Précisons tout de suite

1. IFOP - *L'Evénement du jeudi - Science et Vie Junior*, 1992.

que cette attitude n'a rien à voir avec celle des femmes de cinquante-cinq-soixante-neuf ans qui, à 52 %, ont eu leur premier rapport sexuel à l'âge du mariage ! Ces dames très sages sont aujourd'hui grand-mères et c'est entre elles et leurs filles que les bouleversements avaient été les plus sensibles et les conflits les plus vifs, au lendemain du grand chambardement de 1968. Aujourd'hui, les jeunes font l'amour un peu plus tôt et avec un peu plus de partenaires. Les choses s'arrêtent là, si l'on s'en tient aux chiffres officiels.

« En l'espace d'une génération, déclare Alfred Spira en commentant l'enquête de l'Agence nationale de recherche sur le sida, les pratiques sexuelles des Français n'ont pas fondamentalement changé. [...] Reste qu'aujourd'hui, on dit les choses qu'auparavant on taisait. Si les pratiques ont peu changé, la sexualité a acquis une visibilité qu'elle n'avait pas il y a vingt ans [1]. »

Pour s'en convaincre, il suffit de voir la multiplication des débats organisés à la radio et à la télévision sur les déboires sentimentaux et sexuels de Monsieur-tout-le-monde, de relever les plaisanteries et allusions libertines ou franchement de mauvais goût dans presque toutes les émissions populaires (Bouvard, Fabrice, etc.), de regarder les messages (même exprimés de façon subliminale) véhiculés par la publicité sous toutes ses formes, de compter les scènes d'accouplement ou de caresses dans les films, de constater les unes racoleuses des magazines à fort tirage, y compris des plus sérieux, de voir les affiches

1. *Libération,* 3 mars 1993.

affriolantes pour les messageries pornographiques placardées sur les murs des villes et sous les ponts. Tous les tabous sont tombés : l'amour a droit de citer et le sexe droit de cité.

Mais le grand déballage de ce qui hier appartenait à l'intime, cette grande kermesse des pulsions et des fantasmes, semble avoir été sur toute la jeune génération sans autre effet que de banaliser la sexualité pour mieux mettre en relief la nécessité et la force des sentiments. On doit sans doute tenir un discours beaucoup plus nuancé pour ce qui concerne les enfants, littéralement agressés chaque jour dans la rue et à la télévision de façon dangereuse. En toute légalité, puisque aucune loi ne vient les protéger. On sait combien les maires, à commencer par celui de Paris, ont été attaqués et taxés d'intolérance comme de vulgaires ayatollahs intégristes chaque fois qu'ils ont pris des arrêtés pour interdire une campagne d'affichage à caractère licencieux.

Est-ce à dire que la précocité de la sexualité est sans risque ni conséquence ? Assurément non, affirment presque à l'unisson médecins de famille, éducateurs spécialisés et psychologues. Car pour eux, les statistiques relativement stables sur l'âge du premier rapport sexuel cachent des situations très contrastées, et bien des drames. Les études les plus sérieuses font toujours fi des petites minorités.

Par exemple, les filles qui ont des relations sexuelles régulières dès l'âge de treize ou quatorze ans n'appartiennent pas à la légende. On les trouve surtout dans les familles populaires désunies, dans les grandes cités implantées à la périphérie des grandes

155

villes, là où vivent les exclus et ceux du quart monde. Les caves à vélos, les parkings en sous-sol, les vieilles voitures et les terrains vagues abritent toujours leurs amours débutantes, parfois contraintes. Leurs mères, souvent incapables d'avoir su donner l'exemple ou simplement trouver les mots justes pour parler des interdits, acceptent sans regimber d'acheter les plaquettes de pilules en leur nom. Elles préfèrent fermer les yeux : elles ont bien d'autres soucis de vie quotidienne et il n'est pas très facile de parler de ces choses-là. Même lorsqu'ils appartiennent à des couches sociales plus favorisées, les jeunes conservent une maturité d'adolescent de plus en plus tardivement. Selon les psychologues, beaucoup — et le fait de vivre chez papa-maman n'y est pas étranger — ne s'installent dans l'âge adulte que vers vingt-huit-trente ans !

« Laisser l'enfant ou l'adolescent avoir très tôt une vie affective et sexuelle, avec les passions, les joies et les drames qui s'y rapportent, consiste à ignorer sa fragilité et à l'exposer à de graves déséquilibres psychiques. En handicapant sa future vie d'adulte », soutiennent les spécialistes.

« On ne doit pas laisser l'adolescent encore vulnérable vivre comme un adulte, ne serait-ce que parce qu'il n'a pas encore un corps d'adulte. »

Le laisser-aller et l'absence d'amour et de dialogue des parents sont presque toujours les causes de ces comportements sexuels très précoces. Conditionnés par ce qu'ils voient autour d'eux, ils perdent toute liberté de choisir et cherchent à faire comme les autres alors qu'ils sont profondément habités par le doute.

Ai-je le pouvoir de séduire ? Comment m'y prendre ? Suis-je sexuellement normal et capable de faire comme les autres ? Dois-je refuser une aventure homosexuelle ? etc. Toutes ces questions ne sont pas celles que se posent les seuls ados. Elles conservent toute leur importance et leur charge d'angoisse à vingt ans et souvent bien après.

Les amours adolescentes ne se cachent plus. Il n'est pas rare d'entendre une fille de quinze ou seize ans demander à sa mère : « J'ai un petit ami. Mais si, tu le connais : Pascal. Je peux lui dire de venir à la maison ? », ou lui imposer plus brutalement la réalité : « Tiens, je te présente Sébastien. Il va dormir dans ma chambre cette nuit. » Quand ce n'est pas un petit mot posé par Jean-Philippe sur la table qui apprend la nouvelle aux parents, à leur retour du cinéma : « Je suis dans ma chambre. Ma copine Sandrine est avec moi. » Certains parents s'y opposent avec la dernière énergie. D'autres non, ou si mollement...

« J'avais environ quinze ans quand j'ai voulu amener un garçon dans ma chambre, raconte Ludivine. Les deux premières fois, ma mère m'a dit non. Et puis, à la troisième demande, elle a commencé à me parler de la pilule et à me poser des questions sur lui. J'ai tout de suite compris que c'était gagné. »

Les enseignants constatent que les couples se forment dès les premières années du lycée, ce qui n'est pas vraiment nouveau, mais qu'ils vont et viennent de façon très visible, sans aucune gêne, ce qui l'est plus. On assiste même à de véritables scènes de ménage dans les classes de seconde. Selon leurs observations et la connaissance que les professeurs ont de leurs élèves, garçons et filles se rapprochent pour des raisons très diverses. Pour certains, c'est la volonté de s'afficher à deux et de prouver qu'ils sont bien comme les autres, c'est-à-dire devenus des adultes avec des droits d'adultes. Pour d'autres, affectivement carencés, c'est la recherche d'un peu de tendresse et de sollicitude. Enfin quelqu'un s'intéresse à eux. D'autres sont guidés par le seul désir d'avoir des relations amoureuses. Ceux-là font généralement leur « choix » dans les premiers jours qui suivent la rentrée et rivalisent entre eux pour conquérir la plus belle... ou le plus beau.

Au lycée comme à l'université, il y a ceux qui butinent de fleur en fleur sans jamais chercher à se poser. Héritiers des « jolis cœurs » d'antan, ce sont les zappeurs de l'amour. Et puis il y a ceux qui, un beau jour, connaissent le tendre petit déclic et décident de tenter quelque chose de différent. De plus stable et de plus fort. C'est l'extraordinaire phénomène des « bébés-couples » qui, malgré leur très jeune âge, trouvent les moyens de vivre comme mari et femme : parfois dans la chambre de bonne (dite chambre d'étudiant) de l'un d'eux ; mais le plus souvent chez papa-maman, bien au chaud sous le toit familial. On estime qu'il y a en France au moins 700 000 bébés-couples de moins de vingt-cinq ans. C'est l'un des plus forts chiffres d'Europe, dans le même peloton de tête que les pays nordiques.

Même les parents libéraux et très cools ont généralement beaucoup de mal à accepter cette cohabitation lorsqu'elle intervient vers dix-huit ou dix-neuf ans, puis à la gérer lorsqu'elle dure plusieurs années et bouleverse autant leurs références personnelles que leurs habitudes de vie et leur confort. Outre les problèmes moraux quand il s'agit d'adolescents, les difficultés de logement quand on doit partager la salle de bains et le salon et les charges financières lourdes ainsi créées, le couple des parents et celui des enfants se trouvent confrontés à une situation vraiment nouvelle, ainsi que le rapportent les docteurs Alain Braconnier et Daniel Marcelli[1].

« Pour la première fois dans l'histoire de l'humanité, écrivent-ils, deux générations cohabiteront pendant plusieurs années, voire parfois dix, quinze ans, en ayant chacune pour son compte une vie sexuelle. En effet, auparavant, il n'était pas rare que la génération des enfants s'ouvre à la vie sexuelle et amoureuse au moment où la génération des parents interrompait cette même vie sexuelle. Actuellement, celle-ci commence de plus en plus tôt et se prolonge de plus en plus tard. Voir cohabiter deux générations qui connaissent chacune une vie sexuelle pleine et entière constitue un problème culturel relativement nouveau. »

Cette remarque est surtout à prendre en compte dans les villes, où les appartements sont petits et bruyants. Mais aussi dans les relations entre mère et fille, lorsque la première jalouse la beauté et le charme stimulant de la seconde. Jusqu'au conflit. Il n'y a pas de statistiques précises sur les bébés-couples, mais on observe qu'il y a, en gros, autant de parents, tous

---

1. *L'Adolescence aux mille visages*, Editions universitaires.

milieux sociaux confondus, à accepter de les abriter qu'à refuser de leur ouvrir leur porte.

Les parents consentants mettent en avant leur devoir de solidarité, l'évolution de la société et leur volonté de ne pas risquer de se couper de leurs enfants. Ils font souvent remarquer que cette solution est une façon sécurisante de leur laisser terminer leurs études et que ces jeunes sont exemplaires par les attentions mutuelles qu'ils se portent et pour leur grande fidélité. Les parents estiment aussi que ça leur donne l'occasion d'établir des relations privilégiées avec la génération « en dessous ». De rester dans le coup, jeunes, dynamiques et branchés. Ces parents-là ont encore dans la tête les rêves nés sur les barricades de mai 1968 et revendiquent aujourd'hui pour leurs enfants le droit de vivre comme ils le veulent. Ce sont les preux chevaliers de la fameuse société « adolescen-trique », qui veut que parents et enfants partagent les mêmes goûts et les mêmes idées, portent les mêmes jeans, voient les mêmes films et écoutent la même musique, et utilisent, « quelque part au niveau du vécu », les mêmes expressions, creuses mais à la mode. « En quelque sorte ».

Ceux qui leur refusent l'hospitalité se réfugient autant derrière des principes moraux que derrière des problèmes de commodités de vie. Même quand le logement est suffisamment spacieux, ils disent fran-chement vouloir être tranquilles chez eux et préférer, dans la mesure de leurs moyens, aider financièrement le jeune couple à s'installer de son côté. Et puis, ils parlent du risque de prolonger une adolescence qui tarde déjà à faire sa mue !

Les psychologues sont, en grande majorité, hostiles à l'installation des bébés-couples. Et ils sont souvent les premiers à conseiller aux parents de ne pas se laisser prendre à ce piège, dans l'intérêt même des « couples assistés », très vite déresponsabilisés.

« Accepter que le (ou la) petit(e) ami(e) vienne à la maison pour un dîner ou une soirée est compréhensible, selon le Dr Marie-Pierre Archambeaud, attachée à l'unité de médecine d'adolescents à Bicêtre, citée par *Le Point*[1]. Mais de là à l'intégrer à la vie familiale, il y a une limite qu'il ne me semble pas souhaitable de franchir. Cette permissivité se retourne dans un deuxième temps contre le jeune. En effet, la relation du couple précoce est difficile : peut-il préserver son intimité ? Impossible de s'affronter devant les parents. Difficile de se séparer quand ceux-ci ont cautionné l'union. Résultat : je vois des filles de dix-neuf ans complètement déprimées parce qu'elles ont loupé les étapes. »

Passée experte dans l'art de scruter les réalités familiales avant de les coucher sur du papier-roman, Christiane Collange oscille entre générosité et fermeté et opte pour un modus vivendi. Elle propose[2] de fixer les limites ainsi que quelques contraintes au gentil petit couple que l'on a accepté de prendre à la maison : délai au-delà duquel les enfants devront partir, obligation de réussir un examen, emprunt de la voiture strictement limité, paiement de l'essence, participation aux courses et aux travaux ménagers,

---

1. « Dormiront-ils ensemble à la maison ? », par Marie-Thérèse Guichard, janvier 1992.
2. *Moi, ta mère*, Fayard.

horaires des repas précisés, etc. De quoi « bétonner » un peu contre un possible enfer domestique.

Adeptes de l'amour sage, de l'amour fou ou de l'amour tendre, les jeunes investissent toujours beaucoup dans leurs relations amoureuses. Et leurs sentiments sont si intenses que tout échec dans ce domaine provoque presque toujours en eux une grande souffrance qui n'a rien à voir avec un banal petit chagrin d'amour. C'est surtout vrai pour ceux qui avaient, pour la première fois, décidé de vivre à deux et qui se sont brisé les ailes. Ces blessures sont si douloureuses qu'elles conduisent de nombreux jeunes à la déprime, à la tentative de suicide, à la fugue ou à la drogue. Toutes ces difficultés de vie sont en forte hausse. On voit même des jeunes quitter leur travail ou interrompre subitement leurs études pour partir « n'importe où, mais loin », se laisser séduire par une secte ou tenter d'intégrer une communauté religieuse.

Quand on demande aux jeunes de classer ce qui compte le plus pour eux[1], 70 % déclarent, on l'a vu, « réussir mes études » mais arrivent aussitôt derrière : l'amour 57 %, à égalité avec les copains, puis la famille 54 %. Le sexe arrive en fin de liste avec 16 % seulement de réponses. C'est dire combien les dix-huit-vingt-cinq ans s'amusent d'une sexologie qui comptabilise les orgasmes et explore le point G comme Cousteau les mers du Sud.

Bien préparer son avenir est donc plus important que de vivre un grand amour. Côté cœur, on verra après. On comprend mieux pourquoi ceux et celles

---

1. Sondage *Talents*-CSA, 1993.

qui poursuivent des études longues et ardues n'hésitent parfois pas à se séparer de leur petit(e) ami(e) pour s'enfoncer dans une vie quasi monacale et travailler d'arrache-pied à la réussite de leurs examens, sans être perturbés par l'autre.

« J'étais très amoureuse de Christophe, raconte Estelle. Nous nous connaissions depuis deux ans, et puis, un jour, il m'a dit qu'il ne souhaitait plus me voir, pour pouvoir préparer sa licence en paix. Je venais d'être sacrifiée sur l'autel de ses ambitions... »

Derrière la réussite professionnelle, amour et famille forment donc un sympathique tandem dans les espérances des dix-huit-vingt-cinq ans. Et les filles surtout aspirent à concilier leur vie de femme et de mère avec leur carrière, sans méconnaître les sérieuses difficultés qu'elles rencontreront pour tout mener de concert.

Mais la grande angoisse des filles, assez récente il est vrai, est de ne pas parvenir à se marier. Et surtout de ne pouvoir le faire faute d'avoir rencontré un homme « suffisamment bien ». Elles ont une peur bleue de vivre seules, contrairement à leurs mères qui, à leur âge, clamaient haut et fort leur volonté de vivre libres, sans s'encombrer d'un « mec »... et dont beaucoup, malgré leur profession de foi, ont quand même fini par y passer ! Aujourd'hui, pour ne pas risquer la solitude, elles se disent prêtes à vivre avec un copain (« même s'il ne se passe rien ») ou, à la rigueur, avec une amie. Elles ont vécu si longtemps dans le cocon familial ou, très jeunes, avec un petit copain, que la perspective de se retrouver seules les panique. Et, plus encore, elles se disent effrayées de constater dans leur entourage le nombre de femmes de plus de trente-cinq ans, célibataires endurcies, divorcées ou victimes d'un concubinage brisé, qui crèvent de solitude, oubliées des amis et des amants après avoir pris quelques années, quelques kilos et quelques rides. De même, elles n'envient pas les bravaches qui ont « fait un bébé toute seule » et se débattent maintenant dans de grandes difficultés pour élever et orienter leur enfant trophée, voulu comme un symbole de conquête et de liberté et conçu dans l'égoïsme et le mal-amour.

« J'ignore s'il sera d'accord mais, à vingt-quatre ans, je souhaite me marier avec Jean-François avec qui je vis depuis trois ans, car c'est de lui et non d'une rencontre d'un jour que je souhaite avoir un enfant assez vite », déclare Isabelle.

Même les jeunes filles qui vivent maritalement de façon stable et assez satisfaisante avec un ami fixent à vingt-cinq ans l'âge couperet. Elles refusaient jusque-là le tatouage social du mariage mais sont en train de changer leur fusil d'épaule. Et elles font vite. Dans les soirées entre amis, sur les lieux de travail ou de vacances comme dans les dîners en ville, elles sont nombreuses à cacher joliment leurs vingt-six, vingt-sept, vingt-huit ou vingt-neuf ans pour n'en avouer que vingt-cinq, l'âge clé, celui au-delà duquel elles pensent ne plus pouvoir choisir aussi facilement.

Les garçons sont moins inquiets face au temps qui passe. Ils situent entre vingt-sept et trente ans la fourchette idéale dans laquelle il est temps de se jeter à l'eau. Ils se disent même capables d' « aimer vraiment » entre deux et quatre femmes dans leur vie, c'est-à-dire prêts à changer de femme ou de compagne, quel que soit leur âge. Oui, vraiment, il y a de grandes constantes chez vous, messieurs !

De toutes les différences qui distinguent les comportements des filles de ceux de leurs mères, l'importance accordée à la contraception est la plus marquante. La pilule n'a plus rien d'extraordinaire. Son efficacité et la grande sécurité qu'elle offre sont naturellement reconnues, mais son utilisation est devenue courante, banalisée comme un produit de grande consommation, rangé entre le tube de dentifrice et la lotion démaquillante pour les yeux. C'est un élément de confort parmi d'autres, qui permet de jouir de la vie en toute sécurité. On l'avale le soir au coucher, machinalement, sans réaliser qu'elle évite de donner la vie, comme on boucle sa ceinture en prenant place dans sa voiture, sans penser qu'elle protège de la mort. Dans les deux cas, ça évite d'abord les ennuis.

La pilule, on l'a obtenue la première fois à seize ou dix-sept ans, parfois avant par l'entremise de la mère confidente, même si l'âge moyen de la première utilisation est de dix-neuf ans pour les femmes aujourd'hui âgées de vingt à vingt-quatre ans. Puis, on a arrêté de la prendre « parce qu'il n'y avait plus de raison ». Avant d'y revenir après avoir rencontré un nouveau petit copain avec qui on veut faire l'amour sans danger. L'utilisation se fait « à la carte », en accord avec le médecin. Et si la prescription médicale obligatoire disparaissait demain, on ne tarderait pas à vendre la pilule dans les distributeurs automatiques, entre les boîtes de bière et les préservatifs.

Selon un sondage effectué en 1990[1], seules les filles de quinze-vingt-quatre ans ne placent plus la pilule en tête des nouveautés qui ont changé la vie de la femme au cours des vingt dernières années. Elles considèrent d'une manière générale la contraception comme un acquis et un droit, sans mesurer le combat de haute lutte livré par leurs mères pour bousculer tous les tabous. Au classement des grandes conquêtes de la femme, elles ont préféré placer au premier rang le fait de pouvoir désormais accéder à des métiers jusque-là réservés aux hommes ! On voit que la crise de l'emploi pèse de tout son poids sur la catégorie d'âge la plus touchée.

La pilule est, pourrait-on dire, devenue chose naturelle mais elle n'en perd pas pour autant son importance. Une autre étude d'opinion réalisée à la même période[2] sur les évolutions les plus importantes survenues dans le domaine de la médecine dans les années 1970-1990 place en tête les greffes d'organe et le scanner, mais 37 % des dix-huit-vingt-quatre ans citent la contraception, plus proche de leurs préoccupations immédiates. Environ une fois sur deux, les filles prennent la pilule lorsqu'elles acceptent d'avoir leur premier rapport sexuel, c'est-à-dire de façon parfaitement volontariste et réfléchie. Et c'est toujours la pilule qu'elles continueront à utiliser par la suite, comme la moitié des femmes utilisant un moyen contraceptif. C'est

1. Sofrès-*Le Nouvel Observateur*-« La marche du siècle », novembre 1990.
2. Sofrès-*50 millions de consommateurs*, octobre 1990.

généralement après trente-cinq ans que le stérilet sera prescrit en remplacement de la contraception orale.

Les facilités très grandes, jamais connues jusque-là, offertes pour choisir le moment d'avoir un enfant n'ont pas fait disparaître tous les drames. Un nombre considérable de femmes, et parmi elles de très jeunes filles, se retrouvent enceintes sans l'avoir voulu et décident illico d'interrompre leur grossesse. Tous les freins moraux n'ont pas disparu, qu'ils puisent leurs origines dans des considérations religieuses ou éthiques. Non seulement l'Eglise, mais aussi une partie du corps médical continue à être hostile à l'avortement. Dans les centres homologués, par exemple, les médecins réclament un vrai statut juridique. Mais la législation de l'interruption volontaire de grossesse en 1974 et son remboursement par la Sécurité sociale en 1982 ont bien facilité les choses.

Le nombre des avortements pratiqués chaque année en France est officiellement de l'ordre de 170 000, soit une interruption de grossesse pour quatre naissances. Mais la proportion est beaucoup plus forte chez les filles de moins de dix-huit ans qui sont exactement aussi nombreuses à se faire avorter qu'à conduire leur grossesse à terme. Tous les chiffres sont sous-estimés et le nombre réel des avortements annuels est estimé à environ 200 000, auquel il faut ajouter les 3 000 Françaises dont la grossesse a dépassé le terme légal de dix semaines et qui se rendent aux Pays-Bas (vingt semaines) ou en Grande-Bretagne (vingt-trois semaines). Les jeunes de moins de vingt ans, qui tardent trop à avouer leur situation, représentent la plus grosse partie de ces 3 000 « clandestines ».

« L'interruption de la grossesse est souvent très mal vécue par les adolescentes, remarquent les médecins. L'épreuve est douloureuse et le choc si fort qu'un suivi par un psychologue est la plupart du temps nécessaire. Elles n'ont ni l'âge de la majorité, ni emploi, ni ressources, ni perspective de mariage : rien de ce qui leur permettrait de garder leur enfant. Les gamines qui se sont fait mettre enceintes par un homme marié se retrouvent seules du jour au lendemain, au mieux avec une poignée de billets de banque dans la poche de leur jean. Elles sont à la fois abandonnées par leur ami, rejetées ou malmenées par leur famille, condamnées au silence face à leur entourage et meurtries par l'avortement. Beaucoup, en manque d'amour, voudraient conserver leur bébé. Mais elles se rendent vite compte que ce n'est pas possible. »

Mais c'est bien sûr le sida qui apparaît comme le danger le plus redoutable dans la vie sentimentale et sexuelle des jeunes des années 90. Le risque est terrible et ils le savent. Comme si les familles éclatées, l'école mal adaptée, le risque du chômage et la crise qui s'éternise ne suffisaient pas à contrarier leur bonheur et à ruiner leurs espérances, une menace de mort plane sur leurs amours.

Ils avaient une dizaine d'années lorsque la maladie est apparue, accompagnée des rumeurs les plus farfelues sur son origine, attribuée tantôt aux singes homosexuels d'Afrique centrale, tantôt aux services secrets d'Afrique du Sud présentés comme les inventeurs d'un virus destiné à décimer les populations noires des ghettos en rébellion !

Et puis, la maladie a gagné du terrain, sans bruit d'abord, puis dans le fracas des chiffres publiés par l'Organisation mondiale de la santé (OMS). Les regards se sont tournés naturellement à nouveau vers l'Afrique, le continent le plus atteint et présenté comme allant perdre à court terme entre le quart et le tiers de sa population. Et le projecteur est venu se braquer sur la France. Dans la lumière crue, la vérité est apparue dans toute son horreur : notre pays est le plus touché d'Europe ! Dès 1990, la France compte déjà près de 200 000 séropositifs lorsque les médecins annoncent que les plus touchés sont les vingt-vingt-neuf ans et que plus de 20 000 cas de maladies déclarées ont été enregistrés depuis le début de l'épidémie.

Le discours évolue lui aussi très vite. Les groupes dits « à risques », c'est-à-dire les drogués (40 à 50 % d'entre eux sont séropositifs) et les homosexuels, ne sont plus seuls à être atteints. Le cercle des séropositifs s'élargit aux hétérosexuels. Hommes, femmes, jeunes, vieux : plus personne n'est à l'abri. L'alerte générale est donnée : il y a danger immédiat de mort sur le front des amours. Celui qui n'a jamais eu de relation homosexuelle et qui ne s'est jamais injecté une dose d'héroïne dans la veine peut se retrouver demain contaminé par le virus du sida, comme un survivant de Sodome et Gomorrhe, habitué des jardins des Tuileries, ou un marginal qui vient de se faire son shoot avec une seringue usagée dans les toilettes d'un bistrot de banlieue.

Il est désormais interdit de prendre le moindre risque. Faire confiance au garçon avec qui elle fait l'amour pour la première fois de sa vie peut conduire une adolescente à la mort si elle n'a pas exigé de son partenaire qu'il utilise un préservatif. En toute bonne foi, celui-ci peut lui transmettre la mort si sa précédente compagne était contaminée ou s'il a eu une aventure homosexuelle avec un garçon malade. Le message est passé très fort chez les jeunes, désormais habités par le doute et la peur. L'immense majorité refuse de faire l'amour sans se protéger, même s'il n'est pas très facile de poser un préservatif au cours de la première relation, quand l'incertitude d'être « à la hauteur » a déjà tendance à vous couper vos moyens.

Toutes les études démontrent que les parents, ceux de la « génération pilule », adeptes entraînés de l'amour sans contrainte, n'ont pas le même sens des réalités que leurs enfants. Ils ont beaucoup de mal à accepter la nécessité du préservatif, même avec un partenaire occasionnel. Habitués à faire sans, ils sont perturbés par la différence de sensation et préfèrent faire confiance à l'autre, à leurs risques et périls ! Ce sont heureusement ces mêmes parents qui, en permanence, ne cessent de rappeler l'importance de la menace. Ceux qui n'avaient jamais osé dire un mot pour faire l'éducation sexuelle de leurs enfants se sont lancés subitement dans de grands discours sur la prévention. D'autres se sont mis à glisser des boîtes de préservatifs dans la valise de leurs enfants partant en vacances.

Signe des temps, le préservatif est apparu sur les murs des villes comme le héros des campagnes de prévention financées par le ministère de la Santé. Et, en février 1991, le mensuel *50 millions de consommateurs* a offert à ses lecteurs un dossier complet sur plus de mille préservatifs testés en laboratoire. C'est qu'il n'est plus permis aujourd'hui d'acheter un modèle poreux ou d'une solidité douteuse. Les professionnels de la santé estiment toutefois que la France a attendu beaucoup trop longtemps avant de sensibiliser l'opinion publique et notamment les jeunes.

« La France a toujours été en retard d'une étape, selon le professeur Claude Got[1], auteur d'un rapport sur le sujet. Elle n'a pas eu de politique d'éducation sexuelle. Pour le sida, il y a eu des actions ponctuelles, individuelles, mais c'est insuffisant [...] Des milliards ont été dépensés mais trop tard. Une prévention plus tôt eût coûté moins cher et eût été plus efficace. »

Des milliards de francs prélevés sur les fonds publics ont, en effet, été consacrés à la promotion de ce petit voile de latex de 1,5 gramme, devenu l'assurance vie de toute une génération contrainte à aimer sous haute protection. Pour les jeunes les moins à l'aise financièrement, c'est-à-dire l'immense majorité, une partie de cette montagne d'argent aurait pu servir à faire baisser les prix des préservatifs. De trois à cinq francs l'unité, parfois plus : c'est trop cher. Et la tentation est grande de ne pas en utiliser quand ils n'ont plus de sous et qu'une agréable opportunité se présente à eux.

Il est assez difficile de savoir exactement avec

---

1. Chez Jean-Marie Cavada, « La marche du siècle », France 3, mars 1993.

quelle régularité les préservatifs sont employés. Un sondage effectué en janvier 1992[1] semble assez conforme à la réalité, même si d'autres études sérieuses concluent à des chiffres bien inférieurs. Il nous indique que 81 % des jeunes l'utiliseraient systématiquement, mais nous rappelle aussi au passage que pour cette génération la vie sexuelle ne doit pas être déconnectée de la vie affective puisque 61 % des sondés assurent qu'il faut d'abord être amoureux avant de faire l'amour.

« Bien sûr, ce n'est pas drôle de mettre ça au meilleur moment. On accepte par raison, sans gaieté de cœur ni rébellion. C'est un peu comme pour les ralentisseurs de vitesse lorsqu'on est à moto : on finit par s'habituer même si ça casse un peu le plaisir. Et puis, les filles les plus sympas ne posent pas de questions embarrassantes. Ou elles font semblant de ne rien voir, ou elles se chargent discrètement et délicatement de la pose, et ça a son charme. »

Les filles semblent, à l'évidence, bien plus libres pour parler du sida et des préservatifs que les garçons qui sombrent vite dans les gros rires gênés et les grivoiseries d'inspiration anatomique. Avec les parents comme au cours des journées d'information organisées dans les lycées sur la prévention de la maladie, elles ont beaucoup moins de difficultés à aborder le sujet, et à le faire sérieusement, de façon responsable. Celles qui sont appelées à donner la vie sont peut-être tout simplement plus soucieuses de la protéger. Certaines n'hésitent pas à acheter des

1. Ipsos-*Le Point*-France Inter.

préservatifs à la pharmacie de leur quartier, ce qui est encore difficile pour beaucoup de garçons. Même si elles sont encore très jeunes : « au cas où... » D'une façon générale, ce sont encore elles qui affirment que l'épidémie inquiétante du sida les a conduites à réduire la fréquence de leurs rapports sexuels et le nombre de leurs partenaires : 59,5 % des adolescentes de treize à dix-huit ans (contre 53 % des garçons) avouent que « le sida, ça fait réfléchir avant de choisir son ou sa petit(e) ami(e) ». Et 22 % des filles contre 18 % des garçons qui n'ont jamais fait l'amour le justifient par la peur de la maladie[1].

Bien sûr, les préservatifs sont coûteux et il n'est pas toujours facile de pousser la porte d'une pharmacie pour s'en procurer. Et pas seulement lorsque l'on a seize ou dix-huit ans. Mais fallait-il pour autant décider d'installer des distributeurs dans les lycées ? En prenant cette décision en janvier 1992, Mme Véronique Neiertz, secrétaire d'Etat aux Droits de la femme dans le gouvernement Bérégovoy, a fait naître une de ces belles polémiques dont la France se pourlèche les babines.

Le sujet n'est pas simple et on peut avec la même force et la même sincérité soutenir des opinions opposées sans que personne n'ait vraiment tort. Les parents, les enseignants, les politiques, jusqu'aux élèves eux-mêmes étaient très partagés à propos de cette initiative. Parents et éducateurs n'ont pas nié que la montée en puissance du sida devait conduire à ouvrir grands les yeux et à regarder la réalité en face,

1. *L'Evénement du jeudi-Science et Vie Junior*, Sondoscope, juillet 1992.

173

puisqu'il s'agissait d'une question de vie ou de mort concernant toute une génération. Quelles que soient leurs exigences morales et leurs convictions religieuses, ils savent bien que le préservatif reste le moyen essentiel de se protéger des ravages de la maladie, aussi longtemps que médecins et chercheurs ne sauront ni guérir, ni prévenir le sida.

Mais si le préservatif est le moyen essentiel, il n'est pas le seul. Et c'est là que l'initiative et surtout le discours de Véronique Neiertz étaient attaquables. Car installer des distributeurs dans les lycées ne suffit pas. Il y a dans ces établissements, aux côtés d'élèves de dix-huit ans, des adolescents de quinze ans à peine à qui il conviendrait de parler aussi de l'amour, des sentiments, des joies et des contraintes de l'amour, de la fidélité, du respect de l'autre, de l'abstinence, etc., avant de les faire défiler devant des appareils qui, tout comme le préservatif, ne représenteront jamais que la mécanique de l'amour.

Il n'y a personne dans l'école pour parler de l'amour majuscule. Même quand ils sont conduits avec tact par des professeurs compétents, les cours d'éducation sexuelle portent eux aussi sur les techniques du corps mais pas sur les sentiments d'amour. Et les parents, dont ce serait pourtant le rôle, sont souvent sans beaucoup de discours sur l'amour vrai et sur les fondements du couple. Parents et éducateurs ont le devoir d'aider les jeunes, par amour, à se protéger des maux de l'amour, sans banaliser l'acte d'amour. Et, même s'il est impossible de contester totalement son utilité, un distributeur de préservatifs dans un couloir de « bahut » ne peut que contribuer à cette banalisation.

« On ne peut pas nous qualifier, nous les dix-huit-vingt-cinq ans, de " génération sida " puisque la maladie menace indifféremment les hommes et les femmes de tous âges, dès lors qu'ils se hasardent à changer de partenaire. Mais c'est bien sur nous que le mortel virus plane le plus dangereusement, nous conduisant à utiliser en permanence des préservatifs jusqu'au moment de vivre sagement en couple, en renonçant à tout vagabondage sexuel. C'est complètement fou. Le droit à l'erreur n'existe pas. Une seule petite imprudence peut coûter la vie. Les pièges sont multiples. Même quand on est bien ensemble, vraiment amoureux, on est conduit obligatoirement à douter de l'autre. Ça gâche un peu la relation. C'est terrible de ne pas avoir la possibilité de faire confiance, mais on n'a pas le choix. On peut tomber sur quelqu'un qui ignore sa séropositivité, ou pire, sur un irresponsable qui sait mais ne dit rien. On ne peut tout de même pas demander un certificat de bonne santé à son partenaire. Et puis, avec les délais nécessaires pour que la contamination se déclare, ça ne servirait à rien. Alors il ne reste qu'une chose : le préservatif. Non, nous ne sommes pas la " génération du sida ", comme le disent certains, car même si cette saloperie nous ronge le moral parfois, d'autres sont concernés autant que nous. Mais nous sommes peut-être la " génération latex ", celle qui est condamnée à vivre avec le doute et la peur. Avec ses petits caoutchoucs dans la poche. Ou à s'acheter une conduite et à vivre fidèlement à deux. Mais ça, même si c'est beau, c'est encore plus difficile. Le sida, c'est comme une guerre, une sale guerre mêlée à l'amour. Une sorte de tragédie moderne. Nous en sommes les acteurs malgré nous, quelles que soient notre origine sociale et notre façon de vivre. Il suffit d'aimer trop fort ou d'aimer mal pour que le rideau tombe. Et ce jour-là, il y a plus rien à faire. »

Le succès extraordinaire du film *Les Nuits fauves*, encore amplifié par le décès de son jeune réalisateur-acteur Cyril Collard, a révélé à quel point toute une génération se sentait directement concernée par l'épidémie du sida. Dans les salles de cinéma, les spectateurs étaient des dizaines de milliers à avoir entre quinze et trente ans, venus en groupe ou par deux, en se tenant par la main, avant de repartir le visage marqué par l'angoisse, ne sachant trop que dire.

La grande force du film n'a d'égale que sa troublante ambiguïté, à l'image de Cyril Collard, talentueux, charmeur et pervers à la fois, emporté par le sida avant même d'avoir pu être récompensé par la pluie de Césars attribuée à son œuvre. Il y a dans *Les Nuits fauves* autant de messages d'espoir et d'appels au secours déchirants que d'exemples malsains et dangereux. Le spectacle de cette sexualité débridée et l'univers opaque des jeux homosexuels sous les ponts de Paris ne sont en rien conformes aux comportements amoureux de la génération directement visée par la maladie. Le film brosse le portrait d'une population glauque et marginale, abandonnée au vice et à la drogue. Il est scandaleux d'avoir voulu faire de cette œuvre, par ailleurs belle et puissante, un film-culte dans lequel se reconnaîtrait toute une époque.

La volonté de faire du fric en pariant sur un thème « dans l'air du temps » est condamnable. Trop peu l'ont dit.

Il y a même eu beaucoup d'irresponsabilités à miser sur l'angoisse provoquée par le sida pour imposer un film véhiculant autant de faux messages et d'images dangereuses. Lorsque Jean (Cyril Collard), le héros homosexuel et séropositif de l'histoire, fait l'amour avec Laura (Romane Bohringer) sans utiliser de préservatif ni, pis encore, la prévenir de son mal, il y a là quelque chose de criminel, d'autant plus grave que le scénario nous apprend un peu plus tard que l'adolescente n'a pas été contaminée.

« Nous passons nos journées à dire aux jeunes de se protéger car un seul rapport peut être contaminant. Or, *Les Nuits fauves* affirme à des centaines de milliers d'adolescents qu'une fille peut faire l'amour librement avec un homosexuel sans être atteinte. C'est meurtrier, ont déploré de nombreux responsables des centres d'information et de prévention du sida. L'histoire se passe dans des milieux si dépravés que les jeunes se limitant à des amours sages et classiques peuvent se sentir à l'abri du danger, ce qui est faux. Et puis, il y a fort à parier que le jeu bouleversant de Jean et Laura, excellents dans leur rôle, est apparu plus crédible que certains clips, pourtant très coûteux, diffusés à la télévision dans le cadre des campagnes de prévention. Nous n'en sommes pas au stade où la maladie peut être dédramatisée. »

Pour certains éducateurs, *Les Nuits fauves* aura eu le mérite de montrer aux jeunes, de la façon la plus crue et la plus violente, les limites à ne pas franchir, au risque d'y laisser sa vie, comme le héros. « Et pour faire passer ce message, le film n'a pas eu recours à un discours moralisateur, violemment rejeté par toute cette génération. »

Que reste-t-il aux plus jeunes pour espérer encore de l'amour quand, autour d'eux, les couples se déchirent, les magazines titrent périodiquement sur le divorce, le cinéma met en scène le sida, les artistes qu'ils admirent changent de compagne comme de moto et que même les familles royales ou princières, de Buckingham à Monaco, offrent en spectacle leurs aventures sentimentales ?

« Qui aima jamais porte une cicatrice », écrivait Alfred de Musset dans sa *Lettre à Monsieur de Lamartine*. Soit. Mais il leur faut aujourd'hui plus que jamais un solide capital d'espérance, courageusement investi à la banque des rêves, pour s'aventurer à deux dans les chemins creux des coups de cœur et des grands sentiments, attirés par l'envie des passions et des bonheurs partagés, mais guettés au coin du bois par le juge aux affaires matrimoniales. Et maintenant par le croque-mort.

6

Blues, petite clope
et grand shoot

La pire souffrance est dans la solitude
qui l'accompagne.

ANDRÉ MALRAUX,
La Condition humaine.

Les Français sont mal dans leur peau et les jeunes plus encore. C'est l'une des caractéristiques nationales les plus fortes et les plus constantes, quels que soient le milieu social, la saison ou le régime politique en place. Chez les uns comme chez les autres, à la moindre difficulté, tout est prétexte à râler, à se plaindre, à broyer du noir, à douter de soi et des autres, à craindre pour le lendemain. C'est la grande complainte des « j'en ai marre », des « tout me dégoûte » et des « rien ne va comme je veux », entonnés à voix haute à l'intention de son entourage ou ruminés en silence, seul dans son coin, l'estomac noué.

A ausculter l'âme de ses habitants, qui croirait que la France est une grande nation libre, une puissance industrielle de premier ordre, un pays où, en théorie, personne ne meurt de faim et où la protection sociale est l'une des meilleures du monde ?

Etrange paradoxe, elle détient le record d'Europe toutes catégories de la plus forte consommation de médicaments contre le mal de vivre. On y vend chaque jour près d'un demi-million de boîtes d'hypnotiques, de neuroleptiques, de tranquillisants et autres antidépresseurs. Et les jeunes figurent hélas en bonne place parmi ces millions, ces dizaines de millions de consommateurs plus ou moins réguliers de « drogues ordinaires », pilules et cachets rituellement avalés le soir pour pouvoir dormir, le matin pour trouver le goût à travailler ou à étudier.

Sociologues et politiques n'ont pas fini d'analyser pourquoi cette vieille nation pétrie d'histoire et d'humanisme affiche périodiquement un moral de goulag, au point d'avoir installé dans le cœur de toute une génération, pourtant formidablement ouverte sur le monde, la persistance du doute et la tentation du désespoir. C'est toujours l'accumulation de difficultés de tous ordres qui crée chez les jeunes un terrain favorable au manque de confiance et à la déprime.

L'environnement familial est absolument primordial. Vivre de longues années entre des parents qui se déchirent et finissent par se séparer, souffrir de solitude dans une maison désespérément vide où subsiste le souvenir des jours heureux, être le témoin impuissant de la honte d'un père jeté au chômage, constater les problèmes financiers de sa famille sans pouvoir lui apporter son aide, etc., autant de raisons très perturbantes pour ceux et celles qui sont à la recherche de stabilité et d'exemplarité.

Mais les ennuis ne s'arrêtent pas là. Dans tous les domaines, le quotidien des jeunes est devenu source de contrariétés. Pour les uns, c'est l'impossibilité de poursuivre des études après une mauvaise orientation. Pour les autres, c'est la recherche infructueuse d'un premier emploi après plusieurs mois de contacts et malgré de solides diplômes. Il y a aussi ceux qui se laissent abattre par des déconvenues sentimentales, après avoir misé trop fort sur un amour impossible. Et d'autres que la solitude ronge, alors qu'ils ont dû quitter famille et amis pour s'installer dans une ville, là où il y a un peu de travail mais où ils se retrouvent complètement isolés, entre les quatre murs d'un studio ou d'une chambre de service. Chez certains, notamment chez les jeunes provinciales, le sentiment de déracinement est si fort qu'ils refusent toute rencontre avec d'autres « solitaires » de leur âge. Ils attendent le week-end pour prendre leur voiture ou le train et rentrer chez eux, après une semaine vécue comme un véritable purgatoire. Au cœur de la ville, de ses loisirs et de ses plaisirs, leur refus de s'insérer en a fait des marginaux sociaux.

Très souvent, les adolescents et les jeunes adultes ne sont pas assez préparés à affronter autant de frustrations familiales, sentimentales et profession-nelles, auxquelles il leur faut ajouter les contraintes nombreuses imposées par une société qui se fonde sur l'argent et le paraître et ne leur pardonnera ni erreur ni faiblesse. Faire face à des conditions de vie nouvelles et assumer du jour au lendemain des responsabilités personnelles devient vite écrasant, surtout lorsque l'on a vécu sous le toit familial jusqu'à vingt-cinq ou vingt-sept ans, bien protégé dans son cocon.

Ces raisons sont parfois bien difficiles à comprendre et à admettre de la part des générations anté-rieures, lâchées plus tôt dans la vie active et qui se rappellent avoir connu beaucoup moins de facilités matérielles et de confort de vie. « Les jeunes auraient pourtant tout pour être heureux », entend-on souvent dans les propos de ceux qui s'obstinent à comparer l'incomparable, tant la société est devenue moins hospitalière et les conditions d'existence plus rudes. La « vache enragée » n'a pas disparu. Elle a simplement changé de visage.

Ce n'est pas le fruit du hasard si jeunes gens et jeunes filles encombrent pour une large part — certains depuis l'enfance — les cabinets des psychiatres et des psychanalystes dont le nombre (8 000 actuellement) s'est beaucoup accru au cours des dernières années pour répondre à une demande estimée à 750 000 patients régulièrement suivis, dont la moitié en milieu hospitalier.

La dépression nerveuse fait des ravages sévères parmi les dix-huit-vingt-quatre ans, qu'elle touche plus encore que les retraités — ce qui est nouveau. Sept pour cent d'entre eux affirment avoir déjà souffert de dépression et 30 % reconnaissent traverser des périodes de déprime[1]. Ce qui montre de façon inquiétante que près de quatre jeunes sur dix ne sont « pas très bien dans leurs pompes ». Aux causes qui provoqueraient une dépression et qui sont évoquées par l'ensemble des sondés (la mort d'un proche, une maladie grave, une rupture sentimentale ou un divorce), les jeunes ajoutent des motifs qui les concernent plus directement, comme l'échec professionnel (25 %) et plus encore la solitude (30 %).

1. Sofrès-*Pèlerin Magazine*, février 1993.

Les parents dont les enfants sont périodiquement en crise connaissent bien les symptômes du mal. Des symptômes multiples auxquels on n'accorde parfois aucune importance dans un premier temps avant d'être troublé par la conjonction de facteurs anormaux. Dès qu'ils ne sont plus très bien dans leur peau ni dans leur tête, les jeunes ont du mal à se lever, restent prostrés dans leur chambre, refusent de s'alimenter normalement (ou ils mangent trop et n'importe quand, ou ils refusent tout), n'ont plus le courage de se mettre au travail, se révèlent incapables de se fixer sur un projet, multiplient les crises de larmes et doutent de pouvoir s'en sortir un jour, tant la plus petite difficulté leur apparaît insurmontable.

Soignée à temps, c'est-à-dire très tôt, par un médecin compétent et dans une structure familiale solide, ayant une bonne capacité d'écoute et de dialogue, la dépression nerveuse est souvent sans lendemain. Mais il n'en va pas de même lorsque le jeune désespéré, sans soutien, est abandonné à ses problèmes et à sa solitude, qui peut le conduire à aller jusqu'au bout. Jamais le problème du suicide des jeunes n'a été aussi sensible. La loi faisant interdiction à la presse de relater ce type de drames, l'ampleur du phénomène est donc généralement passée sous silence, jusqu'à la publication annuelle des statistiques établies par la police et la gendarmerie.

Jusqu'en 1976, le décès par suicide concernait 15 habitants sur 100 000. Depuis 1982, ce chiffre est passé à 21 et les suicides « réussis » (11 400 en 1990) sont maintenant plus nombreux que les morts par accident de la route. Et les enquêteurs affirment que les chiffres officiels sont sous-estimés car de nombreuses morts volontaires sont maquillées en accidents de la route ou mises au compte des disparitions. Selon l'INSERM, 16 % des Français ont déjà songé à mettre fin à leurs jours et 4 % ont tenté de passer à l'acte. Mais c'est surtout chez les jeunes que le nombre des suicides a connu une hausse spectaculaire puisqu'il a triplé en vingt ans !

On a du mal à accepter des chiffres[1] aussi cruels mais, en 1990, 791 jeunes de quinze à vingt-quatre ans (dont 607 garçons) se sont donné la mort, auxquels il faudrait ajouter les 179 garçons et filles décédés à la suite de « traumatismes et empoisonnements causés d'une manière indéterminée quant à l'intention », selon la formule de la police. S'il a triplé en une vingtaine d'années, le nombre des suicides de jeunes a augmenté en dix ans de 80 % pour les garçons et de 20 % pour les filles. On relèvera que la hausse des morts volontaires et celle des dépressions ont fait un nouveau bond spectaculaire dans les années 80, qui sont celles de la forte progression du chômage, et principalement du chômage des jeunes. On a peu entendu sur ce thème le volubile Jack Lang, l'intarissable chantre de la jeunesse. Depuis 1990, quelque 45 000 jeunes tentent chaque année de mettre un terme à leur vie, et un tiers récidivent. Fort heureusement, peu parviennent à leurs fins.

Pour la plupart d'entre eux, comme pour nombre d'adultes, il s'agit d'un appel au secours, d'une main tendue dans la nuit de la désespérance, d'un cri lancé à

---

1. *Francoscopie 1993, op. cit.*

l'indifférence des autres, d'une façon d'attirer l'attention sur son cas que l'on croit unique et sans solution.

Selon certains psychiatres, l'idée de la mort est irrationnelle chez les jeunes de moins de vingt-cinq ans et le suicide ne signifie pas pour eux une envie de mourir mais, au contraire, l'espoir de renaître différent à une autre vie, à quelque chose de plus beau et de plus grand. Pour acceptable qu'elle puisse être, cette façon d'analyser un drame aussi douloureux ne peut dissimuler la cruauté de la société telle qu'elle apparaît à une génération bien peu séduite par l'héritage d'un monde violent, individualiste, inégalitaire et pollué.

Avant d'en finir par attenter à leur jeune vie, nombreux sont ceux qui traversent une période plus ou moins longue de décrochage sévère et font tout ce qui leur passe par la tête sans réfléchir un seul instant. Ils multiplient les provocations les plus idiotes dans le but d'entrer en rébellion avec leur famille et de manifester leur refus des règles imposées. Les plus jeunes choisissent alors de faire une fugue, disparaissant un beau matin de chez eux sans prévenir, sans très bien savoir où aller. Simplement pour fuir un climat devenu pour eux irrespirable.

La police enregistre chaque année plus de 30 000 cas de fugues, en grande majorité de filles dès l'âge de treize ans. Mais les chiffres réels sont huit ou dix fois supérieurs, selon les estimations. Rares sont les disparitions qui se terminent mal. Un tiers des fugueurs sont retrouvés dans la journée et tous les autres reviennent chez eux dans le mois qui suit, après avoir trouvé refuge chez une amie ou un petit copain.

Les enquêteurs sont formels : ce sont presque toujours des motifs d'ordre familial qui conduisent les ados à fuir le domicile de leurs parents. Beaucoup plus rarement des raisons sentimentales, ou scolaires, après un mauvais résultat par exemple.

Pour vaincre leurs angoisses autant que pour faire comme tout le monde, les jeunes sont devenus de gros consommateurs de tabac, surtout dans les années 80.

Ils préfèrent nettement l'herbe à Nicot à l'alcool, dont ils usent désormais avec une grande modération — 30 % des dix-huit-vingt-quatre ans n'ont encore jamais bu d'alcool. On est bien loin du début du siècle où, dans une France très rurale, les enfants qui avaient échappé à la « goutte » dans le biberon buvaient du vin à table dès l'âge de raison (sept ans) ou, au plus tard, à partir de leur première communion (onze ans). La consommation moyenne nationale d'alcool chez les plus de quinze ans est encore de dix-neuf litres par an (un vrai record, bien qu'en chute de six litres depuis 1970), mais elle n'est que de trois litres chez les jeunes de dix-huit-vingt-quatre ans. La mode des boissons fruitées, venant après celle du Coca-Cola, ainsi que le triste spectacle donné par des pères (ou même des mères) alcooliques ont été déterminants dans cette évolution très positive. Seule la bière trouve encore grâce à leurs yeux.

Mais, inversement à l'alcool, la cigarette s'est imposée en force, de façon vraiment spectaculaire à en juger par le nombre de jeunes qui se promènent avec leur cigarette dans la rue, au lycée ou au travail, malgré l'interdiction récente de fumer dans les lieux publics.

Les fumeurs qui ont aujourd'hui entre vingt et vingt-cinq ans ont souvent grillé leurs premières cigarettes à douze ans pour les filles et à treize ans pour les garçons, beaucoup sans jamais avoir pu s'arrêter depuis. La multiplication des campagnes anti-tabac menées à la télévision par les organismes gouvernementaux et les associations de recherche médicale contre le cancer (Ligue et ARC) n'a pas été sans effets. Le nombre des adolescents de douze à dix-huit ans « accros » au tabac a baissé d'environ 20 % en cinq ans. Mais un sur quatre — c'est énorme — fume encore régulièrement.

« Aujourd'hui, les jeunes commencent à fumer un peu plus tard, en moyenne vers l'âge de quatorze ans et demi, explique un spécialiste de la lutte anti-tabac. Les filles sont maintenant nettement plus nombreuses que les garçons à griller leur paquet de cigarettes dans la journée. Certaines d'entre elles attaquent dès le matin, avec le bol de café, et en grillent une petite dernière le soir dans leur lit, avant de s'endormir. Le virage vers la dépendance s'opère vers les cinq ou six cigarettes par jour. Et voici pourquoi, à dix-huit ans, 45 % d'entre eux ne peuvent plus se passer de tabac, selon les études effectuées en 1991 par l'INSERM auprès de dix mille élèves de lycées et de facs. Quand, poursuit ce médecin, nous leur parlons des effets mortels des goudrons, en leur rappelant que le tabac, à l'origine d'un cancer sur trois, tue chaque année en France plus de 60 000 personnes et coûte 40 milliards à la collectivité, ils nous regardent presque indifférents. " Que voulez-vous qu'on y fasse ? Et s'il n'y avait que ça ", nous répondent-ils. Et pourtant, les trois quarts des jeunes nous disent qu'ils voudraient bien arrêter de fumer, qu'ils y pensent parfois, mais qu'ils n'en ont pas la volonté. »

Les filles sont très nettement les plus difficiles à convaincre. Au-dessous de vingt-cinq ans, huit sur dix fument plus ou moins régulièrement alors que 70 % des femmes de plus de quarante-cinq ans n'ont jamais touché une cigarette. Rien n'y fait. Ni les rumeurs sur les dangers du cocktail pilule-tabac, ni le risque de connaître un jour un accouchement prématuré, ni l'inesthétisme d'une denture jaunie ne sont capables de leur faire abandonner leur paquet de Marlboro ou de Peter Stuyvesant, leurs marques préférées. Les femmes ont fait exploser la consommation de tabac à partir de 1968 et leurs filles sont toujours aux avant-postes de la « génération clope ».

« Ils fument pour calmer leur anxiété, se donner de l'assurance et surtout parce qu'ils ne savent pas assumer leur intériorité », estime le psychanalyste Tony Anatrella[1].

La persistance d'un nombre important de fumeurs chez les jeunes est d'autant plus surprenante qu'ils sont six sur dix à se dire gênés par la fumée des autres, souhaitant même que le tabac soit totalement interdit dans les discothèques. Même sans revenus personnels, lorsqu'ils se plaignent d'avoir peu de moyens pour vivre, les fumeurs n'hésitent pas à prélever sur leur argent de poche les quelque trois cents francs

1. *Interminables Adolescences,* Le Cerf/Cujas, 1988.

mensuels nécessaires pour acheter le paquet de cigarettes quotidien. « C'est comme une drogue, disent certains. Je peux me priver de manger pendant une journée. Pas de fumer. »

« Un garçon de vingt-deux ans, licencié en droit, que je tentais de convaincre de suivre un traitement anti-tabac m'a fait comprendre combien cette génération est désabusée et fataliste, raconte un médecin généraliste de Bordeaux. A peine irrité par mon discours un peu moralisateur, ce jeune homme d'excellente famille, pourtant à l'abri du besoin, m'a répondu : " J'ai loupé mes concours d'entrée et je ne ferai jamais le métier dont je rêvais depuis mon enfance. Je suis contraint, et sans doute pour longtemps, à occuper un emploi qui ne me passionne absolument pas. Je ne peux pas faire l'amour librement de peur d'attraper le sida. Je ne peux pas rouler vite avec ma voiture pourtant faite pour ça afin de ne pas me faire piquer mon permis. Alors, si par-dessus tout ça, je ne peux pas fumer mon petit paquet de clopes par jour, je n'ai plus qu'à me flinguer. Et puis, pour mon cancer, on verra bien. Je préfère tirer mon paquet de Gitanes que me shooter pour oublier. " »

Fumer au collège et au lycée est un moyen de ressembler aux autres, aux plus grands, puis de se donner confiance, notamment dans les relations entre garçons et filles. Et très vite, la cigarette est là pour aider à vaincre les anxiétés, avant de devenir nécessaire, voire absolument indispensable, pour surmonter de plus grosses angoisses. La petite fumée âcre devient tantôt neuroleptique quand la crise de nerfs menace, tantôt baume pour le cœur lorsque le cafard a tout submergé.

« On se met à fumer comme des fous, en allumant les cigarettes l'une sur l'autre, les veilles d'examen ou quand ça gueule à la maison. Dans ces moments-là, on s'enferme dans sa chambre avec son paquet de clopes. Mais on fume aussi beaucoup dans les boîtes, ou quand on est entre nous, en bande ou à deux ou trois, et que l'on se met à discuter de tout et de rien, pendant des heures, jusqu'au cœur de la nuit. C'est dans ces moments-là qu'on se sent bien. »

Ceux qui s'entendent reprocher régulièrement de trop fumer se défendent souvent en mettant en avant le fait qu'ils ne touchent pas à « autre chose », c'est-à-dire à la drogue. Une façon pour eux de dire que la cigarette, même si elle est dangereuse, leur évite d'aller plus loin, et que beaucoup de leurs copains ont déjà franchi cette limite.

Si la génération des dix-huit-vingt-cinq ans parle ainsi sans réserve et de façon presque naturelle de la drogue, c'est parce qu'elle a appris à vivre avec elle depuis longtemps, bien souvent depuis le collège. Dans les banlieues déshéritées de l'Est et du Nord parisien, de Marseille ou des grandes villes du Nord-Pas-de-Calais, les petits revendeurs de haschisch n'hésitent pas à aborder des enfants de onze ou douze ans pour leur vendre un joint. Il n'y a plus un lycée en France où les élèves ne connaissent le nom des dealers du quartier et celui des clients. Parfois, on fume une cigarette de « h » à plusieurs, pendant l'intercours, sans se cacher. Et dans les universités, de drôles d'odeurs flottent dans les couloirs ou au fond des amphis. Dans l'indifférence générale.

Cinq millions de Français ont déjà fumé du haschisch et un million, soit 4 % des douze-quarante-quatre ans, en sont aujourd'hui consommateurs réguliers (250 000) ou occasionnels, selon l'excellente étude réalisée en mai 1982 par la Sofrès pour la Fondation « Toxicomanie et prévention jeunesse », créée à l'initiative de Micheline Chaban-Delmas et du Dr Francis Curtet. Selon cette étude, pas moins de 30 % des douze-quarante-quatre ans se sont déjà vu proposer du haschisch. C'est dire combien le chanvre indien circule librement dans nos villes et pousse avec aisance entre les pavés de Paris où 38 % de la population, dans cette tranche d'âge, reconnaît en avoir déjà fumé.

Dans les textes pourtant, l'usage de cette drogue toujours qualifiée de « douce » reste interdit. Le cannabis est inscrit depuis 1916 au tableau A des substances vénéneuses, susceptibles d'entraîner la mort. La loi de 1970, qui fixe la peine dans une fourchette de deux à douze mois de prison et entre 500 et 15 000 francs le montant de l'amende, s'est voulue plus sévère que la précédente puisqu'elle permet de poursuivre non plus le seul usage en société mais aussi la consommation personnelle, même solitaire, en faisant toutefois obligation au contrevenant de suivre une cure de désintoxication. Mais enquêteurs et magistrats savent bien que cette loi, qui n'a pas pu endiguer la déferlante, est tournée en ridicule puisque les forces de police sont incapables, faute de moyens, de relever plus de 62 000 infractions à la législation sur les stupéfiants (toutes drogues confondues) : 41 000 pour usage et 21 000 pour vente, chaque année.

Les jeunes sont très nettement parmi les premiers consommateurs de haschisch, puisque 61 % des fumeurs ont moins de vingt-cinq ans et 41 % sont des lycéens ou des étudiants. C'est pourquoi, dans leur analyse [1] de l'étude faite pour la fondation de l'épouse du maire de Bordeaux, les sociologues Carine Marcé et Christophe Nadaud soulignent que « la consommation de haschisch apparaît d'abord comme une pratique de génération, à savoir qu'elle est le fait des adolescents ou post-adolescents ».

Les chiffres sont étourdissants. Chez les dix-huit-vingt-quatre ans, toutes conditions sociales réunies (étudiants, chômeurs, salariés, riches ou pauvres, fils ou filles de cadres, d'ouvriers ou de paysans), un jeune sur dix consomme du cannabis et ceci de façon plus régulière que les fumeurs plus âgés, 80 % ont vu circuler des joints à l'intérieur du lycée et la moitié d'entre eux y ont reçu une proposition de fumer ! Il n'est pas étonnant dans ces conditions que 3 % des douze-dix-sept ans s'offrent de temps à autre un petit « pétard », comme disait Coluche, et qu'un drogué sur cinq ait eu son premier contact avec la « dope » au sein même de l'école.

« Très jeunes, certains gosses commencent par respirer des colles ou des solvants, comme l'éther ou le trichloréthylène, témoigne un inspecteur de police

---

1. Sofrès-*Etat de l'opinion 1993*, Le Seuil.

de Nanterre, dans la banlieue parisienne. Puis, à la première occasion, lorsqu'ils ont cinquante francs en poche et qu'un revendeur les interpelle à la sortie du collège, ils s'offrent leur première cigarette de h. Quelques-uns n'aiment pas et s'arrêtent là. D'autres, hélas plus nombreux, continuent à consommer plus ou moins régulièrement, lorsqu'ils ont assez d'argent de poche ou pu subtiliser un billet dans le porte-monnaie de leurs parents. On en voit même maintenant, de plus en plus, commettre des petits larcins dans les supermarchés ou des agressions de personnes âgées sur la voie publique pour trouver un peu d'argent. Il y a cinq années encore, cette petite délinquance était le seul fait des consommateurs de drogues dures " en manque ". »

Ces comportements marginaux très précoces concernent presque exclusivement les garçons, assez souvent des immigrés de la deuxième ou troisième génération. C'est toujours les garçons qui, en forte majorité, deviendront des consommateurs assidus. En France, les trois quarts des drogués sont aujourd'hui des hommes.

La banalisation du haschisch s'est faite en douceur, en une dizaine d'années. Véritable phénomène social, l'herbe des poètes et des voyageurs reste le signe d'une marginalité subie ou voulue mais ne semble plus être considérée par les fumeurs eux-mêmes comme un symbole de contestation et de refus d'un modèle de vie, comme c'était le cas dans les années 68-75. Les consommateurs d' « herbe » ne veulent plus refaire le monde. Fumer n'est plus un acte de rébellion contre une société dont on refusait le modèle. Plus même une façon de braver les interdits. C'est quoi, d'ailleurs, un interdit ? Tout cela est du passé.

Pas plus que les autres, les « enfants de la dope » ne rejettent le système et ses règles du jeu qui pourtant vont souvent à l'encontre de leurs intérêts. Ils s'y conforment sagement, résignés et convaincus qu'il ne sert à rien de hurler son désespoir aux oreilles d'une société sourde. C'est pourquoi ils oscillent entre le « on n'y peut rien » et le « on verra bien », le nez sur demain puisque les horizons lointains leur semblent condamnés.

Même si le modèle de la société française, loin s'en faut, ne leur paraît pas parfait, surtout à ceux qui sont dans la panade, la télévision est venue leur livrer à domicile le modèle de l'ultralibéralisme américain, avec ses ghettos gigantesques, et celui du post-communisme russe, immensité de misère sordide surgie comme un cauchemar du lointain « paradis des travailleurs ». D'un côté comme de l'autre, aucun modèle vraiment séduisant ne leur a été proposé.

La banalisation du haschisch n'est pas contestable mais les jeunes des milieux bourgeois et intellectuels restent, statistiquement au moins, nettement plus exposés que les autres. Ils sont deux fois plus nombreux à fumer que les ouvriers et trois fois plus que les agriculteurs. Pour les jeunes cadres ou fils de cadres, la volonté de se distinguer des catégories sociales « inférieures » et la crainte de ne pas pouvoir, pour cause de crise, endosser le même costume que papa ne sont que des raisons secondaires. S'ils fument, c'est d'abord parce qu'ils aiment ça, par plaisir. « Parce que, disent-ils, c'est bon et que ça aide à créer de vrais moments de convivialité. » Ceci est clairement exprimé par les intéressés lorsqu'on leur demande les motivations principales qui les conduisent à fumer. Ils répondent d'abord le plaisir (52 %), la curiosité (44 %), puis loin derrière le désir de « se remonter le moral » (10 %) et de « transgresser un interdit » (6 %)[1]. Et la même étude confirme la recherche de convivialité et de bonheur partagé, liée à l'acte de fumer du haschisch, puisque la consommation se fait surtout chez soi avec des amis, puis ensuite, au cours d'une boom ou en soirée, en boîte de nuit ou pendant un concert. Enfin, au collège, au lycée ou à la fac.

Même si la consommation de haschisch et des autres drogues douces n'est plus aussi fortement liée à un malaise social, un pourcentage significatif d'utilisateurs y recourent pour tenter d'oublier leurs difficultés de vie. On sait, par exemple, que les chômeurs de moins de vingt-cinq ans et les jeunes à la recherche d'un premier emploi sont proportionnellement deux fois plus nombreux à fumer de l'herbe. A ce stade, les frontières de la petite délinquance sont proches : sans argent ou avec un modeste RMI (revenu minimum d'insertion), le joint devient très cher et la tentation est forte de devenir petit dealer de quartier, pour fourguer sa saloperie à des gosses aussi paumés que vous et payer sa propre consommation avec les résultats de son petit négoce minable.

---

1. Enquête Sofrès-Fondation « Toxicomanie et prévention jeunesse », mai 1992.

Le milieu familial est lui aussi particulièrement déterminant. Les enfants issus de couples désunis ou ayant des parents alcooliques ou délinquants sont nettement plus nombreux à se réfugier dans la drogue. Ce sont d'ailleurs les mêmes qui connaissent des difficultés scolaires et professionnelles. Les chiffres sont accablants : la moitié des toxicomanes ont des parents séparés, 17 % ont perdu leur père et 7 % leur mère. Quatre sur dix ont fait une fugue et autant ont déjà eu maille à partir avec la justice avant de se droguer. En 1991, la moitié des drogués arrêtés par la police étaient chômeurs ou sans activité.

« Quand on se retrouve à une dizaine en fin de semaine dans un squat (c'est-à-dire le studio de l'un d'entre eux ou un appartement déserté par des parents partis en week-end), ce sont ces jeunes chômeurs un peu paumés qui viennent livrer la marchandise, avant de repartir aussi vite, raconte Bénédicte, étudiante en lettres au quartier Latin. On ne mange pas. On ne danse pas. C'est à peine si ça flirte. Par contre, on discute entre nous pendant des heures. On écoute les Doors, en souvenir de Jim Morrison, mort d'une overdose en 1971. Ces soirées sont vite glauques. Il y a ceux qui, comme moi, ne touchent à rien, ceux qui allument un joint tout en continuant à parler comme s'ils mâchaient du chewing-gum, et puis deux ou trois accros qui s'isolent dans une chambre ou la salle de bains pour se piquer. Moi, le haschisch ne me dérange pas. Mais quand les seringues commencent à circuler, je préfère rentrer chez moi. »

Passer du « shit » aux drogues dures reste assez

rare. La connexion des réseaux de vente clandestins met tôt ou tard le fumeur en présence de substances beaucoup plus dangereuses : ecstasy, crack, acide, cocaïne, héroïne, etc., mais celui-ci hésite le plus souvent à faire le grand saut.

A partir de l'enquête Sofrès-Fondation « Toxicomanie et prévention jeunesse », Carine Marcé et Christophe Nadaud confirment le net clivage entre consommation de drogues douces et consommation de drogues dures : 2 % seulement des fumeurs ou anciens fumeurs ont déjà pris de l'héroïne et 2 % de la cocaïne.

« Il n'en reste pas moins, disent-ils, que la proximité avec le haschisch et son environnement favorise indéniablement un contact, une exposition aux drogues dures, comme si la clandestinité des rapports marchands renforçait l'interpénétration des réseaux de commercialisation. Ainsi, 17 % des interviewés ayant été exposés au haschisch se sont vu proposer de la cocaïne ou de l'héroïne. Mais la proportion atteint 46 % chez les fumeurs actuels et 50 % chez ceux qui fument au moins une fois par semaine. »

Chez les jeunes, un fumeur de h sur vingt passe un jour aux drogues dures ! C'est d'abord l'héroïne qui a leur préférence, malgré les risques de transmission du virus du sida par les seringues. Risques réels puisque près de la moitié des drogués sont séropositifs. Mais beaucoup préfèrent maintenant les « cocktails du rêve », subtils mélanges de médicaments et d'alcool, plus faciles à obtenir et moins chers que la poudre blanche.

Ils sont chaque année de plus en plus nombreux à

s'enfoncer jusqu'au bout de la nuit, à la recherche d'un paradis impossible. Les centres de désintoxication font des prodiges, avec des moyens limités, pour sauver ceux qui peuvent encore l'être. Mais pour d'autres, il est déjà trop tard. En 1991, plus de quatre cents personnes sont mortes en France par overdose. C'était 15 % de plus que l'année précédente. Et parmi toutes ces vies sauvagement fauchées, l'immense majorité n'avaient pas vingt-cinq ans.

« Le désespoir est le suicide du cœur », écrivait Jean-Paul Richter. Ceux-là ne croyaient plus en rien et leur cœur a lâché. Les journaux ne citent même plus les noms de ces victimes de drames ordinaires. A quoi cela servirait-il d'ailleurs ? Le seul débat tourne autour du dosage entre la prévention et la répression. Triste et dérisoire querelle autour de ces enfants presque toujours fauchés par la maladie la plus révoltante, le manque d'amour, dont les parents sont porteurs sans vouloir se soigner.

7

Les disciples de McLuhan

Qui au soir ne laisse levain,
Jamais ne fera lever pâte au matin.

RABELAIS.

Echappés de la chambre dont la porte est restée grande ouverte, les décibels de Fun Radio s'engouffrent dans le salon où la télévision est allumée, comme tous les soirs. Christophe Dechavanne parle haut et pourrait bien dire n'importe quoi. La cacophonie est totale mais elle ne perturbe nullement Anne-Charlotte qui parle à voix basse au téléphone depuis vingt minutes au moins, en laissant courir son regard sur *Télé 7 Jours...*

« Vous pouvez retirer mon assiette, je ne dîne pas là. Je vais rejoindre mes anciens copains de terminale. On va sans doute aller au cinéma. Salut. »

Et puis la voilà partie à toute allure, le walkman sur les oreilles, après avoir pris le temps de changer son jean pour une minijupe noire sur un collant noir, son pull noir pour un autre pull noir.

« Elle aurait pu prévenir plus tôt, remarque la mère d'Anne-Charlotte, sans hausser le ton.

— C'est à toi de lui dire ces choses-là », répond le père prudemment, alors que, tout juste arrivé de son bureau, il se détend au salon en attendant, un verre à la main, les titres du journal de 20 heures.

De la chambre dont la porte a été refermée parviennent des rythmes de rock étouffés. Et Dechavanne s'agite toujours...

Ainsi va la « culture jeune » qui témoigne des « valeurs consensuelles de cette classe d'âge : modernité, anti-intellectualisme, rejet des valeurs convenues... » selon un rapport sur les pratiques culturelles des quinze-vingt-quatre ans publié par les services de Jack Lang en 1992. Une classe d'âge qui se distinguerait de ses aînés par « une pratique plus massive, plus intense et plus diversifiée des loisirs ». C'est le rapport qui le dit ! Lycéens, apprentis, étudiants, salariés ou jeunes chômeurs, ils ont autant que d'oxygène besoin de bouger de chez eux, de s'extraire de leurs problèmes, de se rencontrer et de s'exprimer.

Plus que tout, ils aiment sortir le soir, le plus souvent possible (66 % au moins une fois par semaine), pour aller se promener même sans but précis, se retrouver entre amis dans la rue ou au café, ou discuter chez un copain pendant des heures. Ils détiennent des records toutes catégories pour les sorties en boîte de nuit, au cinéma, au bal, au concert, au match ou à la fête foraine. Seule leur intégration dans le monde du travail les oblige instantanément à réduire la fréquence de leurs sorties nocturnes. Mais tous les jeunes ne « consomment » pas leurs loisirs de la même façon. Les garçons sortent et s'amusent plus souvent et plus longtemps que les filles ; les diplômés de l'université plus que les bacheliers et ceux-ci plus que les ouvriers ; les fils et filles de cadres plus que les jeunes issus de milieux populaires et ceux qui vivent chez leurs parents davantage que ceux qui sont déjà installés chez eux, en couple ou non.

Autant que leur appétit culturel et la proximité de l'offre, les moyens financiers conditionnent bien sûr beaucoup la disponibilité des jeunes à faire la fête et à se distraire. Car sauf à rester des heures dans la rue à griller des cigarettes, tous les loisirs coûtent cher. Les tarifs « étudiants » ne règlent pas tout. Une place au cinéma, un repas à l'Hippopotamus, une entrée au concert ou une soirée dans un night-club : tout a un prix, même si, chacun payant désormais sa part, les garçons ne sont plus obligés d'inviter leurs petites amies.

« Le contrat est clair dès le départ, dit Catherine. On fouille dans nos poches avant de partir et on va au cinéma que si chacun a de quoi payer son entrée. Sinon, on fait autre chose. »

Il n'est pas douteux que les loisirs ne font pas disparaître les disparités sociales entre jeunes ; au mieux les atténuent-ils. Mais les 8 millions de quinze-vingt-quatre ans représentent globalement un fabuleux marché pour les professionnels du loisir et du voyage. La palette des offres est assez vaste pour séduire tous les publics, et les « cibles » sont étudiées sous toutes les coutures par des spécialistes du marketing et de la publicité.

C'est à partir de 1968 que les jeunes sont apparus pour la première fois non plus comme « des enfants de citoyens, n'ayant que le droit de se taire », mais comme une vraie entité, un groupe social à part entière, parfaitement reconnu et identifié. Vingt-cinq ans plus tard, pour les enfants des premiers, c'est toujours vrai. Mais ils sont devenus un gigantesque vivier de consommateurs potentiels, avec leurs habitudes d'achat, bien plus qu'un réservoir de forces vives, d'intelligence et de main-d'œuvre, attendues pour faire tourner la société et l'économie. Ils représentent un marché plus qu'un capital d'espérance.

Dans les grandes surfaces comme dans les FNAC ou chez Virgin Mégastore, ils pèsent d'un poids essentiel dans la clientèle des rayons de matériels hifi, de disques compacts, de vidéo-cassettes, de baladeurs, mais aussi de jeux électroniques et d'accessoires de sport : 67 % de ceux qui ont un magnétoscope chez eux regardent « des » cassettes au moins une fois par semaine ; 71 % en louent et 80 % en échangent avec des copains. Ces chiffres montrent bien l'importance du marché qu'ils constituent à eux seuls.

« Dès quinze ans, ils poussent leurs parents à s'équiper et souvent à se suréquiper, constatent les vendeurs des magasins Darty. Ce sont eux qui guident les parents dans leurs choix. Ces derniers arrivent avec leur chéquier mais n'ont que rarement leur mot à dire. Et nous non plus ! »

Les films, les séries américaines, les concerts enregistrés, les débats télévisés sur des thèmes qui les concernent directement et les documentaires d'évasion ont leur préférence. Avec aussi, chez certains garçons, un film érotique de temps en temps, entre copains, en cachette, « juste pour se distraire ».

Mais, dans la mesure où ils le peuvent financièrement, c'est le cinéma qu'ils choisissent en toute priorité, pour sortir entre amis ou à deux. Le septième art est en tête de toutes leurs sorties préférées : 80 % y vont au moins une fois par an (cette moyenne peut sembler faible mais elle est deux fois supérieure à la fréquentation moyenne nationale) et ils sont nombreux à s'y rendre chaque semaine. Alors qu'ils ne représentent que 15 % de la population, les quinze-vingt-quatre ans totalisent 42 % des entrées. Sans eux, la chute brutale de la fréquentation des salles[1] aurait été bien plus grave encore.

Leurs goûts cinématographiques évoluent formidablement vite. Il y a peu, ils se précipitaient pour voir *Le Grand Bleu, Le Cercle des poètes disparus* ou *Danse avec les loups*. C'était la vogue de l'écologie et du romantisme. Les voici maintenant en train de faire un triomphe aux films-chocs qui traitent de la violence et de la sexualité. Invités à choisir[2] parmi une sélection de films récemment sortis ou ressortis, les étudiants ont classé par ordre de préférence : *Orange mécanique, Basic Instinct, Talons Aiguilles, Terminator 2* et *L'Amant*. C'était avant la sortie des *Nuits fauves*, auquel ils ont assuré un très grand succès, et qui réunit, on l'a vu, sexualité et violence dans l'ambiance glauque et douloureuse du sida. On pourrait y ajouter *Le Silence des agneaux* où Jodie Foster, jeune flic du FBI, est aux prises avec un tueur psychopathe, ou encore *Nikita*, avec une Anne Parillaud droguée qui devient une machine à tuer.

1. Deux cent deux millions de spectateurs en 1982, cent vingt millions en 1991.
2. *Talents*-CSA, décembre 1992.

Des films qui poussent l'aventure de la vie aux confins de la marginalité extrême.

A croire que les jeunes ne cherchent ni à s'évader, ni à rêver, mais se traînent au cinéma pour se complaire dans des atmosphères de violence, d'hystérie meurtrière, de drogue, de sexe et de sida. Aux histoires romanesques, aux grandes épopées et aux films d'aventure, préféreraient-ils un cinéma-vérité qui leur renvoie en pleine face et sur grand écran les maux et les spasmes de la société, conjugués au quotidien et amplifiés par la « magie » du cinéma ?

Tout autant que le cinéma, la musique caractérise cette génération qui en fait une consommation boulimique, au point qu'on se demande parfois si les décibels ne sont pas aussi vitaux pour elle que boire et manger. Dès qu'ils rentrent chez eux, ils se jettent sur la chaîne hi-fi du salon ou sur le poste de radio et jonglent sur la bande FM avec les stations préréglées. Il leur semble impossible de préparer un cours sans un fond musical. S'ils n'aiment pas les mêmes musiques, tous s'accordent sur le niveau sonore. Il faut que ça hurle. Une vraie génération de sourds ! Et comme leur passion, c'est le rock...

Selon une étude du ministère de la Culture, un jeune sur deux, entre quinze et vingt-quatre ans, écoute régulièrement de la musique tous les jours, c'est-à-dire pendant dix heures et parfois beaucoup plus par semaine. Et 57 % choisissent de ne rien faire d'autre pendant ce temps, afin de mieux savourer leur plaisir. Pour se gaver de musique « techno » ou « house ». Pour boire les rythmes de U2, de Noir Désir, de Serge Gainsbourg ou de Michael Jackson comme leurs parents les « tubes » de Sylvie Vartan et de Johnny Hallyday ou *Les Saisons* de Joseph Haydn et les sonates d'Alexandre Scriabine. Presque religieusement.

Parce qu'elle n'est pas très exaltante par ailleurs, ils ont tendance à gérer cette période de leur vie comme un concert permanent qui les isole dans un monde de sons et d'images bien identifiants, estiment certains psychologues qui attribuent à une volonté de se faire entendre de la société leur goût pour le rock, considéré par beaucoup comme le genre musical qui exprime le mieux leur époque « bruyante et furieuse ». La même étude nous apprend en effet que la moitié des jeunes écoutent « le plus souvent » du rock et qu'un sur quatre va « au moins une fois par an » assister à un concert de rock et préfère « Les enfants du rock » parmi toutes les émissions de télévision... Jack Lang avait aussitôt réagi en créant un Fonds d'action et d'initiative pour le rock (le FAIR) et versé deux millions de francs de subventions à quelques groupes sélectionnés par l'Etat, dans des banlieues proches de l'ébullition.

Mais c'est, de toute évidence, la télévision qui est depuis toujours, et de façon écrasante, le premier moyen d'information et de divertissement de cette génération nourrie au biberon cathodique. Depuis le ventre de leur mère, ils entendaient déjà les voix de Léon Zitrone, de Denise Fabre et de Jacques Chancel. Et sitôt coupé le cordon ombilical, on les a couchés dans leur berceau, pas très loin du téléviseur, afin que leurs parents puissent jeter un œil sur eux sans rien perdre des jeux d' « Intervilles » ou du film du dimanche soir. Combien ont tété leur mère en écoutant les résultats du tirage du Loto ou ceux du tiercé ? Combien ont été collés devant « L'île aux enfants » avant d'avoir reçu leur première boîte de Légo ? Combien ont adhéré à l'ORTF (Organe à Rythmer le Temps des Familles) avant même de faire leurs premiers pas ?

Que la télévision soit trop souvent à la culture ce que le surimi est au crabe ne les dérange pas. La télé est leur univers culturel initiatique et c'est très bien comme ça. Elle pèse désormais de manière indolore mais irréversible sur les modes de vie et la façon de penser des dix-huit-vingt-cinq ans et les premiers responsables en sont, cette fois encore, les parents. Chaque fois qu'ils ont, avec le souci d' « être un peu tranquilles », abandonné leurs jeunes enfants devant des programmes idiots ou violents, ils ont abdiqué. Chaque fois qu'ils ont imposé — ou laissé imposer — le silence pendant le dîner pour mieux suivre le journal de 20 heures, ils ont abdiqué. Chaque fois qu'ils ont renoncé à consacrer une soirée aux devoirs ou un dimanche après-midi à une promenade en famille pour ne pas manquer une émission, ils ont abdiqué.

Ce n'est pas la télévision qui est — seule — fautive, mais ceux qui n'ont eu ni le bon sens d'en faire un usage réfléchi et mesuré, ni l'autorité suffisante pour sélectionner rigoureusement les programmes des plus jeunes.

C'est évident : la télévision est une formidable fenêtre grande ouverte sur le monde, qui permet une accumulation extraordinaire de connaissances. Elle est le « village planétaire » annoncé par McLuhan car elle offre aux habitants des bourgades les plus reculées de la Creuse de connaître l'existence et les coutumes des habitants des banlieues de la capitale du Pérou. C'est « Lima parle à Guéret » !

Outil magique qui abolit les frontières, la télé rapproche les hommes en les aidant à accepter leurs différences, rompt la solitude et livre le savoir et un choix énorme de divertissements à domicile. C'est ainsi que les jeunes la reçoivent, sans voir qu'elle met en relation avec le monde plus qu'elle n'informe et n'instruit, ni qu'elle ne peut en aucun cas remplacer tout à la fois les parents et l'instituteur. Plus présent que les parents et plus séduisant que l'enseignant, le téléviseur a volé aux uns et aux autres une bonne partie de leurs rôles et ils ont laissé faire. Parce qu'elle fait appel à l'émotion plus qu'à la raison et ouvre brutalement les portes de l'irrationnel, la télévision fait courir des risques évidents aux plus jeunes.

« Les générations actuelles sont sans doute les générations de tous les dangers, estime le journaliste-politologue Alain Duhamel. Elles subissent de plein fouet l'attraction de l'image que tous ou presque reçoivent et dont la technique s'est tellement améliorée que l'impact en est devenu difficilement résistible. Elles n'ont cependant pas reçu le type de culture et de formation qui permettent d'en prendre la mesure, d'en déchiffrer les ressorts, d'en connaître le contexte. Tous les jeunes Français vont au collège, tous apprennent au moins les rudiments de l'explication de texte. Il n'y a pas encore d'enseignement général qui prépare à l'explication de l'image. Comme, de sur-

croît, ces générations vivent une période tumul-
tueuse, novatrice et dangereuse, elles se trouvent bel
et bien en danger de manipulation, volontaire ou non,
en danger d'émotion, canalisée ou dérivée, dans la
certitude en tout cas de vivre en permanence sous
influence[1]. »

La multiplication des chaînes et le développement
de la durée des programmes ont conduit à « faire de
l'antenne » avec des émissions douteuses, principalement à destination des enfants et des adolescents.
Violence, jeux bêtifiants, dessins animés pervers
venus du Japon ou d'ailleurs, films scabreux et
variétés stupides et grossières à des heures de grande
écoute : rien n'a été épargné aux plus jeunes lorsque
leurs parents, au nom d'une liberté bien comprise, les
ont laissés se gaver de tout et de n'importe quoi. Car
la télévision est une grande dévoreuse de temps. A
tout âge !

Cultiver, informer et distraire sont, selon la formule consacrée, les trois missions essentielles de la
télévision, auxquelles celle-ci s'en est assigné une
quatrième : faire du fric.

Edgar Morin nous a démontré il y a maintenant
plus de vingt ans[2] qu'il n'y avait pas un seul, mais
deux types de culture. La culture traditionnelle,
classique, donnée par les enseignements scolaire et
universitaire : celle qui modèle et imprime durablement sa marque à l'homme cultivé. Et la culture de
masse, aujourd'hui dite populaire, offerte au plus

1. *Les Peurs françaises*, Flammarion, 1993.
2. *L'Esprit du temps*, Grasset, 1972.

grand nombre par les grands médias et essentiellement par la télévision.

Ceux qui ont entre dix-huit et vingt-cinq ans n'ont
pas tous eu la chance de recevoir une culture classique
mais tous, sans aucune exception, ont été baignés
dans la culture de masse, faite de programmes de
quatre sous, de clichés et de messages publicitaires.
Au point d'y nager aujourd'hui comme des poissons
dans l'eau. Et même d'être perdus lorsqu'ils s'éloignent du bocal, de la boîte magique. Quel que soit
leur milieu familial et social, tous ont été pétris de
cette même argile fragile, mélange friable d'images
déferlantes et fugaces, de musiques syncopées, de
vérités éphémères et non discutables. A tous, la
télévision a imposé ses lois, ses codes, ses raccourcis
et ses dictats, ses schémas grossiers, ses modes de
consommation et son prêt-à-penser. Y compris aux
3 millions d'illettrés que compte la France de 1993...

Elle a structuré toute cette génération, lui a dicté
des normes de vie et inspiré une psychologie collective. Pour tous, elle rythme la danse, plus encore chez
les jeunes privés d'un minimum de culture classique
ou de parents responsables et attentifs. Chez ces
derniers surtout, la télé a tout imposé : la façon de
s'habiller, le vocabulaire, les produits à consommer,
les informations à retenir, les stars à admirer. Entre
les Minguettes et La Courneuve, mais aussi de Lille à
Bayonne et de Brest à Besançon, Jean-Claude Delarue, Nagui, Vanessa Paradis ou Patrick Bruel sont
devenus en quelques semaines ou en quelques mois
les nouveaux dieux de l'Olympe.

Dès la fin du XIXᵉ siècle, l'ethnologue britannique

Edward Tylor définissait la culture comme « un ensemble complexe qui englobe le savoir, la croyance, les lois, la morale, la coutume et toutes les croyances et habitudes acquises par l'homme. » Il parlait des tribus primitives mexicaines, mais on pourrait aujourd'hui reprendre sa définition pour délimiter la culture de masse forgée par la télévision, en y ajoutant la consommation.

« Il ne viendrait à personne l'idée de soutenir que la télévision n'a pas de vertus. Bien au contraire, estime ce groupe d'enseignants du secondaire réuni pour réfléchir sur l'impact de la télé sur les élèves. C'est une invention formidable mais elle a tout bouleversé et elle continue à le faire. Elle nécessite un mode d'emploi pour tous et surtout à l'usage des enfants et des adolescents dont on ne peut accepter que la personnalité soit essentiellement forgée par ce seul outil, d'une puissance démentielle. »

Dans les chaînes de télé, y compris celles du service public, souvent peu soucieuses de leur responsabilité dans la définition de cette culture de masse, on néglige beaucoup trop les arts, la science et la philosophie qui sont pourtant les piliers de la culture traditionnelle. Les émissions qui relèvent de ces disciplines essentielles, comme « Ex-libris » de Patrick Poivre d'Arvor sur TF1 ou « Bouillon de culture » de Bernard Pivot sur France 2, ont été reléguées en seconde partie de soirée, ou même envoyées aux oubliettes de la nuit comme « Musiques au cœur » d'Eve Ruggieri sur France 2, en concurrence avec les films érotiques des chaînes commerciales.

Peu importe si les téléspectateurs, y compris les plus jeunes, ont fait un triomphe aux œuvres adaptées des grands auteurs (Victor Hugo, Maupassant, Émile Zola ou parmi les contemporains Maurice Druon et Jean d'Ormesson). Les patrons des programmes, qui ne visent que l'audimat et les recettes publicitaires, ont décidé que ces grandes sagas sorties de la littérature classique étaient trop coûteuses à tourner (pourtant à peine plus que certaines niaiseries à grand spectacle) et les ont supprimées. Le rôle de la télévision est pourtant devenu central. Quand huit jeunes de dix-huit-vingt-quatre ans sur dix répondent que Victor Hugo est l'auteur des *Misérables,* les trois quarts n'ont pas lu le roman mais simplement regardé l'œuvre sur le petit écran.

« Ça va plus vite que de lire le texte. Et c'est tellement plus vivant, estime Jean-Luc, élève d'une classe de 4ᵉ à Tours. Mais, pendant les grandes vacances qui ont suivi, ça m'a donné l'envie de lire le bouquin. C'était très bien. Hélas, je ne suis pas allé jusqu'au bout. Ce n'est pas très grave, je connaissais la fin. »

De loin en loin, des « croisés » en habit vert, tout droit sortis de l'Académie française, se hasardent à livrer bataille contre cette dictature cathodique en qui ils voient l'ennemi invisible de la déculturation. C'est Maurice Druon qui s'élève avec force talent contre le « mal parler » des journalistes et des animateurs.

« Qui ne constate, demanda-t-il dans une lettre ouverte au président du Conseil supérieur de l'audio-visuel, la pollution linguistique qui, par ces médias, s'installe et s'étend ? Fautes flagrantes de prononciation, impropriétés, absence d'accords, mépris de la syntaxe, fût-ce la plus élémentaire, bredouillages, abus de termes étrangers inutiles, néologismes pédants, tournures ridicules mais qui deviennent des tics, vulgarités, grossièretés, et même parfois scatologie, publicités se complaisant à dévoyer le vocabulaire : il y a là comme des myriades de sauterelles qui dévastent le français [1]. »

Même démarche de la part de l'académicienne Jacqueline de Romilly, présidente de l'association de « Sauvegarde des enseignements littéraires », qui sonne l'alarme à propos de la « situation de mort » des enseignements du latin et du grec, et de la culture classique en général.

Qu'elle soit ou non directement mise en cause, la télévision continue imperturbablement son chemin, en se moquant de ses délateurs. Elle a l'excellent Bernard Pivot, élevé au rang d'instituteur national, comme alibi. Et cela fait bien son affaire. Les patrons de chaîne ne peuvent ignorer à ce point le pouvoir sans équivalent dont ils disposent pour démocratiser la connaissance des arts (littérature, peinture, sculpture, musique, architecture, etc.), de façon didactique et agréable, à destination de leurs jeunes publics. Sont-ils à ce point traumatisés par Arte, dont on dit plus de mal qu'elle n'en mérite, pour penser que la culture est synonyme d'ennui ? Sont-ils tellement obsédés par la rentabilité et les pourcentages de parts de marché, arbitrés par les scores à l'audimat ? N'ont-ils pas reçu du Conseil supérieur de l'audiovisuel un

---

1. « Pour en finir avec le charabia des médias », *Le Figaro*, 4 mai 1993.

cahier des charges assez contraignant pour satisfaire cette noble ambition nationale, au regard des budgets astronomiques (mais toujours insuffisants) financés — pour les chaînes du secteur public — par la redevance... et l'argent des contribuables ?

Ou alors ont-ils tout simplement pensé que la culture classique était devenue quelque chose d'incongru et d'hors du temps le jour où Jack Lang, son ministre de tutelle, a accordé son label à ceux qui barbouillent avec des bombes de peinture les façades des édifices et les rames de métro, depuis que les tags ont été élevés au rang de chefs-d'œuvre de l'art contemporain, sans se soucier des quelque 50 millions dépensés chaque année par l'Etat, au titre de la restauration, pour nettoyer les monuments nationaux maculés par ces jeunes artistes ?

Selon une étude Agoramétrie, 65 % des Français estimaient être « pris pour des abrutis » par la télévision en 1991, contre 36 % en 1986, année de la privatisation de TF1. C'est dire que la multiplication excessive des émissions bas de gamme, comme les jeux primés, a augmenté l'écoute tout en dégradant sérieusement l'image globale de la télé. Dans le même temps, 72 % des quinze-vingt ans reprochent aux chaînes[1] de les ignorer et aux journaux télévisés de ne pas traiter assez leurs problèmes.

Il est vrai qu'aucune chaîne n'a jusque-là eu l'audace de créer une grande émission régulière, ni trop sérieuse, ni trop débridée, juste synthèse entre les préoccupations réelles et les grandes passions de

---

1. CSA-*Panorama*, avril 1993.

cette « génération galère », née à l'ère de la communication électronique à haute dose et qui a donc une grande envie de s'en servir pour s'exprimer, mais ne sait comment le faire. Et si un président de l'audiovisuel public, conscient de ses responsabilités au-delà de la guerre des chaînes, créait un grand rendez-vous hebdomadaire pour ces 8 millions de jeunes téléspectateurs, leur évitant d'avoir demain à s'emparer de la rue pour la transformer en forum, cette fois devant une forêt de micros et de caméras ?

M6 est aujourd'hui la « chaîne jeune » par excellence et fait tout ce qu'elle peut pour conforter son audience et sa tonalité. Elle est même devenue une pépinière de nouveaux talents. Mais l'équipe de Jean Drucker mise sur le divertissement ; c'est sans doute pourquoi elle n'est pas encore allée jusqu'à offrir un grand espace d'expression sympa à son jeune public, afin qu'il s'y sente bien représenté dans sa diversité. Au-delà des clips !

Si elle est de « cultiver » le public, la mission de la télévision est aussi de l'informer. Et les jeunes plus que les autres lui assignent ce rôle, presque en exclusivité : 60 % des quinze-vingt ans affirment que la télévision est le mode de traitement de l'information le plus satisfaisant[1], loin devant la radio (38 %), le quotidien (35 %) et les magazines et hebdomadaires (15 %). Mais cet engouement pour l'information télévisée ne va pas de leur part sans de sévères reproches. Ils trouvent, en effet, qu'elle privilégie le

---

1. CSA-*Panorama*, avril 1993.

sensationnel et la violence (77 %), qu'elle est orientée politiquement (69 %), incomplète (64 %), uniforme d'une chaîne à l'autre (62 %), mais aussi qu'elle traite de sujets sans les suivre ensuite, qu'elle ménage les puissances économiques et qu'elle est peu rigoureuse. C'est beaucoup !

Cette apparente contradiction entre leur assiduité à suivre les journaux télévisés et la sévérité de leurs critiques montre que les jeunes reçoivent les informations en consommateurs avertis — « c'est facile, c'est rapide, c'est immédiat » — sans toutefois les prendre trop au sérieux — « ils disent ce qu'ils veulent ».

Depuis la révolution roumaine avec l'affaire du faux charnier de Timisoara et la guerre du Golfe avec l'annonce prématurée de la victoire « écrasante et fulgurante » de la coalition des forces internationales sur l'Irak, les médias dans leur ensemble, et le plus populaire d'entre eux, la télévision, souffrent d'une cuisante perte de confiance, plus forte encore chez les jeunes.

« L'image fait croire ce que l'on voit, même quand le commentaire est au conditionnel, explique Dominique, vingt et un ans, étudiante en sciences. Il y a un décalage que la rapidité de l'information ne nous permet pas de prendre en compte. La télévision utilise beaucoup trop le conditionnel, qui permet de tout dire sans vérifier. On entend trop souvent des " il y aurait 400 morts ", suivis deux jours plus tard d'un bilan officiel avec 32 victimes. C'est surtout sur les gros coups que, sans être une pro, je sens qu'il y a la course et de l'affolement en coulisse. Que rien n'est vraiment certain, mais que l'important est d'aller vite, ajoute-t-elle. Tout ça ne fait pas très sérieux. »

Si les moins de vingt ans reprochent surtout à l'information télévisée d'être trop violente et trop assoiffée de sensationnel, c'est que les drames, les accidents, les catastrophes et les guerres barbouillent en rouge sang le petit écran, chaque soir à 20 heures, à l'heure du potage. L'information est ainsi faite qu'elle retient d'abord les événements les plus graves. L'image amplifie encore cette tendance en livrant en direct dans chaque foyer le spectacle d'un monde à feu et à sang. En prenant d'emblée le parti de ne pas voir le reste, le positif, sauf pour l'anecdote, avant le bulletin météo.

Les jeunes téléspectateurs ne devraient pourtant même plus remarquer la violence qui inonde les journaux tant ils ont, depuis toujours, été habitués dans l'ensemble des programmes à voir leurs héros s'entre-tuer gaillardement. Mais, sur ce point, les experts ne sont pas d'accord sur l'influence exercée par toute cette barbarie sur les esprits entre malléables. Les uns soutiennent qu'elle est sans conséquence réelle, les autres démontrent que l'accoutumance à la violence rend les enfants et les adolescents plus agressifs et plus asociaux.

Aux Etats-Unis, des comparaisons entre des groupes de jeunes au profil social identique, les uns ayant été régulièrement exposés à la violence médiatisée et les autres non, ont prouvé très nettement que les premiers étaient plus belliqueux et plus portés aux actes délinquants que les seconds. En France, le spécialiste des questions audiovisuelles au Parlement, le sénateur Jean Cluzel, a démontré[1] de façon magistrale les dangers de cette dérive permanente. C'était il y a quinze ans. Personne ne l'a entendu depuis et oserait-on seulement aujourd'hui s'interroger sur les origines de la violence et de la petite délinquance, toutes deux en sensible progression ? A l'âge de seize ans, un Américain a déjà vu en moyenne 18 000 meurtres à la télé. On estime qu'un jeune Français du même âge en a vu entre 8 000 et 10 000. De quoi rendre la guerre banale et la mort ordinaire.

Les sociologues, qui dénoncent généralement à la fois le rôle passif de la télévision et le danger des scènes de trop grande brutalité, font remarquer le visage nouveau de la mort chez les jeunes adultes au-delà de vingt ans.

« Les grands-parents ne vivent plus sous le toit familial et ils meurent beaucoup plus tard, loin, souvent à l'hôpital (70 %) où a lieu la mise en bière, remarquent-ils. D'autre part, nous sommes en temps de paix et le service national s'effectue loin des théâtres d'opérations. Il est donc très fréquent qu'un homme de trente ans n'ait jamais vu un vrai cadavre. Au milieu du siècle, les enfants voyaient souvent leur premier mort, un grand-père ou une grand-mère, dès l'âge de dix ou douze ans. Aujourd'hui, ce sont principalement les accidents de la route qui leur en offrent l'occasion. On arrive à cette situation totalement nouvelle et paradoxale où des adultes n'ont jamais été confrontés à la mort

1. *Télé Violence*, Plon, 1978.

221

autrement que sur grand et petit écrans, mais très jeunes, de façon régulière et indolore. »

« On montre aux jeunes des images insupportables et ensuite on ne les aide pas à vivre avec cet insupportable, ou à le comprendre, estime Jacques Gonnet, docteur en psychologie et directeur du CLEMI (Centre de liaison de l'enseignement et des moyens d'information). Cela peut aboutir à une forme d'autisme social. Ce travail pourrait être fait par l'info elle-même, mais aussi à l'école et par les parents [1]. »

Lorsque le CLEMI a fêté ses dix ans à l'UNESCO, en janvier 1993, il avait choisi pour thème de réflexion : « Faut-il former les jeunes à l'actualité ? » Mais les débats ont vite souligné la nécessité de mieux préparer les enseignants eux-mêmes à comprendre et à digérer l'actualité avant de leur demander d'en débattre avec leurs élèves.

« L'éducation aux médias dans les instituts universitaires de formation des maîtres, c'est juste un peu au-dessus du macramé et de la poterie », a soutenu un jeune prof.

« Le premier travail d'éducation aux médias, c'est de tenter de séparer l'actualité télévisée de l'émotion qui lui est inhérente : prendre avec elle une distance critique », fait observer le psychanalyste Gérard Miller [2]. Chacun sait qu'enfants et adolescents en sont parfaitement incapables, seuls.

Même quand ils « trouvent ça nul », ils regardent,

1. *Panorama*, avril 1993.
2. *Le Monde*, 4 février 1993.

collés comme des ventouses à deux ou trois mètres du tube, avec la boîte de Coca ou de bière et le paquet de clopes pas loin. Ils sont plus de la moitié à disposer d'un téléviseur personnel avant l'âge de vingt-cinq ans. Et c'est donc dans leur coin, sans échanger la moindre impression avec quiconque sur les images qui fuient de l'écran comme d'un robinet d'eau tiède, qu'ils « bouffent » du programme, pour 50 % d'entre eux plus de quinze heures par semaine. C'est un peu moins que les adultes inactifs (3 heures 17 minutes en moyenne par jour, contre 4 heures 15), mais c'est beaucoup. Et très variable selon les jours et les périodes de l'année.

Entre quinze et vingt-quatre ans, plus de six jeunes sur dix regardent la télévision tous les jours, et quatre allument automatiquement leur récepteur dès qu'ils rentrent chez leurs parents (ou chez eux), sans même connaître les programmes du moment, et le laissent en marche toute la soirée, ne serait-ce que pour avoir un fond sonore. Malades du zapping avec une télécommande qui permet à ces jeunes surconsommateurs d'avoir l'illusion de s'offrir tous les programmes à la fois, ils butinent de chaîne en chaîne mais aiment surtout les films, le sport, les jeux (mais oui), les clips et les documentaires d'évasion un peu « écolo », comme « Ushuaia » et les productions du commandant Cousteau.

« Ça fait passer le temps, même si parfois ça fout le moral à zéro, raconte Pascal. On y voit des gens qui exercent un métier que l'on aime mais que l'on ne pourra pas faire. On y découvre des lieux de vacances de rêves, impossibles à s'offrir, des fringues trop chères pour nous... Et tout comme ça. »

Curieusement, les professionnels de la publicité ont attendu assez longtemps avant de considérer les dix-huit-vingt-cinq ans comme une vraie cible marchande pour la télévision. C'est maintenant fait. Depuis fin 1992, l'objectif est de viser cette large tranche de consommateurs en s'intéressant particulièrement à ceux qui ont les moyens de dépenser sans travailler et aux nouveaux salariés. Avec les ménagères de moins de cinquante ans, qui justifient à elles seules 75 % des rentrées publicitaires, et les cadres à gros budget, les ados et les jeunes adultes sont maintenant en plein dans la ligne de mire...

Et puisque les publicitaires pèsent désormais considérablement sur les choix des programmes, voici donc les grands patrons de la télé, Etienne Mougeotte (TF 1) en tête, partis à la chasse aux « seventies ».

« Attirer davantage les jeunes en leur proposant des émissions plus adaptées à leurs goûts est devenu un maître mot », affirme la journaliste spécialisée Isabelle Mandraud dans *Stratégies* (mars 1993), en parlant d'opération « Restore Youth ». C'est dans cette logique « attrape-jeunes » que TF 1 a remplacé une émission de jeux grand public comme « La roue de la fortune » par « Coucou, c'est nous ! », animé par le turbulent Christophe Dechavanne, bien représentatif de la cible visée. Ce choix en « access prime-time » a eu pour effet de rajeunir le public dans la tranche horaire qui précède (et suit) le journal de 20 heures, au moment où les messages publicitaires sont les plus chers.

Outil chargé d'étudier scientifiquement les comportements des différents segments de public, Médiamétrie ne cesse d'affiner toujours plus ses données. Après avoir créé début 1993 la cible des quatre-six ans (!) et étudié celle appelée « jeunes des banlieues » pour France 2, cette société a consacré beaucoup d'énergie et de moyens pour disséquer les goûts, les choix et les habitudes télévisuelles des nouveaux chouchous des chaînes : les jeunes.

Pendant que les marchands de Peugeot 205 Junior, de disques compacts et de mini-tampons périodiques s'efforcent, par télévision interposée, de séduire les millions de disciples de McLuhan, les fidèles de Gutenberg se désolent en voyant toute une génération se détourner de la lecture et de ses supports de papier.

Lorsque Jean Miot, l'influent patron de la Fédération nationale de la presse française, martèle que « l'écrit aura toujours le dernier mot », sa croisade s'apparente à celle d'Emile Coué, mais sa jolie formule aura sans doute beaucoup plus de mal à provoquer la guérison du malade que la méthode d'autosuggestion du bon pharmacien de Troyes, qui consiste à répéter quelque chose pour s'en convaincre.

Qu'il s'agisse de livres, de magazines ou de quotidiens, les jeunes lisent de moins en moins. Même la BD a du plomb dans l'aile. Toutes les études le prouvent de manière irréfutable. Le nombre des quinze-vingt-quatre ans à n'avoir pas lu un seul livre en une année a doublé entre 1981 et 1989. Et celui des « mordus » qui lisent plus de dix ouvrages par an a lui aussi fortement baissé. Moins de deux jeunes sur cinq sont capables d'arriver au bout de deux ouvrages chaque mois.

Il est courant d'entendre dire que la télévision est le principal responsable de cette inquiétante désaffection. Ceci est sujet à polémique, mais il est difficile de prétendre le contraire puisque ceux qui lisent le plus sont ceux qui regardent le moins la télé. Et les allergiques aux bouquins eux-mêmes ne cachent pas leurs préférences, qu'ils assument parfaitement.

« La télé, c'est beaucoup plus moderne. C'est moins difficile de suivre un débat sur la drogue animé par Jean-Marie Cavada dans " La marche du siècle " que de lire un pavé de 300 pages sur le sujet », soutient un lycéen.

« Pour expliquer les choses, la télévision prend moins de temps. Elle parle notre langage, ce qui demande moins d'efforts pour comprendre. On peut même faire autre chose en la regardant », ajoute un autre.

« ... Sans parler de l'aspect financier, glisse un troisième. Un livre, ça coûte cher alors que la télé est gratuite. Il y a bien la redevance annuelle, mais elle est payée par mes parents... »

Résultat : le nombre de ceux qui ne lisent absolument jamais est en forte hausse depuis dix ans. Et les gros lecteurs sont devenus moyens. Et les moyens des petits. Comparée à la télévision et à la musique, qui sont aujourd'hui leurs compagnes quotidiennes, la lecture demande un effort dont tout porte à affirmer qu'ils n'ont plus la volonté de le fournir.

« C'est un peu vrai, admet Sandrine, vingt-trois ans, étudiante en journalisme. Un bon livre procure un moment de plaisir rare, mais je suis incapable de me forcer à lire et de me concentrer. Je trouve toujours un vague prétexte pour faire quelque chose de plus cool, par exemple regarder une émission idiote à la télé en me reprochant ensuite mon comportement. Je suis un peu inquiète car si la lecture continue à m'ennuyer dans le métier que j'ai choisi... »

L'élévation du niveau culturel moyen, incontestable et principalement dû à l'allongement de la durée des études, n'a déclenché aucune soif de lire. Faut-il là encore mettre l'école en accusation pour n'avoir pas su leur donner le goût des beaux textes et des grands auteurs ? Lorsqu'ils ont à choisir parmi une liste de six activités relaxantes, 10 % seulement optent pour la lecture. Et au retour d'un week-end, les trois quarts n'ont pas même ouvert un livre, selon l'enquête conduite en 1992 par le sociologue François de Singly, pour le ministère de l'Education et de la Culture.

Mais tous les jeunes ne sont pas égaux devant la lecture. Tout vient prouver l'importance décisive des parents, des éducateurs et du milieu culturel d'appartenance pour favoriser la lecture, aussi bien celle des livres que de la presse. Les plus éloignés de l'écrit sont les élèves de l'enseignement professionnel et les fils et filles d'ouvriers et d'employés. A l'inverse, les étudiants et les enfants de cadres supérieurs lisent plus et mettent presque sur le même plan la télévision, les journaux et la radio pour les informer.

« Le journal télévisé, c'est l'écume des événements, affirme François, dix-neuf ans, fils d'un directeur de société. Si l'on veut être sérieusement informé, il faut acheter un journal ou un hebdomadaire d'actualités pour aller un peu plus au fond des choses et avoir une analyse des faits, même si on n'est pas d'accord avec cette analyse. »

Les patrons de presse dormiraient plus tranquilles s'il y avait beaucoup plus de François...

Face au recul de la lecture, corollaire du déclin de la culture classique, le philosophe Alain Finkielkraut[1] dénonce la télévision, le walkman et aussi les livres confectionnés pour toucher le public le plus large et qui symbolisent, selon lui, « le triomphe dans la lecture de la pensée calculante ».

« Ce n'est pas parce que la majorité des élèves n'arrivent pas à lire Flaubert qu'on doit remplacer *Madame Bovary* par *Jamais sans ma fille*. Si les jeunes, ajoute-t-il, lisent moins aujourd'hui, il est inutile de s'en prendre à eux. Il s'agit de redonner une place à la lenteur de lire dans une société dominée par la frénésie technicienne. [...] Nous devons mener, et d'abord pour nous-mêmes, une guérilla contre la télévision. La lecture requiert le silence, le temps, et un plaisir constamment entrelacé à l'effort. Il faut avoir le courage de dire qu'on ne peut pas lire un livre comme on consomme une émission... »

Professeur de français et auteur à succès d'un

---

1. *Le Nouvel Observateur*, janvier 1993.

ouvrage sur les livres[1], qui est l'occasion pour lui de mettre superbement en scène les relations entre adultes et enfants, Daniel Pennac veut dédramatiser le problème en essayant de réconcilier, dès l'école, la lecture avec le plaisir.

« Il n'y a pas d'ignorants heureux, soutient-il. C'est mon principe de base. Un enfant qui n'aime pas lire, c'est un enfant qui croit ne pas aimer lire [...] Je lui enseigne d'abord l'ennui. Le plaisir est toujours une conquête sur l'ennui. Souvent, je trouve à mes élèves des exercices de solitude et d'ennui. Après ça, on entre avec soulagement dans la rédaction, dans l'effort et le plaisir de la lecture. »

Le monde du livre, malgré ses efforts pour offrir de nouvelles collections aux étudiants dont le nombre a doublé en vingt ans, n'a pas su vraiment les capter. Rien ne passe. Mais, en revanche, les éditeurs ont su trouver de nouveaux lecteurs dans des couches plus populaires et se diversifier avec des ouvrages grand public (de qualité très inégale) ou avec des éditions de poche. Avec un million de livres vendus chaque jour en France, l'édition tire globalement bien son épingle du jeu. Mais pour combien de temps, si les générations les plus jeunes, et celles qui vont venir, ne retrouvent pas le goût de l'écrit ?

Le bilan de la presse est moins serein. Il est clair que, malgré leurs efforts (*Figaro* « grandes écoles » ou rubriques ciblées dans *Le Monde*), les jeunes tournent le dos aux quotidiens. Très jeunes au départ, les acheteurs de *Libération,* qui représentaient une

---

1. *Comme un roman*, Gallimard.

exception dans la presse française, ont vieilli avec leur journal. *Le Monde* garde encore les faveurs d'une partie des étudiants, mais c'est insuffisant pour assurer sa prospérité.

Pour la presse écrite, le problème de la crédibilité de ceux qui la font s'ajoute au recul des habitudes de lecture et au prix d'achat d'un quotidien ou d'un magazine, dissuasif pour les jeunes. Une crédibilité plus attaquée encore que pour les autres familles de journalistes.

« Tous pourris, les journalistes ? » demandait *Télérama* avec un rien de provocation, en janvier 1993. Comme l'ensemble de l'opinion, les jeunes ne sont pas loin de répondre « oui ». Face à la télé et à la radio, seulement un sur quatre fait davantage confiance aux journaux quotidiens pour l'informer (et moins de un sur dix aux hebdos !). La perte de crédit de l'écrit et surtout de ceux qui écrivent est grave : 65 % des jeunes ne font pas confiance aux journalistes et autant pensent qu'ils ne sont ni indépendants, ni assez respectueux de la vie privée des gens [1].

« La presse écrite, c'est trop lent. Quand le journal arrive, je sais déjà tout par la télé et je n'ai pas besoin de plus de détails, estime Laurent, dix-neuf ans, ouvrier pépiniériste. Et la télé, c'est du direct. Quand il y a un invité ou que le reporter tend son micro au Premier ministre, il n'y a pas de filtre entre lui et moi, ni personne pour bricoler ses phrases. J'ai une plus grande confiance. »

---

1. Sofrès-*La Croix-Médias pouvoirs-Télérama*, novembre 1992.

La puissance des médias, y compris celle de la télévision qui les fascine et les rend circonspects tout à la fois, les dérange et les inquiète. Ils estiment que les journalistes sont devenus plus influents que les hommes politiques[1]. Ce que pensent — et déplorent — aussi ces derniers ! Il est évident, pour prendre un exemple précis, que c'est la télévision qui a fait, sous leurs yeux, de Bernard Tapie un homme public de premier plan. D'abord un sauveur d'entreprises, puis un modèle de réussite sociale pour la « génération Mitterrand », puis un « abbé Pierre des zonards », puis une caricature de politicien marseillais façonnée par « Le bébête show ». Le Tapie actionnaire de TF 1 n'a rien pu faire, sinon râler sans résultat, pour contrer ceux qui ont fait de lui tantôt un prototype du socialo-affairisme, tantôt un as du système D.

Le cinéma comme un miroir qui leur renvoie leur quotidien avec son lot de violence, de sida, de chômage et de lendemains qui déchantent.

La musique comme un halo de brouillard épais qui les isole des fureurs du monde extérieur.

La télévision comme un guide suprême qu'ils suivent sans discernement sur les voies rapides de l'illusion, du bonheur prêt à consommer, du savoir en kit.

La lecture comme un obstacle qu'ils n'ont ni le

---

1. Sofrès-*Le Nouvel Observateur*, septembre 1990.

goût, ni la volonté, ni la force de franchir, n'en connaissant pas les délices.

Beaucoup, heureusement, n'en sont pas là. Mais pour un nombre énorme de jeunes — plusieurs millions, sans aucun doute — leur univers culturel est ainsi délimité : un grand terrain vague entre le musée, la bibliothèque, le conservatoire de musique et le théâtre ; des lieux étranges où peu osent s'aventurer. Les autres traînent ici leur langueur, en bandes, en tirant sur leur cigarette, les écouteurs du walkman sur les oreilles, regroupés autour d'un grand mât d'antenne érigé en l'honneur du dieu cathodique.

Et, de temps en temps, pour se dégourdir les jambes, quelques-uns quittent le groupe et s'en vont exercer leurs talents dans les nouveaux chemins de l'art contemporain un temps subventionnés par l'Etat : le rap et le tag.

Il n'y a pas de quoi s'inquiéter : il y a encore des artistes...

8

De drôles de citoyens !

> Dans toute magistrature, il faut compenser la grandeur de la puissance par la brièveté de la durée.
>
> MONTESQUIEU.

Ne leur dites surtout pas qu'ils sont « cocardiers », mais les jeunes aiment la France. Ils la décrivent volontiers comme le pays champion des droits de l'homme et de l'égalité sociale. Et ils trouvent la société française « plutôt bonne »[1]. Mieux encore, neuf sur dix n'hésitent pas à se dire « privilégiés » de vivre dans une telle nation. Alors, à bien la regarder, est-elle aussi « galère » que ça, la vie de cette génération ?

« Privilégiés ne veut pas dire heureux ; ce n'est pas la même chose du tout, corrigent Anne et Julien. Bien sûr qu'on est privilégiés d'être nés dans une démocratie plutôt équilibrée, et non pas en Afrique où les gens crèvent de faim par millions ou en Amérique du Sud où pauvreté et violence sont en train de tout foutre par terre, ni dans les anciens pays communistes qui manquent de tout et font douloureusement l'apprentissage de la démocratie avec des peuples devenus profondément asociaux. Comparée à tout cela, oui,

---

1. Cinquante-cinq pour cent des seize-vingt-cinq ans. CSA-*L'Evénement du jeudi,* octobre 1990.

sans aucune hésitation, la France est un pays où il fait bon vivre. Ou plus exactement, un pays où il devrait faire bon vivre si les décideurs, c'est-à-dire les hommes politiques, les enseignants et les patrons, prenaient leurs responsabilités, vis-à-vis des gens de notre âge particulièrement. »

Et pan sur le bec !

Merci à la télévision qui ouvre midi et soir ses journaux avec les bombes de l'IRA, les tireurs isolés de Sarajevo, les violences islamistes d'Alger, les affamés de Somalie et du Soudan ou les attentats sanglants de l'Inde... De telles images ramènent à leur exacte importance les problèmes hexagonaux, dont ceux de la difficile insertion des jeunes dans la société. Regarder chez les autres permet, au mieux, de relativiser la crise qui dévaste son chez-soi.

Il ne faudrait pourtant pas croire que le malheur des voisins, parfois à moins d'une heure d'avion de Paris, justifie tout à leurs yeux. Les dix-huit-vingt-cinq ans sont lucides et jamais ils n'ont été aussi distants, voire méprisants, envers les responsables de la vie publique. Pour eux, la politique s'est vidée de son sens étymologique. Elle n'est plus, comme l'entendaient les Grecs, l'art d'organiser la vie de la cité, mais celui des coups tordus et des magouilles, des basses luttes d'ambition et des pots-de-vin.

Plus informés que jamais, ils ne connaissent que vaguement les grandes options contenues dans les programmes des uns et des autres et ils n'accordent aucune importance au débat politique qu'ils jugent « creux, démagogique et souvent stupide », selon Karine, vingt ans, en DEUG de science. Ils ont leurs opinions mais les expriment peu et toujours avec mesure, tant ils prennent bien garde à ne pas être récupérés par un quelconque parti, à des fins partisanes.

« Difficile d'être séduit par les hommes politiques et leurs discours, ajoute-t-elle. Il n'y a vraiment plus de différences entre leurs options et leurs promesses ne sont jamais tenues. Tous pareils, pour ne pas dire tous nuls. Alors, dans ces conditions, c'est évident, pas question d'adhérer à une formation politique. »

Plus désenchanté que ça, tu meurs !

La France a placé ses jeunes en position de hors-jeu sociaux. Et, réponse du berger à la bergère, ils se sont mis d'eux-mêmes hors jeu politique. Cette génération affirme ne pas se reconnaître dans les partis classiques, dits « de gouvernement ». Pour preuve, seulement 36 % des dix-huit-vingt-neuf ans (ceux venus au vote depuis 1981) ont choisi un parti classique aux élections régionales de mars 1982...

L'absence de mémoire ne leur autorise aucun recul historique. Ils n'ont aucun souvenir de l'avant-Mitterrand, ce qui a longtemps permis au président de leur faire croire qu'il n'y avait pas meilleure politique que la sienne.

« J'ai eu vingt ans en 1993. J'avais donc huit ans quand Giscard a été battu et a quitté le pouvoir. Je n'ai aucune possibilité de faire la moindre différence entre sa politique et celle de Mitterrand ou de De Gaulle. Je me souviens uniquement que Giscard s'invitait à dîner chez le bon peuple et que mes parents avaient peur de le voir débouler un soir à la maison », raconte Luc.

Comme Luc, ils et elles se sont peu à peu forgé des convictions à la seule lumière des actions conduites pendant cette grosse décennie par les Premiers ministres socialistes, de Pierre Mauroy à Pierre Bérégovoy, et par Jacques Chirac, phagocyté par la cohabitation entre 1986 et 1988. C'est pourquoi ils suivent avec un vif intérêt et plutôt avec sympathie le parcours d'Edouard Balladur.

Qu'elle soit socialiste, social-démocrate ou franchement libérale, la politique conduite pendant ces années d'éveil civique n'a rien changé pour eux : l'échec scolaire n'a pas reculé, les mathématiques exercent toujours la même dictature et le chômage des jeunes a fait un grand bond en avant. Pragmatiques, ils ne veulent rien voir d'autre. Dans le même temps, l'insécurité s'est accrue dans les collèges et les lycées, les universités se sont un peu plus dégradées, la drogue s'est banalisée et les banlieues populaires sont devenues des poudrières où même la police hésite à s'aventurer. Sans compter que la crise économique a privé d'emploi et donc de ressources nombre de leurs parents et entraîné des fins de mois difficiles un peu partout.

Pourquoi s'étonner, après tout ça, de voir ces nouveaux citoyens prendre autant de recul face à ceux qui détiennent le pouvoir ? « Changer la vie », avait proclamé François Mitterrand avant 1981. Et, douze ans après, la vie a changé... mais en mal !

Plus question donc de leur vendre des promesses : à vingt ans, ils ont déjà dépassé l'âge des illusions. Les professionnels du discours peuvent répéter que la politique est l'expression d'une ambition collective pour améliorer la vie des peuples, ils n'entendent plus rien à ce charabia. Ils gardent un réel sens critique et, sans sectarisme, se contentent de mettre les élus à l'épreuve des faits : 82 % considèrent que les gouvernants ne traitent pas bien leurs problèmes[1], renvoyant sur ce point droite et gauche dos à dos.

« Ils votent pour le camp ou pour l'homme qui leur semble le plus compétent et le plus efficace sur leur problème du moment, avec toujours une forte tendance à rejeter les vieux partis dont l'image est usée jusqu'à la corde, remarque un ancien conseiller en communication de Jacques Chirac. Mitterrand, Rocard, Giscard, Chirac et Barre se disputaient déjà le pouvoir et occupaient les écrans de télévision lorsqu'ils étaient enfants. Et ils sont toujours là vingt ans après, donc globalement responsables de la situation. Après Tchernobyl et la forte médiatisation des problèmes d'environnement, les jeunes ont été massivement attirés par les écologistes. Mais beaucoup en sont revenus presque aussi vite. »

L'assèchement de la pensée politique a largement conduit à appauvrir le débat des idées comme il a anémié l'intérêt des plus jeunes pour la chose publique. Le fatalisme a tué la doctrine. Eux comme leurs parents se demandent ce qui pourrait bien nourrir les discours de la grande majorité des leaders politiques s'il n'y avait plus de sondages à commenter, et ce qui guiderait les choix politiques si les études d'opinion étaient demain interdites. « Après Marx, la

---

1. Harris-*VSD*, mars 1992.

Sofrès », ainsi que Régis Debray l'a justement souligné dans *Libération*.

L'arrivée des socialistes aux affaires en 1981 et leur maintien au pouvoir entrelardé de périodes de cohabitation, les alternances tranquilles et la solidité des institutions de la Ve République ont largement dédramatisé la vie politique française. La longue leçon d'instruction civique donnée en grandeur nature aux jeunes par des Premiers ministres de sensibilité opposée, sans grandes variantes fondamentales, sous le même président et dans un cadre institutionnel inchangé, a totalement pacifié la politique de la France jusqu'à imposer l'exigence du consensus comme une valeur républicaine.

Le recentrage des choix politiques sur les seuls aspects économiques a été fatal au débat d'idées jusqu'à faire croire qu'une seule politique était possible pour le pays et que droite et gauche, alternativement portées au pouvoir selon l'humeur du corps électoral, ne pouvaient y apporter que des infléchissements légers. Aucune grande ambition capable de réorienter la France qui se languit ne semble désormais permise, au point que les jeunes adultes n'imaginent même pas que l'on puisse procéder à des choix de société fondamentaux. La politique n'est plus l'art de la cité mais le royaume de la cécité. Elle ne résonne plus aux accents de l'Histoire mais aux seuls bruits des tiroirs-caisses. Il n'y a pas de quoi enflammer un esprit de vingt ans...

Ce qui fait dire à Jean-Paul, vingt ans, élève d'un IUT à Tours : « On est gouverné par des caissiers et des commerciaux. Entre le baromètre mensuel du chômage, les déficits chroniques de l'Etat et de la Sécu, les résultats du Commerce extérieur, le CAC 40 ou les performances de Renault, ils n'ont que des chiffres et des pourcentages à la bouche. Et comme il s'agit souvent de ministres technocrates sortis de l'ENA, ils en truffent leurs discours, pour mieux convaincre sans doute, mais sans se rendre compte qu'ils ne font que dégoûter les gens ordinaires — comme moi — qui n'y pigent rien. On dirait des chefs comptables. C'est si vrai que lorsqu'un homme politique laisse paraître un peu d'émotion ou de trouble, ça se remarque. Sa sincérité devient un événement. »

Arrivés au pouvoir avec un exceptionnel capital de sympathie chez ceux à qui Valéry Giscard d'Estaing venait de donner le droit de vote, mais aussi parmi les jeunes bientôt en âge de s'exprimer, les socialistes avaient une occasion rare, non seulement de s'assurer une clientèle électorale durable mais aussi de sensibiliser toute une génération au nécessaire débat des idées, ferment indispensable d'une démocratie vivante et sereinement pluraliste. Ils ont complètement manqué le coche en choisissant à l'égard de ces millions de jeunes supporters une politique de poudre aux yeux, de mensonge et de manipulations grossières.

Que reste-t-il des promesses faites par le candidat Mitterrand, version 1981, à cette génération confiante de « créer dans l'année pour les jeunes un million d'emplois », de réduire « les inégalités sociales insupportables », de combattre « l'argent sale, l'argent qui corrompt », de modeler « une France plus juste, plus solidaire, plus fraternelle », de « changer la vie », etc. ?

Les socialistes n'ont pas changé la vie ; c'est la vie qui les a changés. Ils n'ont pas combattu l'argent sale ; c'est l'argent qui les a corrompus. Ils n'ont pas créé un million d'emplois pour les jeunes mais triplé le nombre de jeunes chômeurs. C'est ce constat qui les a chassés du pouvoir en mars 1993, avec l'aide des jeunes. Pas assez vieux pour savoir que les jardins de l'Observatoire sont autre chose qu'un jardin d'enfants, ceux qui avaient fait crédit au nouveau président ont maintenant l'espérance à découvert et les épines de la rose socialiste plantées dans leurs illusions.

Il reste aujourd'hui un chômage qui frappe priori-tairement les seize-vingt-cinq ans, un système sco-laire qualifié d'obsolète, des « nouveaux pauvres » (souvent jeunes) abonnés aux Restos du cœur, des sans-abri par centaines de milliers, des ministres socialistes corrompus comme de vulgaires politicards affairistes (de droite, bien sûr !), une classe politique globalement discréditée.

Avec tout le respect que l'on doit à sa fonction, il faut faire le constat que François Mitterrand a failli. Il n'a pas redonné un nouveau souffle au pays dont il a hérité en 1981. Il l'a renvoyé presque trente ans en arrière, en 1954 exactement, en faisant de ce bougre d'abbé Pierre le personnage le plus populaire de France. La conversion brutale des socialistes à l'éco-nomie de marché a fait sonner leur discours plus faux encore à mesure qu'il se rapprochait de celui des libéraux. L'augmentation simultanée des revenus du capital et du nombre des sans-emploi a jeté un discrédit total sur le « socialisme à la française », embourgeoisé et vide de sens.

Les jeunes des milieux populaires ne s'y sont pas trompés. Les sondages montrent que leur confiance a été tout de suite plus grande envers Edouard Balladur, aux allures grand-bourgeoises mais ne cherchant pas à tromper son monde, qu'envers Laurent Fabius, « le plus jeune Premier ministre jamais donné à la France », lequel, selon l'expression fameuse de Thierry le Luron, « jouait les pauvres en étant plein de sous ». Car si elle a ses vertus, la démagogie a aussi ses limites.

L'effondrement du communisme dans les pays de l'Est, considéré par cette génération comme l'événement mondial le plus important de la décennie, a porté un coup fatal aux grandes idéologies. Le communisme enfin révélé comme une sanglante imposture, le socialisme français dépouillé de sa crédibilité... Que restait-il donc aux jeunes jusque-là séduits par ces grands courants historiques ?

Rien !

Pouvaient-ils se tourner vers les partis de la droite classique, l'UDF et le RPR, et y trouver un projet apte à les motiver ?

Nenni !

Car les libéraux français, trop occupés aux jeux subtils de leurs divisions intestines, n'avaient rien préparé pour ces millions d'orphelins du mitterrandisme. Rien pour prendre en compte leurs inquiétudes, leurs attentes. Rien pour leur redonner confiance en l'avenir. La droite savait se moquer de

Jack Lang et de Bernard Kouchner, mais elle n'avait rien ni personne pour les remplacer.

Et puis, après 1988, mois après mois, sont venues les ultimes ternissures des « affaires », derniers outrages subis par un pouvoir devenu un chef-d'œuvre en péril, exemples scandaleux et multiples offerts aux jeunes citoyens comme pour les écœurer à jamais de la politique. Ici un ministre confondant les caisses de l'Etat avec celles de sa commune et celle de son veston... Là un maire disparaissant avec l'argent de sa bonne ville d'Angoulême pour aller ouvrir une guinguette en Amérique du Sud, pas très loin du magasin de tee-shirts de l'ancien maire de Nice en cavale... Puis une brochette d'élus locaux, souvent socialistes mais pas toujours, touchant des « enveloppes » de la part de bureaux d'études bidons... Et là encore un ancien ministre accusé d'avoir financé sa campagne électorale avec un pot-de-vin reçu pour l'achat d'un scanner pour un hôpital... Et puis aussi des membres de cabinets ministériels poursuivis pour des délis d'initiés... Et encore un proche ami du président impliqué dans une affaire financière bien juteuse...

Lorsqu'il n'y a plus rien à opposer aux idéologies moribondes et que la vie politique s'apparente à une chronique judiciaire, il n'y a plus qu'à jeter l'éponge et à tout ignorer. C'est exactement ce qu'ils ont fait. Même la révoltante loi d'amnistie ne les a pas choqués plus d'une journée, tant chez eux la coupe est pleine. Quand les corrompus crient : « Tous pourris » pour tenter de se protéger en jetant l'anathème sur tout le monde et que l'Assemblée nationale se prend pour la mère Denis, Marianne peut laver plus blanc. En paix. Comme une marie-salope de lavoir. Même le vieux Larousse est « cocufié », car les élites ne sont plus « ce qu'il y a de meilleur et de plus distingué » comme l'affirme sa définition.

Outre le traumatisme qu'elle a provoqué dans le pays et principalement chez les jeunes plus directement confrontés au risque du sida, la douloureuse affaire du sang contaminé n'aura fait que détériorer un peu plus l'image des gouvernants du moment. Plus que leur éventuelle responsabilité dans ce drame, que seule la justice et la Haute Cour ont le pouvoir d'établir, la fuite en avant puis les volte-face de Laurent Fabius, Georgina Dufoix et Edmond Hervé auront donné aux nouveaux citoyens encore incrédules la mesure de l'irresponsabilité en politique. Avec des conséquences désastreuses sur l'état de l'opinion.

« Qui peut sérieusement nous faire grief de tourner le dos à la politique, de nous méfier des étiquettes, de ne plus croire les beaux discours ? demande Catherine, vingt-cinq ans, institutrice dans le Rhône. Qui peut nous reprocher de trouver la politique écœurante, trompeuse et ennuyeuse ? Les grands idéaux, à supposer qu'ils existent encore, ce n'est pas pour nous. Qu'on nous permette de travailler et de vivre en paix. »

Pour répondre à Catherine, et à ceux très nombreux qui pensent et s'expriment comme elle, il faut leur redire que la presse — c'est le rôle qu'elle s'est choisi — s'intéresse d'abord aux hommes politiques « véreux » comme elle ne parle que des trains qui déraillent et non de ceux qui, à chaque heure du jour, arrivent à l'heure. Si on ne peut nier le récent développement de la corruption (et de sa répression médiatisée par une poignée de juges courageux), on doit parallèlement insister sur le grand dévouement et la probité de l'immense majorité des élus, qu'ils soient maires d'une modeste commune ou parlementaires. Quel avenir finirait-on par préparer à la démocratie si on cessait de le dire ?

François Mitterrand n'aura peut-être pas compté dans son entourage plus de collaborateurs malhonnêtes que ses prédécesseurs, mais il aura eu la faiblesse de ne pas les chasser et même de chercher souvent à les « couvrir ».

Il est trop tôt pour savoir si les quelque cinq cents conseils municipaux d'enfants et de jeunes, créés un peu partout en France depuis quelques années et qui se veulent des écoles de civisme, sauront réconcilier les générations montantes avec l'action politique. Pour l'heure, la cassure est très nette. Huit jeunes électeurs sur dix ne savent même pas ce que veut dire UDF !

Dans les partis politiques, c'est le grand désert. On estime à environ 2 % du corps électoral le nombre des Français qui militent activement et paient leur cotisation. Les « encartés », comme on dit dans les états-majors. Et le pourcentage est beaucoup plus faible encore chez les moins de vingt-cinq ans. Seuls le Parti socialiste et le RPR ont pu, malgré des hauts et des bas, résister relativement à cette hémorragie. Le nombre des cotisants à chaque formation est très difficile à connaître car chacun ment de son mieux

246

pour masquer la réalité, alors que les fichiers informatisés sont capables de fournir à l'unité près le chiffre exact des adhérents, en isolant les jeunes.

Chaque année, les « universités d'été des jeunes » (jeunes giscardiens, socialistes, RPR ou centristes) ne sont que des opérations de communication artificielles, destinées à prendre un peu d'oxygène et de soleil dans une jolie ville de vacances et à faire un peu de tam-tam pour ne pas se faire oublier pendant les vacances. Et puis, c'est fou ce que c'est sympa de se faire filmer au milieu d'un groupe de jeunes... Même s'ils sont beaucoup moins nombreux que ne l'affirment leurs dirigeants, les participants à ces universités d'été n'en sont que plus précieux par les temps qui courent. C'est souvent dans ces pépinières que sont sélectionnées les nouvelles pousses qui serviront plus tard à former l'encadrement dans les grands partis, y compris chez les écologistes.

Mais les places leur sont encore chichement distribuées. C'est le parti communiste qui accorde le plus de places (6 %) aux dix-huit-vingt-quatre ans parmi ses cadres. D'ordinaire, la politique est encore une affaire de « vieux », sauf chez les écologistes qui comptent un cadre sur deux de moins de trente-quatre ans. C'est beaucoup plus qu'au RPR (24 %), au parti républicain (23 %), au CDS (20 %), au PS (18 %) et au Front national (16 %), selon une étude Sofrès - *Le Monde* de 1990. Le milieu social et le niveau d'études conditionnent beaucoup l'engagement des jeunes. Les garçons (plus que les filles) des milieux intellectuels (enseignants) et aisés (cadres), titulaires de diplômes universitaires, sont les plus nombreux à militer et à chercher des responsabilités en politique.

Le capital de confiance des socialistes, énorme il y a dix ans, s'est fortement émoussé au fil des années au point que les chiffres montrent un véritable raz-de-marée. Les dix-huit-trente ans qui ne s'abstiennent pas (ils sont encore très nombreux à bouder les urnes et même à refuser de s'inscrire sur les listes électorales) votent maintenant plutôt à droite. En 1981, 63 % des jeunes électeurs avaient soutenu François Mitterrand. Ils n'étaient plus que 56 % aux présidentielles de 1988 et 30 % à choisir un candidat de gauche (PS, PC ou divers) aux législatives de mars 1993[1]. Les socialistes paient au prix fort la désillusion qu'ils ont créée chez leurs sympathisants hier les plus motivés. La déception est plus nette encore chez les électeurs de dix-huit-vingt-quatre ans qui ont voté en mars 1993 à 42 % pour la droite modérée (UDF et RPR) et seulement à 18 % pour les socialistes et à 11 % pour les écologistes.

Interrogés à la sortie des urnes, à Paris (14e) et dans une bourgade de Seine-et-Marne, sur les raisons d'un tel vote sanction, ils ont cité : les affaires de corruption et l'argent sale, la hausse du chômage, la montée de la pauvreté, l'usure du PS et son absence de projet... mais aussi le « caractère immoral et scandaleux » du soutien parlementaire sollicité par les socialistes auprès du dernier parti communiste stalinien d'Europe.

Mais les grands perdants furent les écologistes qui

1. Ipsos.

avaient pourtant vu affluer un nombre impressionnant de jeunes pour qui ils représentaient une vraie alternative aux partis classiques de la « bande des quatre ». Deux raisons majeures ont détourné les jeunes du vote « vert ». D'une part, la querelle entre les principaux leaders des mouvements écologistes a brisé l'harmonie de la cause. Et d'autre part, les candidats ont dilué le combat pour l'écologie — ce pour quoi les jeunes étaient venus vers eux — dans des discours de « politique ordinaire », en abordant des thèmes sérieux dont ils n'avaient aucune maîtrise.

Plus inquiétant est le vote significatif des jeunes en faveur du Front national ; un phénomène dont on parle assez peu et qui risque pourtant d'aller en se développant si, après avoir rejeté les grands partis, les jeunes se détournaient durablement des Verts. Aux législatives de 1993, 15 % des dix-huit-vingt-quatre ans ont voté pour le parti de Le Pen[1] et le score a atteint 25 % chez les jeunes ouvriers[2] qui travaillent en usine et vivent dans des banlieues où le problème de l'immigration est particulièrement aigu. Peut-on accepter sans réagir, et sans agir, qu'un nombre important de citoyens n'ayant, hélas, pas une connaissance suffisante de l'histoire proche de leur pays et de leur continent se fourvoient dans le sillage d'un mouvement politique qui prône l'intolérance et l'exclusion ? La réponse appartient à la classe politique tout entière.

La France dispose-t-elle aujourd'hui d'un leader

1. BVA.
2. Ipsos.

politique à l'image encore intacte et capable de mobiliser toute une génération sur de grands projets lui permettant de se transcender, de servir un idéal commun appuyé sur une charte morale, de vivifier la démocratie, de rendre sa dignité à la politique et de restaurer le respect dû à l'Etat, c'est-à-dire de succéder demain à François Mitterrand avec le soutien des plus jeunes ? La réponse est oui. Mais il y aura pour lui urgence à redonner à la politique ses lettres de noblesse car le discrédit dont celle-ci souffre a frappé de plein fouet toutes les structures essentielles de la société, à commencer par les syndicats en qui les salariés ont perdu toute confiance. Et les jeunes plus que les autres puisqu'ils sont de moins en moins nombreux à adhérer.

Longtemps accrochées aux partis de gauche comme une tique à l'oreille d'un chien, de grandes centrales syndicales comme la CGT, la CFDT, la Fédération de l'éducation nationale ou le Syndicat national des instituteurs sont maintenant des bateaux ivres dont le pavillon est encore porteur de légende mais qui voguent avec très peu de passagers vers des destinations incertaines. Et dont les « pachas » savent qu'une mutinerie est toujours en préparation dans la soute...

La multiplication des coordinations sauvages (infirmières, SNCF, RATP, lycéens, etc.), toujours conduites par des jeunes à qui il manque l'art du compromis et de savoir terminer une grève, montre que, pour conduire leurs conflits, les salariés ne font plus beaucoup confiance aux responsables syndicaux, plus soucieux de manœuvrer politiquement que de défendre les intérêts de leurs mandants. Les syndicats moins ou peu politisés, comme la CFTC ou Force ouvrière, lequel ratisse large du RPR aux trotskistes, ont proportionnellement moins perdu en influence. Peut-être pour cette raison. Mais Marc Blondel, le patron de FO, admet que beaucoup de sections d'entreprises de son syndicat se limitent à un seul adhérent : pas même de quoi porter une banderole !

Le taux des salariés syndiqués est passé de 20 % en 1981 à 11 % en 1989. Et celui des jeunes de dix-huit-vingt-quatre ans, dans la même période, de 9 à 1 %... Chez ces derniers, la confiance dans les syndicats a fait une chute spectaculaire depuis l'arrivée de la gauche au pouvoir, passant, en moins de dix ans, de 55 % à 39 %[1]. Ces chiffres sont les plus faibles de toute la Communauté européenne.

Incapables de peser sur les gouvernements pour réduire le chômage, inefficaces pour obtenir « du grain à moudre » en période de crise, jamais depuis leur création les syndicats n'ont été autant coupés de la base. Et les organisations étudiantes n'échappent pas à cette formidable décrue.

« Dans les facs, les gens s'en moquent. Ils sont prêts, le cas échéant, à descendre dans la rue pour contester une décision ministérielle en suivant le leader qui s'impose sur le moment, mais il n'est plus question de les faire adhérer, cotiser et travailler en sections », explique Romain, étudiant en droit à Nanterre et membre de l'UNEF-ID, proche du parti socialiste et, avec ses 50 000 membres annoncés, deux fois plus puissante que l'UNEF-SE, courroie de

---

1. Sofrès pour *Espace social* (1981-89) et *Liaisons sociales* (1991).

transmission du parti communiste dans les universités. Même son de cloche du côté de l'UNI (Union nationale inter-universitaire), bien accrochée à droite, avec ses 10 000 membres « actifs ».

Le paysage social offert au début des années 90 aux jeunes, et qui sert de cadre à leur expression de citoyens, n'a donc plus rien à voir avec celui de la France d'avant 1981. Sur ce point aussi, les années Mitterrand ont tout chamboulé.

« L'importance reconnue à l'économique et à la compétitivité a mis le social au second rang des préoccupations des politiques et des leadears d'opinion, quelles que soient les intentions officielles affirmées par ailleurs, analyse le sociologue Raymond Soubie[1]. Le monde d'hier, caractérisé par un jeu de complicités objectives entre l'Etat, les syndicats et le patronat, fondé sur la centralisation des décisions, la négociation collective nationale et l'évocation commune des problèmes, même si celle-ci était conflictuelle, nous paraît bien lointain. Les nouveaux héros de notre temps sont les patrons et, parmi eux, les capitalistes plus que les simples managers ; non les syndicalistes. Les entreprises sont célébrées ; la recherche du profit est affichée comme source de la croissance et des créations d'emplois ; les organisations représentatives de salariés semblent être devenues l'ombre de ce qu'elles furent. Peu écoutées des pouvoirs publics, même si ceux-ci souhaitent conserver les apparences, de plus en plus absentes des grands médias, peu entendues dans le débat politique,

---

1. *L'Etat de l'opinion 1992*, Le Seuil.

marquées de l'obsolescence de ceux qui utilisent la langue de bois, elles sont loin de leur rôle passé. » Et Raymond Soubie, qui parle de « décennie des dupes », d'affirmer : « Cette évolution est un signe parmi d'autres des transformations de notre économie, de notre système politique et de nos relations sociales [...]. Elle n'est pas un phénomène mineur ou marginal, ni une exception... »

Trois millions pour les uns et deux millions pour les autres, il y a dans la France de 1993 plus de chômeurs que de syndiqués. Et près de dix fois plus de jeunes chômeurs que de jeunes cotisants à un syndicat !

Avec la politique et le syndicalisme, d'autres piliers fondateurs de la République se sont fissurés ou effondrés. Le premier d'entre eux est la justice. Les manifestations d'indépendance des magistrats qui ont bravé les menaces de la Chancellerie au cours de ces dernières années ont mis l'accent sur les liens de dépendance malsains des juges avec l'autorité politique.

Les jeunes, plus que les autres, n'admettent plus que le président de la République préside le Conseil supérieur de la magistrature et nomme ses membres chargés de gérer la carrière des magistrats : 63 % des dix-huit-vingt-quatre ans estiment que la justice fonctionne mal, qu'elle ne remplit pas son rôle et est la première institution à réformer[1]. L'absence de confiance est totale chez plus de quatre jeunes sur cinq pour cette justice « à deux vitesses » (une pour

1. Sofrès pour le Sénat, avril 1991.

les riches, une pour les pauvres), trop lente, trop coûteuse et trop compliquée.

Aurions-nous bâti pour elle l'empire du vide ? Jamais une génération ne se sera aussi peu engagée. Tout comme elle s'est détournée des formations politiques et syndicales, elle a déserté les mouvements de jeunesse traditionnels, si utiles jusque-là dans toutes les couches de la population française pour contribuer à donner le goût du sens commun et à structurer la société.

Combien de garçons et de filles issus de milieux populaires doivent, par exemple, leur ascension sociale à des mouvements aujourd'hui en fort déclin comme ceux de la Jeunesse agricole chrétienne (JAC), de la Jeunesse ouvrière chrétienne (JOC) ou de la Jeunesse étudiante chrétienne (JEC) devenue depuis le Mouvement eucharistique des jeunes (MEJ). De ces mouvements qui jouèrent un rôle essentiel dans les années 50 de l'immédiat après-guerre, dans une France encore sous le choc, il ne reste plus grand-chose. Certains ont disparu, d'autres se sont transformés. Et ceux qui vivent encore ont perdu plus de la moitié de leurs effectifs, parfois beaucoup plus. Seule la JOC a relativement tiré son épingle du jeu : elle compte aujourd'hui plus d'adhérents que SOS-Racisme et le mouvement des Jeunesses communistes.

« La jeunesse ne se laisse plus encadrer. Elle est trop indépendante et tient trop à sa liberté pour cela », tranche Catherine, dix-sept ans, de Quimper, qui a fait un passage (rapide) au Mouvement rural de la jeunesse chrétienne (MRJC) il y a trois ans mais a trouvé que « ça faisait trop patronage ».

A une époque où la place de l'Eglise était plus visible, les mouvements de jeunesse dont sont issus de nombreux cadres et dirigeants politiques et syndicaux actuels étaient d'excellentes écoles de formation à la vie en groupe, d'éveil aux responsabilités collectives et d'enseignement des valeurs morales. Ceux qui en sont sortis ont parfois perdu leur foi en chemin, mais jamais les enseignements reçus dans ces précieux laboratoires d'intégration sociale. Si les mouvements scouts connaissent un réel regain, ils touchent des très jeunes qui s'éloignent de toute structure en entrant dans la vie active ou à l'université.

« La formation du citoyen doit être la finalité première de l'école », ne cessait de répéter Jean-Pierre Chevènement lorsqu'il occupait le fauteuil de ministre de l'Education nationale et portait l' « école républicaine » au pinacle en la chargeant de toutes les vertus... et de toutes les missions. Si elle est aussi le rôle de l'école, la formation du jeune citoyen doit se faire tout autant hors de l'école, c'est-à-dire au sein de la famille et dans les milieux associatifs que l'on appelait autrefois les « œuvres complémentaires ».

Le déclin des mouvements de jeunesse liés à l'Eglise est beaucoup moins dû aux jeunes eux-mêmes qu'à leurs parents, peu empressés à les diriger vers des organisations trop contraires aux « valeurs » héritées de mai 1968 : laïcité, dénonciation de l'ordre moral, liberté de pensée et d'action dès l'adolescence, etc. Sans ces freins familiaux, les grands mouvements chrétiens auraient été pleinement capables d'accueillir cette génération déboussolée pour l'aider à exprimer et à concrétiser dans l'action les trésors de générosité dont elle est porteuse.

La source des opinions est tarie. Plus personne ne vient y puiser de quoi étancher sa soif de comprendre et d'entreprendre. Assis devant leur téléviseur, les jeunes y attendent la reprise comme le Messie. Passifs et sans illusions, ils contemplent le monde comme un grand spectacle effrayant et compliqué qui n'incite guère à l'engagement. Face à quelques personnalités fortes dont le discours les réveille et les passionne, comme le prix Nobel Pierre-Gilles de Gennes, le philosophe Michel Serres ou l'abbé Pierre, combien de faux leaders qui n'ont rien à dire viennent à l'antenne faire du bruit avec leur bouche dans le seul but de soigner leur cote de popularité.

Devant le spectacle un peu terne offert par l'hexagone, ont-ils au moins la tentation de regarder par-dessus les frontières avec l'espoir d'y découvrir quelques raisons d'espérer que les solutions qu'ils attendent viendront d'ailleurs ?

Pas sûr.

D'abord en famille puis le plus souvent seuls, ils ont découvert d'autres horizons, effectué des voyages en groupe, suivi à l'étranger des stages linguistiques. Le passeport, beaucoup connaissent. Beaucoup, mais pas tous. Par exemple, plus de la moitié des seize-vingt et un ans sont incapables de citer un seul pays du Moyen-Orient ou d'Extrême-Orient[1]. Leurs connaissances assez peu précises du monde se limitent

1. Ifop-*Libération*, juin 1991.

généralement aux Etats-Unis et à l'Europe de l'Ouest, celle de la Communauté des douze.

La construction de l'Europe les intéresse, mais ils s'en méfient quand même beaucoup, souffrant d'un manque d'information et de compréhension.

« Tout cela est très compliqué. Avant le référendum sur Maastricht, les hommes politiques se sont battus à coups de chiffres et de prévisions mais aucun n'a su décrypter ce dossier incroyablement technique, regrette Raphaël, dix-sept ans. Heureusement que je n'avais pas le droit de vote car je ne sais pas, du oui ou du non, quel aurait été mon choix. Mes parents sont assez proches du RPR mais entre Philippe Séguin qui annonçait des dangers pour l'avenir et Jacques Chirac qui parlait de chemins de prospérité, ils ne savaient que choisir. Alors mon père a voté oui et ma mère non. Et on a bien ri ! »

Un an plus tard, Raphaël aurait sans doute imité son père et ratifié le traité de Maastricht, comme 58 % des jeunes de moins de vingt-cinq ans... et 80 % des étudiants !

La jeunesse et le niveau d'études sont des facteurs déterminants d'adhésion à l'idée européenne. Plus d'un an avant le référendum, six lycéens sur dix estimaient que la création du grand marché unique était un « facteur d'espoir »[1], mais deux ans plus tard, 51 % des quinze-vingt-quatre ans y voyaient une cause d'incertitude, 12 % un danger et seulement 36 % une chance. On est encore loin

1. CSA-*Phosphore*, avril 1991.

de cette citoyenneté européenne rêvée à voix haute par les hommes politiques depuis trente ans et plus.

« On est dans le flou total, disent-ils souvent. L'Europe devrait être un formidable projet pour nous mais, hélas, elle a été réduite à une série de négociations entre marchands ou banquiers. On ne parle que de quotas agricoles, de montants compensatoires, de taxes douanières ou de fixation de taux directeurs. Pour nous, c'est du morse. On a fait l'Europe des capitaux (mais on ne sait pas encore si ce sera bien) en négligeant l'Europe des hommes, plus excitante pour nous. »

Si les étudiants sont plus européens, c'est peut-être parce que le traité de Maastricht est appelé à combler partiellement le vide dont souffrait le traité de Rome qui ne comportait aucun volet sur l'Education. Des programmes communautaires comme Lingua, Erasmus ou Comett ont été mis en place et vont dans le bon sens. Mais des retards énormes ont été pris, par exemple par le programme d'échanges Erasmus, créé en 1987. Cinq pour cent des étudiants européens ont, en 1992, suivi un stage dans un établissement étranger. C'est dix fois plus qu'il y a cinq ans... mais la moitié de l'objectif fixé par Bruxelles. Le coût du séjour, le barrage de la langue, le logement et l'absence d'harmonisation des diplômes sont autant d'obstacles rencontrés par les étudiants.

Tout avance bien lentement aux yeux des intéressés. Autre exemple : la directive « Bac + 3 » qui instaure depuis 1988 un système de reconnaissance des diplômes pour certaines professions (santé, architecture, expertise, comptabilité, etc.) ne sera pas complétée par une nouvelle directive « Bac + 1 » avant juillet 1994. Et chaque Etat restera libre de valider ou non les diplômes de ses voisins.

Aux portes mêmes de l'Europe des douze, secoué par de sanglantes révoltes ethniques, le monde apparaît bien compliqué et dangereux à ceux appelés demain à le faire tourner. Ils ont plus que jamais besoin d'être éclairés et rassurés. C'est plus vrai encore lorsque, par petit écran interposé, l'idée de la guerre pénètre les esprits.

Cette génération ne renie pas son pays — tous les sondages le prouvent — et son appartenance à la France reste très forte, identique à celui des aînés. Mais elle a appris à voir plus et plus loin, même superficiellement par le prisme réducteur de la télévision. En acquérant un début de conscience européenne, elle s'est démarquée des « cons qui sont nés quelque part », si chers à Brassens. C'est un atout formidable, pour eux et pour nous tous. La France des années 90 a-t-elle la volonté et la capacité à saisir cette chance ? Il faut l'espérer.

9

Dieu dans le fouillis
des valeurs

Les esprits valent selon ce qu'ils exigent. Je vaux ce que je veux.

PAUL VALÉRY.

Il ne leur semble pas possible de « changer la vie ». Plus que leurs parents, les jeunes ont fait leur deuil d'un certain nombre de grandes ambitions. Chacun se retrouve seul, renvoyé à lui-même, avec le souci de se trouver une petite place dans la société, de s'y tenir et de s'en satisfaire en attendant des jours meilleurs, qui viendront ou qui ne viendront pas. La société est comme elle est et nul ne voit d'autre choix que celui de se conformer à ses rites et à ses codes, faute de pouvoir les changer. Tout cela n'est pas très exaltant quand on a vingt ans, l'âge auquel se manifeste généralement l'envie de tout envoyer balader, de tout changer, de tout casser parfois, pour reconstruire ensuite un monde à sa façon, plus conforme à ses rêves et à ses goûts.

« Plus personne aujourd'hui n'est porteur d'une promesse de bonheur, constate Cécile, dix-neuf ans, étudiante à Bordeaux. Les scientifiques se montrent incapables de vaincre des maladies modernes comme le sida ou d'endiguer de grandes maladies endémiques comme la tuberculose dont on nous annonce le retour. Et si vous ajoutez à cela les menaces du nucléaire venant de l'ex-URSS ou encore le trou dans la couche d'ozone... Bonjour les dégâts ! De leur côté, les politiques nous bombardent de prévisions pessimistes sur la crise des systèmes sociaux, l'explosion de la démographie, l'installation d'un chômage de plus grande ampleur encore. Quant aux Eglises, on ne les entend plus beaucoup, sauf pour parler d'efforts elles aussi et de la nécessité de prendre part aux misères du monde, par exemple à la famine dans le tiers monde. C'est normal mais ce n'est pas la joie... »

Qui, face à la marche du temps, ne sent confusément sourdre en lui cette indicible douleur morale qui atteint prioritairement les jeunes, victimes d'une double crise de l'idéal et de l'intériorité. Crise de l'idéal puisqu'il leur semble impossible, malgré leurs aspirations et leurs convictions, d'espérer bâtir un monde meilleur. Crise de l'intériorité en raison de leur fragilité psychologique et de leur impréparation à donner la priorité au sens de la vie et aux valeurs transcendantes.

Si toute cette génération des dix-huit-vingt-cinq ans semble directement concernée, c'est parce que, trop souvent, il ne lui a pas été possible de s'appuyer suffisamment sur des adultes solides et disponibles. A l'évidence, personne n'a volontairement cherché à leur nuire. Bien au contraire. Mais les enfants de la crise ont pourtant encaissé toutes les difficultés nées des évolutions anarchiques de la famille, des ratés du système scolaire, du déclin des mouvements associatifs de jeunesse, de la transformation du cadre de vie et de la baisse d'influence des Eglises. Plus globalement du formidable bouleversement de l'échelle des valeurs sur fond de séisme social et économique.

La valorisation de l'individu s'est faite au détriment des liens sociaux traditionnels, et du premier d'entre eux : la famille. L'individualisme forcené a conduit à compter plus sur soi-même que sur les autres, ce qui est parfait lorsque tout va bien mais devient vite dramatique quand les difficultés pleuvent soudain sur un adolescent ou un jeune adulte en qui rien ni personne n'est jamais venu forger une force intérieure et une vraie personnalité. Quand les parents ont choisi de rompre pour « refaire leur vie », ils ont d'abord détruit le lien familial ancestral et imposé aux enfants une réécriture de la liberté individuelle devenue celle du « chacun pour soi ».

« Plus rien ne semble engager vis-à-vis des autres, remarque un groupe d'étudiants chrétiens réunis à Paris. La facilité avec laquelle les couples divorcent le prouve. Ce n'est pas la rupture du sacrement qui nous heurte le plus mais l'aisance avec laquelle elle se décide. Mais ce désengagement vis-à-vis de l'autre se constate aussi dans toutes les sphères de la société. Les patrons brisent le contrat de travail qui les lie à leurs salariés et les plongent par millions dans la détresse. Même nécessaire, une telle décision signe la rupture d'une confiance souvent ancienne. Les hommes politiques font des promesses pour se faire élire (" on va baisser les impôts ") et y tournent le dos dès la victoire. Peu importe que ces revirements soient ou non justifiés ; partout on reprend vite une parole donnée. »

L'individualisme dont l'exemple leur a souvent été

donné par leurs parents a distendu chez eux les liens sociaux nécessaires à la construction de la personnalité. La génération des dix-huit-vingt-cinq ans, que l'on pourrait d'ailleurs élargir aux quinze-trente ans, est fragilisée par le jugement critique qu'elle porte sur la société et par son incapacité à savoir ce qu'elle peut faire pour changer les choses et vivre autrement. Elle a parfaitement compris qu'il n'était plus possible de vivre sans un idéal d'amour, sans un minimum de morale, ni sans donner un sens à son existence. Qu'une vie privée de tout cela conduisait plus directement à l'impasse et à la déprime. La volonté et la disponibilité des jeunes sont intactes. Seules leur manquent les clés pour réagir et agir.

« C'est un peu comme s'ils étaient réunis au bord de l'océan, prêts à s'embarquer pour un autre continent, dans un grand port sans bateau ni boussole », commente un éducateur de Dijon.

En plaçant la tolérance, le respect des autres, l'honnêteté et la politesse largement en tête des valeurs qui comptent le plus pour eux aujourd'hui et qu'ils souhaitent transmettre à leurs enfants, ils prouvent à qui en douterait leur volonté de conduire leur vie en se référant à des qualités humaines très anciennes puisque directement inspirées des grands enseignements de l'Eglise. Toutes les valeurs fondamentales choisies par les jeunes relèvent de la loyauté envers les autres et du désir de conforter un ciment social qu'ils sentent fragile.

Ces valeurs [1] sont à peu de choses près celles

---

1. *Phosphore-Notre temps-Le Nouvel Observateur*, décembre 1992.

retenues par les plus de cinquante ans, preuve que la grande mutation des modes de vie n'a pas trop chamboulé les règles de comportement collectif. Si les plus âgés privilégient le « goût de l'effort », sans doute en référence à leur passé et au constat qu'ils font de la dureté de la société actuelle, ils placent aussitôt derrière les mêmes valeurs que leurs enfants et petits-enfants. Selon cette même étude, grands-parents, parents et enfants de plus de quinze ans tombent même d'accord pour considérer comme des « valeurs non fondamentales aujourd'hui » : l'attachement à la patrie, la recherche spirituelle, l'autorité et le respect de la tradition. Les conflits de fonds entre les générations sont bien terminés puisque tout le monde se retrouve sur l'essentiel.

Aux valeurs à leurs yeux passéistes, liées à la patrie, à la religion et à l'autorité qu'ils perçoivent comme abstraites et contraignantes, les jeunes opposent, tout comme leurs aînés d'ailleurs, d'autres valeurs à l'image plus moderne[1]. La tolérance, le respect des autres et l'honnêteté leur semblent prioritaires et d'une plus grande importance pour guider leur comportement quotidien dans la société telle qu'ils la voient et y vivent : multiraciale, très dure et trop souvent en proie à la corruption.

« C'est peut-être parce que nous vivons en paix et que nous avons vu la guerre du Golfe se régler sous

1. Chez les quinze-vingt ans : tolérance (46 %), honnêteté (44), politesse (39), respect de l'environnement (26), générosité (25).
   Chez les vingt et un-quarante-neuf ans : tolérance (45 %), honnêteté (41), politesse (39), goût de l'effort (34), sens de la famille (30).
   Chez les cinquante ans et plus : goût de l'effort (47 %), honnêteté (47), politesse (37), tolérance (33), sens de la famille (29).

nos yeux en quelques semaines et sans cadavre apparent que nous sommes devenus moins patriotes, s'interroge Jean-Alain. Mon père a fait la guerre d'Algérie mais moi j'ai eu la chance de ne rien connaître de tout cela. J'ai la possibilité de suivre les conflits à la télévision : c'est war-game. Cela ne veut pas dire que nous n'aimons pas notre pays. D'ailleurs, maintenant, quand le drapeau bleu-blanc-rouge et *La Marseillaise* nous font vibrer, c'est sur les stades et pendant les jeux Olympiques. C'est plus pacifique. »

Les jeunes ont aussi compris que les problèmes sont devenus de plus en plus planétaires, par exemple ceux relatifs à la sécurité, à l'environnement, à l'énergie, aux matières premières ou à l'économie. Tant pis pour le sang versé par ceux dont les noms sont gravés sur les monuments aux morts. La réconciliation franco-allemande, l'ouverture des frontières en Europe et le spectacle du monde transformé en programmes de télévision... tout cela a contribué à gommer le sentiment national et à faire oublier l'histoire commune à des jeunes citoyens qui, fort heureusement, n'ont jamais connu la douleur de voir un père ou un frère partir au « casse-pipe ». Qui leur reprocherait cette absence de mémoire, eux à qui n'a jamais été inculqué l'amour de la patrie, ainsi que le soulignait Jean-Pierre Chevènement en demandant, il y a quelques années, aux enseignants qui en avaient perdu l'habitude d'apprendre à nouveau les paroles de *La Marseillaise* à leurs élèves.

Le paradoxe est tel que lorsqu'on demande aux dix-huit-vingt-cinq ans s'ils sont d'accord ou non pour changer les paroles de l'hymne national, jugées trop sanglantes par certains, 84 % se disent favorables au maintien du texte actuel alors que l'immense majorité n'en connaissent que les deux ou trois premiers vers !

Mais lorsque les jeunes placent la tolérance au-dessus de tout, de quelle tolérance s'agit-il ? s'interrogent aussitôt sociologues et psychanalystes, dont les avis ne convergent pas toujours.

Etre tolérant, c'est respecter l'autre, admettre ses opinions, écouter ses différences, accepter d'avoir tort et d'être minoritaire dans un groupe, ne pas juger trop vite ni sans savoir. En cela, cette valeur est bien conforme à l'esprit de la jeunesse en général et à cette génération en particulier. L'école les a placés très tôt sur les mêmes bancs et dans les mêmes bacs à sable que des petits copains de leur âge qui n'avaient pas la même couleur de peau ou parlaient une autre langue. Ce fut souvent leur première leçon vécue de tolérance. De son côté la télévision a banalisé les coutumes et les modes de vie de peuples lointains et différents, offrant dès l'enfance l'occasion de constater que les hommes « pas comme les autres » n'avaient rien d'effrayant. Les musiques d'inspiration étrangère, les voyages transcontinentaux avec des organismes comme le Club Med ou Nouvelles Frontières, les campus des universités ou les grands concerts ont mélangé les jeunes en les confrontant à des réalités nouvelles, à des cultures inconnues, à des traditions parfois étranges, jusqu'à forger en eux un esprit ouvert et accueillant.

Dernier bastion solide de la vie associative puisqu'il concerne directement trois jeunes sur dix, le sport amateur, malgré les poussées de violence de plus en plus fréquentes qui entachent son esprit, reste une excellente école du comportement qui valorise très tôt l'esprit de groupe et les notions de conquête et de performance pacifiques. Les jeux Olympiques, les sports mécaniques, le ski, le tennis et par-dessus tout le foot leur apportent de rares occasions de se passionner et de vibrer à l'unisson. Les associations sportives locales, avec leurs animateurs bénévoles très dévoués, jouent un rôle irremplaçable, aussi bien dans les villages où le foot est la seule distraction du dimanche, que dans les banlieues difficiles où elles aident à réinsérer des jeunes en difficulté. Ce n'est pas un hasard si Bernard Tapie, le « moteur » de l'Olympique de Marseille, est (était ?) très populaire auprès des moins de vingt-cinq ans.

On mesure la désillusion du jeune public devant le développement des affaires de corruption qui frappent les grands clubs. Chaque fois que le sport s'englue dans l'argent sale et que les stars tombent de leur piédestal, c'est un peu de rêve qui s'évanouit.

Le sport leur avait pourtant donné dès l'enfance l'occasion de faire équipe avec des garçons et des filles d'autres races, d'autres couleurs et d'autres nationalités. Et les stars du sport professionnel, dont les posters tapissent les murs de leur chambre, ont très souvent la peau noire et des noms difficilement prononçables...

Sans nier cette grande capacité des jeunes à respecter les autres et à les regarder et les accepter sans a priori, des spécialistes éminents se demandent si cette priorité accordée à la tolérance ne réclame pas une double lecture. « La tolérance que je me targue d'observer pour les autres m'autorise à faire ce que je veux, en toute liberté et hors de tout jugement extérieur, sans avoir à me soucier des règles communes de vie en société », ou encore : « Je suis tolérant puisque je ne dénonce pas au contrôleur de métro celui qui vient de sauter au-dessus du portillon automatique, ce qui m'autorise à prendre le train sans billet. »

« Le sens actuel de la liberté est plutôt celui du chacun pour soi, affirme Tony Anatrella, chercheur en psychologie sociale[1]. De même, l'esprit de tolérance devient synonyme d'indifférence et ne reflète plus la conscience d'être engagé dans une histoire commune, où les actes individuels font progresser ou régresser l'ensemble. »

Quant à l'honnêteté dont les jeunes se réclament, elle n'a strictement rien à voir avec le respect de la propriété qui se trouve, elle, en perte de vitesse. Par honnêteté, ils entendent franchise, droiture, loyauté, probité et même fidélité. C'est faire preuve d'honnêteté que refuser de se mentir à soi-même et devoir la vérité à l'autre.

« Les trahisons, les reniements, les infidélités entre amis ou dans un couple, le manquement à la parole donnée, la fragilité des engagements... les exemples de " malhonnêteté " ne manquent pas autour de nous. Cela en devient écœurant parfois, déplore Sonia, vingt-trois ans, secrétaire à la Poste. Même dans mon travail, je suis souvent révoltée par ce que je vois

1. *La Vie*, 25 février 1993, entretien avec Bertrand Revillion.

autour de moi. Je suis vraiment d'accord pour réserver une plus grande importance à l'honnêteté. Je me querelle souvent avec mes parents, ajoute-t-elle, lorsque je leur dis qu'une personne déloyale par ambition ou par calcul est moins pardonnable qu'un petit délinquant qui vole le disque qu'il ne peut pas s'acheter. Et pourtant, il n'y a pas de loi pour punir cette malhonnêteté-là. Je ne donne pas le même sens à ce mot que mes parents qui pensent automatiquement aux voleurs et aux escrocs. »

La présence de la politesse dans le peloton de tête des valeurs sélectionnées par cette génération à qui l'on n'a pas appris à dire bonjour en entrant dans une boulangerie a de quoi surprendre, tant il est rare de voir un jeune se lever dans le métro pour céder sa place à une femme enceinte ou à un handicapé. Et exceptionnel d'entendre un « bonjour » dans la bouche de quelqu'un qui entre dans un magasin ou un ascenseur. Le retour de la politesse, tant moquée et décriée comme une valeur désuète et bourgeoise pour les « combattants » de 1968, semble dû à la nécessité de mieux soigner les relations de proximité entre des individus qui prennent soudain conscience d'avoir besoin les uns des autres dans une période troublée et rebelle. La politesse est-elle devenue le corollaire du dialogue, présenté comme nécessaire, tant souhaité dans les intentions et si peu souvent réussi dans les faits ?

Deux autres grandes valeurs, elles aussi bien de leur temps, sont entrées en force dans le cœur de cette génération : le respect de la nature et de l'environnement et la solidarité entre les hommes et les peuples.

Et ce sont curieusement deux personnalités, certes très fortes mais très atypiques, deux vieillards à la voix incertaine et au visage buriné par les années et les combats, qui ont surgi ou resurgi au milieu des années 80 pour incarner cette double exigence de solidarité entre les humains et de préservation de la planète sur laquelle ces derniers vivent sans cesse plus nombreux.

Ni l'abbé Pierre, ni le commandant Cousteau, qui caracolent depuis des années en haut des échelles de popularité, ne répondent pourtant aux critères de séduction et de modernité imposés aux jeunes par la télévision. Le premier avec son béret poussiéreux écrasé sur le côté de la tête et sa vieille soutane élimée, le second avec son bonnet de laine et sa parka d'aventurier infatigable auraient mérité la retraite vingt années plus tôt. Oui, mais voilà... L'opinion publique, avec aux premiers rangs les jeunes générations, a eu vite fait de transformer ces deux grands-pères de quatre-vingts ans en guides écoutés et respectés. Tous deux sont devenus des modèles de vie, des références.

Pour l'abbé Pierre, rendu célèbre trente ans plus tôt par son historique combat contre la misère pendant l'hiver 1954 et par la création des communautés de chiffonniers d'Emmaüs, comme pour Jacques-Yves Cousteau, mondialement reconnu pour ses expériences scientifiques et ses travaux sur les grands espaces inexplorés, la partie a été aussitôt gagnée.

Peu de religieux sont assurés de leur vivant d'être canonisés un jour. Pauvre parmi les pauvres, voix frêle toujours prompte à couvrir le fracas des injustices, l'abbé Pierre est pourtant de ceux-là. Mais ce n'est pas sa qualité d'homme d'Eglise qui lui vaut de remporter l'adhésion des jeunes dont beaucoup n'ont pas seulement reçu le baptême ou appartiennent à d'autres religions. C'est encore moins la sensibilité politique passée de l'ancien député, un temps compagnon de route du parti socialiste. Et aujourd'hui prêt à en découdre avec les gouvernants de droite comme de gauche.

« Je ne suis jamais retourné à l'église depuis ma profession de foi, raconte Ludovic, dix-neuf ans. Ce n'est donc pas sa soutane qui me fait admirer l'abbé Pierre. Et j'ai lu dans un reportage, il y a quelques semaines seulement, qu'il avait partagé certains combats avec les communistes dont je n'aime pas du tout les idées. Mais peu importe. Ce qui me plaît en lui, c'est qu'il donne l'exemple et n'hésite jamais à bousculer les pouvoirs en place. Il est le seul à tenir un vrai discours pour changer la société et la rendre plus juste et moins folle. Les politiques s'accommodent des injustices en essayant de les réduire. Pas lui. Quand il prône plus de solidarité envers les pauvres, il sait de quoi il parle. Il a donné l'exemple il y a longtemps et n'a pas rencontré la pauvreté au hasard d'un relevé de statistiques, avant d'aller dormir dans un appartement bourgeois. C'est pour cela qu'il est crédible. Quand il participe à un débat télévisé avec des ministres pour évoquer les problèmes de la solidarité, il les écrase tous, alors qu'il est le plus vieux et s'exprime avec difficultés. On voit qu'il souffre en parlant de la pauvreté alors que les autres jouent les généreux avant de se faire reconduire par leur chauffeur dans les palais de l'Etat. L'abbé Pierre est plus fort qu'eux parce qu'il parle vrai, même si ça dérange. »

Chaque fois que la France commence à s'accommoder de ses pauvres, de ses sans-abri et de ses vagabonds qui meurent de froid au cœur de l'hiver, le vieux curé est là pour pousser un « coup de gueule » et réveiller les consciences.

Le commandant Jacques-Yves Cousteau séduit autant les jeunes car lui aussi n'hésite jamais à jeter un pavé dans la mare. Son combat pour une planète propre apparaît essentiel aux enfants du *Torrey-Canyon* et de l'*Amoco-Cadiz*, obligés d'attendre que les pompiers aient nettoyé le mazout des belles plages bretonnes pour aller y faire des châteaux de sable. Adolescents, ils ont ensuite suivi avec effroi sur les écrans de télévision l'imprévisible parcours du nuage radioactif échappé de la centrale nucléaire de Tchernobyl.

Aujourd'hui, les experts affirment qu'il y a des dizaines de Tchernobyl dans l'ancien bloc soviétique où les installations sont pourries et les ingénieurs partis vendre leur science ailleurs. Les marées noires dans les sites les plus beaux du monde, les oiseaux mazoutés par dizaines de milliers, les dépôts clandestins de déchets toxiques, les résidus nucléaires enfouis dans le socle terrestre pour plusieurs siècles, les forêts brûlées par les pluies acides, les grands espaces amazoniens détruits par le feu, la polémique absconse sur le trou dans la couche d'ozone, le réchauffement annoncé de la Terre et la montée des océans, le maintien des arsenaux nucléaires et la maîtrise de l'atome à des fins belliqueuses par des pays en voie de développement, les stocks gigantesques d'armes chimiques dont on sait qu'une seule goutte paralyse le système nerveux d'un homme, etc. Et l'on voudrait qu'ils soient sereins ! La liste des menaces réelles est si longue qu'elle justifie très largement les inquiétudes d'une génération invitée, mais sans autre choix, à vivre dans un monde menaçant.

Les discours de l'abbé Pierre et du commandant Cousteau se rejoignent et se complètent pour mobiliser ceux qui aspirent à plus de solidarité dans un monde mieux protégé des grands cataclysmes industriels et scientifiques. Cette double volonté de mieux prendre en compte les inégalités insupportables entre peuples riches et peuples pauvres et de lutter pour préserver des conditions de vie humainement acceptables sur la planète donne tort à ceux qui se plaisent à dénoncer l'individualisme des jeunes et leur incapacité à s'intéresser à tout ce qui s'inscrit dans la durée ou relève d'un élan collectif. Leurs grandes difficultés pour trouver leur place dans la société, si elles pèsent beaucoup sur leur comportement individuel, ne les détournent pas des enjeux majeurs.

« C'est certain, avant de trouver mon emploi chez Carrefour, j'étais plus préoccupé par mon avenir personnel que par celui des petits Africains, admet Jean-Pierre, vingt-quatre ans, comptable. C'était peut-être de l'égoïsme, aux yeux des autres. Maintenant que je ne suis plus à la charge de mes parents retraités, je peux regarder plus loin. Je fais de temps en temps un petit chèque pour Médecins sans frontières. J'y suis conduit quand, depuis mon bureau vitré qui domine le magasin, je vois les tonnes et les tonnes de victuailles arriver dans les rayons, et que, le soir à la télé, PPDA m'offre ses petits Somaliens qui crèvent de faim. »

Chaque fois que cette génération est taxée d'égoïsme, l'abbé Pierre s'inscrit en faux.

« Nous sommes des drogués d'informations, condamnés à tout savoir du malheur des autres [...], dit-il. Nous sommes matraqués par les catastrophes, les famines, les guerres. Les télés, les journaux nous font vivre dans une sinistrose épouvantable. Et l'on se sent impuissant. Mais je ne crois pas que l'on soit moins généreux qu'autrefois. Regardez la Somalie ! Dès qu'on propose aux jeunes une action concrète, ils sont d'accord pour se mobiliser[1]. »

Le formidable développement de l'action humanitaire et des ONG (organisations non gouvernementales), qui agissent partout — ou presque — sur le terrain, là où des peuples souffrent de faim et de maladie, est la preuve d'une expression nouvelle de la solidarité, héritée de la charité.

Parce qu'ils sont souvent sans ressources, les moins de vingt-cinq ans figurent très peu parmi les donateurs. Mais ce sont eux que l'on retrouve presque exclusivement dans les missions, auprès des enfants mourant de faim au Sahel, des populations massacrées au Sud-Soudan, dans les hôpitaux-mouroirs de Roumanie, les camps de réfugiés cambodgiens, les favellas du Brésil ou sous les bombes de Sarajevo. Contre un salaire ridicule et parfois au péril de leur vie, ils sont

1 *Phosphore*, décembre 1992

des milliers à choisir de se consacrer pendant quelques années à l' « aventure humanitaire ». Ils conduisent des camions de ravitaillement sur des itinéraires rebelles, soignent à mains nues des petits lépreux, creusent des puits dans les zones désertiques par 55°, distribuent des millions de rations alimentaires... Cette générosité et ce dévouement exceptionnels s'inscrivent dans le droit fil du discours de l'abbé Pierre.

De nombreux étudiants des grandes écoles sacrifient chaque année une partie de leurs vacances d'été pour aller se frotter sur le terrain aux réalités de la pauvreté, ici pour construire une maternité en Inde, là pour enseigner dans une école d'Haïti. Quatre-vingts des 360 élèves de Polytechnique partent ainsi chaque année en mission bénévole. A l'ESSEC, on a même vu un élève emmener sa jeune femme en voyage de noces dans la banlieue miséreuse du Caire pour y travailler deux mois dans un bidonville.

L'action humanitaire s'impose comme une traduction utile et constructive des convictions de cette génération hostile à la politique et au syndicalisme. Elle représente pourtant une chance exceptionnelle et deux dangers.

Il faut voir comme un bonheur rare ces bataillons de jeunes volontaires s'engager sur les chemins tracés par les pionniers de la solidarité entre les peuples que furent, en leurs temps, Henri Dunant, fondateur de la Croix-Rouge, ou Albert Schweitzer, avec son hôpital de brousse de Lambaréné, au Gabon. Chaque fois qu'une action concrète leur est proposée, les bonnes volontés affluent. Ceux qui, par ailleurs, se méfient des beaux discours généreux n'hésitent pas à relever le défi en s'engageant personnellement, dès que les missions et les objectifs sont clairement fixés. Que ce soit en France avec les Restos du cœur, le bel héritage de Coluche, ou à l'étranger, par exemple dans les périlleuses missions dans l'ex-Yougoslavie, comme a pu le constater Alain Michel, le directeur d'Equilibre : « Dès que les jeunes ont une tâche précise avec des résultats tangibles, ils foncent et donnent le meilleur d'eux-mêmes. »

« A partir du moment où ils s'engagent, ils le font très sincèrement. Ils ont une vision pragmatique et font preuve de beaucoup de courage, ne cesse de répéter Rony Brauman, président de Médecins sans frontières. A MSF, on observe concrètement, dans le feu d'expériences limites comme la guerre, leur exigence dans l'action. C'est une génération qui se paie beaucoup moins de mots, contrairement à la mienne. »

Les deux dangers face à cet engouement pour l'action humanitaire tiennent d'une part à la puissance et aux règles de fonctionnement des ONG et, d'autre part, au rôle ambigu que le pouvoir politique leur fait de plus en plus tenir sur la scène internationale.

Les organisations humanitaires prolifèrent comme des champignons après la pluie et se livrent désormais à une concurrence néfaste et dangereuse. Après Médecins sans frontières, Pharmaciens sans frontières, Reporters sans frontières et ULM sans frontières, on ne devrait pas tarder à voir naître Pédalos sans frontières ou Taxis sans frontières... Toutes ces associations ne se créent pas dans la plus grande clarté ni sans arrière-pensées. Jouant sur les ressorts de la solidarité et de la charité auprès de donateurs conditionnés par des images télévisées très fortes, certaines ONG collectent des sommes énormes auprès du public avant de les dépenser dans des conditions parfois très contestables, en investissant beaucoup plus dans les moyens logistiques et dans les frais de fonctionnement que dans l'aide réelle sur le terrain, là où attendent les peuples sinistrés.

Si les plus importantes acceptent le contrôle d'organismes de tutelle, les autres s'en dispensent. On assiste ici et là à la mise en place de structures démesurées, pour un résultat maigre ou nul, qui absorbent la presque totalité des dons des particuliers. On a, par exemple, vu un jeune couple de petits malins financer son voyage de noces à travers toute l'Afrique noire en créant une microscopique ONG avec eux seuls comme adhérents, puis en se servant des médias pour collecter 400 000 francs : 270 000 francs pour acheter un véhicule 4 × 4, 100 000 francs pour les frais de route et 30 000 francs pour acheter quelques cartons de médicaments pour les populations visitées !

Pour consternant que cela soit, il est certain que le premier juge d'instruction qui se hasardera à contrôler certaines ONG va soulever quelques jolis scandales comparables à ceux qui ont éclaboussé la classe politique ou les milieux d'affaires. Et ce moment-là est peut-être pour bientôt. L'humanitaire étant souvent ce qui reste aux jeunes lorsqu'ils ne croient plus en grand-chose, on imagine l'immense déception et le profond dégoût que cette boue provoquera auprès de ceux qui se sont engagés avec cœur, passion et sincérité pour donner un peu de sens à leur vie.

L'autre danger vient de la grande confusion née dans les esprits les moins rodés entre le rôle de l'humanitaire, actuellement valorisé, et celui du politique, généralement décrié. Ce décalage excessif est dangereux car il conduit les jeunes à préférer un ministre de la Solidarité très médiatique à un ministre des Affaires étrangères très efficace mais travaillant dans l'ombre au règlement des problèmes essentiels.

Alors ministre médiatique jusqu'à la caricature, utilisant judicieusement la force des mots et des images pour faire avancer les causes qu'il défendait avec fougue, Bernard Kouchner a effectué un travail énorme pour imposer le droit d'ingérence humanitaire, destiné à tirer un peuple des griffes de son dictateur avant qu'il ne soit trop tard. La reconnaissance de ce droit vingt ans plus tôt eût empêché le sinistre Pol Pot de massacrer la moitié du peuple cambodgien. Il est assez normal que le « French doctor » figure parmi les personnalités préférées des jeunes. Mais en occupant la première place devant les caméras, Bernard Kouchner a voulu faire jouer à l'humanitaire un rôle qui n'est pas le sien. C'est très bien d'arriver en Somalie avec un sac de riz sur l'épaule pour symboliser le sauvetage — réel — de milliers d'enfants, mais encore faut-il dire que si le pays en est arrivé là, c'est qu'il n'y a plus d'Etat pour le faire fonctionner. Certes utiles, le riz et les médicaments ne suffisent pas pour remettre en marche les structures d'une nation. Au mieux donnent-ils bonne conscience au monde, temporairement.

Il est dangereux de laisser croire à toute cette génération des « ados du cœur » que les guerres sont indolores et en voie de règlement dès que se mettent en mouvement les convois routiers et les ponts aériens d'avions gros porteurs de l'action humanitaire. C'est pourtant ce que nous faisons très souvent, avec une certaine lâcheté. Et pas qu'en Bosnie.

En défendant des valeurs correspondant aux aspirations de l'époque et sans cesse remises en selle par l'actualité, l'abbé Pierre, Bernard Kouchner et Jacques-Yves Cousteau se sont engouffrés dans l'immense brèche ouverte par l'évanouissement dans le néant du débat des idées.

En l'absence de crise économique et de menaces graves sur leur avenir, les enfants du baby-boom avaient eu tout loisir de refaire le monde autour d'une tasse de café, à partir des options fondamentales défendues avec un certain brio par les grands maîtres à penser de l'époque, comme Jean-Paul Sartre ou Raymond Aron. De la confrontation souvent vive des idées naissaient les opinions et le goût de les défendre. Depuis la disparition de ces grands ténors de la philosophie, si contestables que puissent demeurer leurs thèses et historiques leurs erreurs (par exemple, celles de Sartre sur le communisme), personne ne les a vraiment remplacés. Même si beaucoup aspirent à le faire et s'y risquent encore. Il semble aujourd'hui inutile aux gosses de la crise de mastiquer des projets concernant une société qu'ils désespèrent de pouvoir changer un jour.

Malgré les efforts récents — et encore timides — de la télévision, et principalement de Jean-Marie Cavada, pour faire renaître la philosophie dans la vie des Français, aucun leader ne semble devoir émerger vraiment du petit groupe constitué par Edgar Morin, Alain Finkielkraut, André Glucksmann, Bernard-Henri Lévy, Hubert Reeves, Michel Serres et Albert Jacquart. Seuls Edgar Morin et Michel Serres ont acquis une vraie dimension, sans toutefois encore rassembler autour d'eux un fort courant de jeunes.

Est-il cruel de dire que presque tous les « nouveaux philosophes » sont morts avant d'avoir pu s'imposer comme des philosophes tout court ? Est-il permis de souligner que cette faillite de l'idée provoque un déficit de réflexion et de stimulation intellectuelle chez les jeunes pourtant plus nombreux chaque année à suivre des études supérieures ? Les grands médias, surtout la télévision, restent moins attirés par les actuels tenants de la philosophie que par les grandes « stars » du bon sens, comme l'abbé Pierre, Cousteau ou encore les prix Nobel Pierre-Gilles de Gennes et Georges Charpak, qui réalisent d'excellents scores à l'audimat parce qu'ils s'expriment avec conviction et de façon claire sur des sujets dans l'air du temps.

Même si elle a été rendue plus vulnérable par la pauvreté du débat des idées, la jeune opinion publique n'est pourtant pas prête à tout gober. Elle finit, tôt ou tard, par rejeter ce qu'elle a admiré dès qu'elle s'aperçoit qu'elle a été menée en bateau. Le meilleur exemple est sans doute celui offert par l'aventure d'Harlem Désir et de SOS-Racisme.

Le sens de la fraternité et le souci de mieux

respecter les autres qui animent les jeunes les avaient conduits à adhérer très nombreux au tout nouveau mouvement de lutte contre le racisme. Avec spontanéité, générosité et une grande ouverture d'esprit et de cœur. Venus des banlieues pourries comme des beaux quartiers. Du monde de l'usine comme des universités. Quel plus beau témoignage pouvaient-ils donner à des parents qui doutaient d'eux que cet engagement dans une organisation de jeunes, prête à gommer les handicaps nés, en période de crise surtout, des différences de couleur de peau, de nationalité ou de religion ?

Les sondages assuraient alors que sept jeunes sur dix se sentaient plus proches d'un autre jeune quelle que soit sa nationalité que d'un Français quel que soit son âge (27 %). La religion de l'antiracisme était née, sous le regard d'une Eglise catholique un peu dépitée de ne pas avoir su « occuper le créneau » puisque fraternité et tolérance sont inscrites en lettres d'or dans les Evangiles. « Touche pas à mon pote » venait de supplanter « tu aimeras ton prochain comme toi-même ».

De grands concerts de rock en manifestations de rue contre les « bavures » policières ou le charter de Maliens de Charles Pasqua, les « potes » étaient de la fête, têtes noires et blondes accrochées au grand rêve d'une France plus accueillante, jusqu'au moment où ils se sont aperçus que si leur cause était noble, ceux qui inventaient les slogans étaient des manipulateurs téléguidés par le pouvoir. Créée par les conseillers de François Mitterrand pour favoriser la montée du Front national, parrainée par l'Elysée et financée avec l'appui du parti socialiste, l'association SOS-Racisme n'était rien d'autre qu'une machine de guerre politique et l'urgence de son combat une utopie.

Après son échec économique entre 1981 et 1984, le parti socialiste, avec à sa tête l'équipe toute-puissante du « château », voulait faire diversion en remplaçant la lutte des classes, qui risquait de se rallumer avec la politique de rigueur, par la lutte des races. De façon totalement artificielle et après avoir fait réaliser une série de sondages coûteux sur l'état de l'opinion et sur les premières réactions hostiles à l'immigration massive, les socialistes ont alors décidé de créer un psychodrame national en opposant les racistes aux antiracistes. En culpabilisant les Français et, bien entendu, en collant la droite républicaine avec l'extrême droite du mauvais côté et le bon « peuple de gauche » à l'avant-garde de l'antiracisme.

C'est un message de François Mitterrand, sur l'air de « Ne vous trompez pas de vote », diffusé sur écran géant au cours d'un grand rassemblement des « potes » avant les élections présidentielles de 1988, qui a permis aux jeunes de comprendre la formidable manipulation dont ils avaient été l'objet.

« Nous étions tout un groupe de la fac de Nanterre, raconte Pierre-Alexandre. Nous avions adhéré à SOS-Racisme un an plus tôt. Quand nous avons vu Mitterrand sur l'écran nous appeler assez grossièrement à voter pour lui, nous nous sommes regardés, en riant de cette ficelle un peu grosse. Nous étions nombreux dans ce groupe à voter socialiste. Pourtant, nous n'avons pas accepté ce coup tordu. Nous avons quitté aussitôt les " potes ", puis plusieurs ont lâché le PS un peu plus tard. »

L'hémorragie des militants de SOS-Racisme a commencé ce jour-là. Elle n'a jamais cessé depuis. Les socialistes avaient joué de façon indigne avec les sentiments les plus nobles et les plus sincères d'une génération généreuse. Ils venaient de perdre la partie.

Il y a en France des courants xénophobes et des idéologues de l'exclusion. Il faut les dénoncer et les combattre, en informant clairement les générations les plus jeunes. Si l'immense majorité des électeurs du Front national sont des « poujadistes » dangereusement manipulés, il y a aussi des extrémistes racistes au sein de ce parti, y compris des jeunes qu'il faut convaincre. Mais c'est tout autre chose que de créer, comme l'a fait la gauche, un « piège à jeunes » pour exacerber les peurs, sous couleur de générosité, pour exciter les fantasmes des « beaufs » et attiser chez eux les craintes de la dilution de l'identité nationale. Ce qui s'est passé en France dans la seconde partie des années 80 est grave mais le dénoncer alors faisait courir le risque (est-ce vraiment changé ?) d'être taxé de racisme !

La grande manipulation de l'antiracisme, basse manœuvre nourrie d'une grande cause, a sans doute eu plus d'effets négatifs que d'avantages réels. On a fait reculer la notion de citoyenneté au bénéfice de l'identité communautaire et conduit, dans leurs quartiers, les jeunes à réagir « en juif », « en musulman » ou « en Africain » avant de se situer en qualité de citoyen français. La grande kermesse de l'antiracisme a fait grimper les scores du parti de Jean-Marie Le Pen, rendu la France moins unie et augmenté les difficultés d'insertion des immigrés.

C'est peut-être, malgré les louables intentions affichées, la plus mauvaise leçon de civisme jamais donnée aux jeunes depuis longtemps. Heureusement, les petits poissons n'ont pas été dupes et se sont presque tous enfuis par les mailles du filet grossièrement tendu dans la vague des bons sentiments par Harlem Désir et ses bailleurs de fonds socialistes. Flanqué d'un Bernard Kouchner filial qui, à défaut d'avoir rencontré Dieu, soigne son image en collant au personnage le plus populaire de France, l'abbé Pierre a bénéficié du déclin de SOS-Racisme pour retrouver le monopole du discours sur la fraternité et la tolérance. Force et raison sont restées à l'Eglise et à sa parole.

Mais, à peu d'années d'intervalle, la « génération généreuse » a fait l'objet d'une seconde tentative de récupération à des fins politiques. Car ce que l'on a constaté avec les « potes » est également vrai pour les écologistes, avec toutefois une différence de taille puisque le grand mouvement écolo a vite éclaté en deux grands blocs, les Verts et Génération Ecologie, et que les chamailleries médiatisées d'Antoine Waechter et Brice Lalonde ont fini par les décrédibiliser en les faisant apparaître comme des chefs de clan se livrant à des jeux politiciens tout en faisant mine de refuser la politique.

Sa prestation bruyante comme ministre de l'Environnement avait fini par donner une vraie stature à Brice Lalonde. En quelques mois, selon tous les sondages, les jeunes en avaient fait « une carte pour l'avenir », presque à égalité avec Kouchner ! C'était juste avant que sa valse-hésitation trahison-adhésion avec ses amis socialistes ne le transforme en politicien finassier, de style IVe République.

Un gros quart des militants des mouvements animés par Lalonde et Waechter avaient moins de vingt-cinq ans. Déçus du socialisme souvent, ils étaient venus pour défendre un idéal autant que l'environnement et agir autrement en marge des partis politiques classiques, et non pour arbitrer des scènes de ménage à la Feydeau, jouées par des acteurs sans grand talent mais avant tout soucieux de leur destin personnel. Refusant de choisir, ils ont préféré fuir. Leur démarche était guidée par leur inquiétude pour l'avenir de la planète, face à la détérioration de la couche d'ozone, l'annonce des marées noires ou la menace nucléaire. Au même titre que la paix ou la famine, l'environnement s'impose à eux comme une grande cause majeure et un enjeu vital pour le futur, au point qu'ils ont accordé autant d'importance à la conférence de Rio sur l'état de santé de la Terre qu'à la guerre de Yougoslavie, pourtant plus proche, plus concrète et plus directement menaçante.

L'incapacité des duettistes Lalonde et Waechter, enfin réconciliés pour la circonstance, à présenter un programme précis et cohérent aux élections législatives de 1993, et leur refus de s'inscrire efficacement dans le paysage politique français en passant des accords clairs avant le scrutin, ont conduit à la déroute électorale des « écolos », déroute encore accentuée par le mode de scrutin majoritaire. Leurs jeunes électeurs venus des rangs socialistes ne sont pas retournés vers le PS. Ils ont préféré faire le grand saut vers les libéraux, rendant ainsi les formations de droite majoritaires chez les moins de vingt-cinq ans.

Si 20 % des dix-huit-vingt-quatre ans ont voté pour le parti socialiste, 10 % seulement ont porté leur choix sur les écologistes. C'est moins que pour le Front national (13 %). A l'échec cuisant rencontré par les écologistes s'ajoute la forte déception de leurs jeunes électeurs, qui ne savent plus très bien vers qui se tourner pour obtenir des réponses à leurs inquiétudes sur les grands dossiers de l'environnement. En quittant le strict terrain de l'écologie qui était leur seul combat crédible et en choisissant de tenir un discours très approximatif et souvent utopique sur l'économie ou les relations internationales, les candidats des Verts ou de Génération Ecologie ont révélé avec cruauté leurs limites et leur absence de compétence dans des domaines essentiels. Ils ont ainsi mis en évidence les dangers d'une écologie totalitaire, érigée en système de pensée rigide et parfois proche du fanatisme.

Le professeur Pierre-Gilles de Gennes, prix Nobel de physique 1991, n'a pas hésité à mettre les pieds dans le plat en dénonçant les dérives d'une mode verte cousue au fil rouge du gauchisme. « Il y a une espèce de religion de l'écologisme qui se construit, qui est menaçante et qui est sectaire dans beaucoup de cas, qui est même fondée sur l'exploitation de la peur, a-t-il accusé[1]. Et vous autres, journalistes, vous y participez beaucoup. »

1. « L'heure de vérité » sur France 2, 27 décembre 1992.

Nombreuses sont les voix autorisées qui s'élèvent aujourd'hui, non pour contester l'impérieuse nécessité de lutter efficacement pour protéger la Terre des nuisances meurtrières d'une industrialisation forcenée, mais pour mettre en garde contre une certaine forme d'écologie politique fondée sur des idéaux archaïques et qui ambitionne de prendre, de manière subliminale, le relais du marxisme en phase terminale.

Auteur d'un réquisitoire sévère mais lucide [1], l'universitaire Luc Ferry compare l' « espèce de religion de l'écologisme » fustigée par le professeur de Gennes à une véritable « praxis » menaçant les fondements de l'ordre libéral mais aussi les progrès de l'espèce humaine et la modernité inscrite dans la marche du temps. « L'écologie profonde peut devenir un nouvel opium du peuple, selon Luc Ferry [2]. Ce n'est d'ailleurs pas un hasard si elle reçoit à la fois l'approbation de l'extrême gauche, qui critique le monde moderne au nom d'un avenir radieux, et celle de l'extrême droite, qui fait la même chose au nom cette fois d'un paradis perdu. »

Mal informés, les jeunes militants des formations écologistes n'ont pas vu, pas plus que leurs parents d'ailleurs, tout ce qui se cachait derrière cette mobilisation justifiée par l'obligation de mieux préserver l'air, l'eau et les sols, et amplifiée par la désaffection de l'opinion pour la politique traditionnelle. Peu ont compris que les « grands chefs verts » les plus rodés au débat des idées, comme Brice Lalonde, déjà actif

1. *Le Nouvel Ordre écologique*, Grasset.
2. *L'Express*, 24 septembre 1992.

290

sur les barricades de mai 1968, voulaient faire de l'écologie un cheval de Troie pour une alternative politique justifiant un endoctrinement en douceur des masses.

Cette prégnance du gauchisme dans l'écologie explique pourquoi les gouvernements socialistes ont d'abord eu pour elle les yeux de Chimène, en nourrissant le secret espoir de récupérer ainsi, le moment venu, ceux qui refusaient la dérive capitaliste de leur politique, à partir de 1984. On connaît la suite, jusqu'au moment où les sondages les plaçant à égalité et même devant le PS, les écologistes ont voulu rafler la mise en rompant brutalement avec leurs tuteurs. Jusqu'à tout perdre. Avec Brice Lalonde comme avec Harlem Désir, toute une génération a vu ses aspirations les plus sincères et son capital de générosité être dilapidés au vent des combines politiciennes, par les chefs recruteurs de l'Elysée et de la rue de Solférino.

« Quand on me parle du retour des valeurs, explique Anne, vingt-quatre ans, infirmière à l'association humanitaire Equilibre, j'ai envie de rire et de pleurer à la fois. Il surgit toujours un leader pour polluer la spontanéité des gens de notre âge. Qui, aujourd'hui, nous aide à valoriser ce qu'il y a de bien en nous sans chercher à le négocier aussitôt auprès d'un parti politique ou d'un syndicat ? En consacrant quelques années de ma vie au service des plus démunis dans le monde, j'ai au moins le sentiment d'échapper à tout ça. La grande force de nos associations est d'être à l'abri de ces manœuvres ou de savoir y résister. »

Les « abus de confiance » dont ils ont été les victimes en s'engageant pour des causes qui leur semblaient justes ne sont pas faits pour conduire les jeunes à participer activement à l'organisation de la vie sociale. Ils vont même franchement à l'encontre de la volonté de Jean-Pierre Chevènement, ministre de l'Education, lorsqu'il a rendu à nouveau obligatoire, en 1985, l'éducation civique dès la classe élémentaire.

« Eminemment morale, l'éducation civique développe l'honnêteté, le courage, le refus des racismes, l'amour de la République », précisaient les directives ministérielles alors que dans le même temps SOS-Racisme préparait les adolescents à « faire le bon choix ». Nombreux sont les instituteurs à avoir émis quelques réserves sur cette définition de l'éducation civique, par peur que leurs prises de positions sur les thèmes sensibles ne génèrent des conflits avec les parents, tant il leur semble difficile d'être neutres et objectifs.

Redire la nécessité de l'amour de la République n'est pourtant pas inutile quand on sait que près de la moitié des moins de vingt-cinq ans placent l' « attachement à la patrie » comme la valeur la plus dépassée de toutes, celle qui leur apparaît « la moins fondamentale » avec la recherche spirituelle.

Le slogan de Prévert « Quelle connerie la guerre ! » a fait doucement son chemin sur fond de guerres télévisées, car le courant de sympathie pour le mouvement pacifiste est aujourd'hui bien réel (4 jeunes sur 10, entre seize et vingt-deux ans), même s'il revêt surtout un caractère passif puisqu'un jeune sur cinq seulement se dit prêt à manifester dans la rue ou à occuper un bâtiment public pour soutenir cette cause. Ce sont les fils de cadres supérieurs ou moyens et, dans l'ordre décroissant, les communistes, les socialistes et les écologistes qui se disent les plus pacifistes (dans le discours).

D'autre part, d'année en année, les dispensés, exemptés et réformés du service national n'ont cessé d'augmenter jusqu'en 1991, jusqu'à atteindre un appelé sur trois dans certaines classes. Entre 1981 et 1991, le nombre des objecteurs de conscience a été multiplié par cinq et celui des admis dans un service civil (police, gendarmerie, aide humanitaire, lutte contre les incendies, etc.) par trois. Le sentiment que la France est assurée de vivre en paix sur son sol, depuis la fin de la guerre froide et la dislocation des forces du Pacte de Varsovie, conduit 52 % des dix-huit-vingt-quatre ans à souhaiter une réduction des dépenses militaires[1]. La crise intérieure et les déficits sociaux ne peuvent que conforter cette opinion.

Mais le rejet sentimental de la guerre n'empêche pas les jeunes, y compris ceux qui se réclament d'un pacifisme actif, d'admettre la nécessité d'une action armée. Plus de 70 % ont ainsi approuvé la décision du président Mitterrand d'engager la France dans la guerre du Golfe aux côtés de la coalition internationale pour d'abord, selon eux, « faire respecter le droit international » et ensuite pour « empêcher à l'avenir un pays d'agir comme l'Irak ».

« Attention toutefois à ce que serait la réaction de ces jeunes si un conflit se déroulait chez nous ou très près de chez nous, corrige un colonel des troupes de

1. Sofrès pour des journaux de province, septembre 1991.

marine. Dans le Golfe, la guerre était lointaine, " propre " et électronique. Et conduite par des volontaires. »

Avec la patrie, Dieu est le grand perdant au hit-parade des valeurs, établi par cette génération qui ne semble pas plus croire au ciel qu'au drapeau : 45 % des quinze-vingt ans affirment que la recherche spirituelle n'est plus fondamentale[1].

« France, fille aînée de l'Eglise, qu'as-tu fait de ton baptême ? » demandait le pape Jean-Paul II en 1980, au Bourget, devant un parterre de jeunes très clairsemé malgré la mobilisation générale décrétée par tous les diocèses. N'ignorant rien de la mauvaise santé du christianisme dans cette terre dont il voulait souligner l'infidélité, le Saint-Père savait bien que son immense popularité à travers le monde se heurtait ici à quelques résistances.

Avec la Grande-Bretagne et le Danemark, la France est devenue le pays le moins religieux de l'Europe des douze. Et le recul des attitudes religieuses y est d'autant plus prononcé qu'on est plus jeune. De 85 % dans les années 50, la pratique régulière y est tombée aux alentours de 12 à 14 % chez les adultes et à 5 % chez les jeunes après leur communion solennelle. On constate en France une baisse identique de la pratique chez les jeunes musulmans, mais un phénomène strictement inverse chez les adolescents juifs.

Les spectaculaires rassemblements de jeunes, à

1. Contre 35 % des vingt et un-quarante-neuf ans et 19 % des cinquante ans et plus (CSA-*Phosphore-Notre temps*, juin 1992).

Chartres, à Lourdes ou à Paray-le-Monial, la ferveur extraordinaire des groupes qui rejoignent frère Roger à la communauté de Taizé et les foules immenses de garçons et de filles de moins de trente ans massées autour du pape, dans des moments d'une intensité rare, comme au cours de ces dernières années, à Czestochowa, Saint-Jacques-de-Compostelle ou Strasbourg, ne peuvent masquer la réalité d'une identité chrétienne de plus en plus vidée de son contenu. Au pèlerinage à la Vierge noire de Czestochowa (Pologne), le 15 août 1991, il y avait plus d'un million de jeunes venus d'Europe et du monde entier, mais « seulement » 25 000 Français.

Constaté très fortement dès les années 60 et ensuite au milieu des années 70, le phénomène du reflux religieux n'est allé qu'en s'amplifiant. Pour bien mesurer la baisse spectaculaire de l'intégration religieuse en France, qui permet de planter le décor dans lequel a grandi toute la jeune génération, retenons simplement qu'entre 1965 et 1990, le pourcentage des baptêmes a chuté de 92 à 63 % et celui des mariages à l'église de 78 à 52 %. Et encore que le taux de catéchisation vient, pour la première fois, de passer au-dessous de la barre des 50 %.

Aujourd'hui, les jeunes ne sont pas hostiles à la religion au point de la combattre ou de la contester. D'ailleurs, ils sont encore une grosse majorité à se ranger parmi les catholiques quand on leur demande de façon vague à quelle religion ils appartiennent. Et leur détachement de la religion ne se fait pas au profit de l'athéisme, qui stagne. Ils ne sont que 15 % à exclure l'existence de Dieu. Mais l'Eglise dont ils sont devenus les enfants, d'abord bébés sur les fonts baptismaux puis par leur profession de foi, a eu beaucoup de difficultés à trouver les mots et les moyens pour les garder auprès d'elle, au sein d'une grande famille d'amour où il eût pourtant fallu peu de choses pour qu'ils se sentent bien.

L'Etat profondément laïc, y compris sous des gouvernements de droite, avec l'école comme bouclier, n'a pas aidé à les rapprocher de l'univers spirituel. Pas plus que leurs parents, les déserteurs de Dieu, qui tournaient désormais le dos aux curés et aux lieux de prière et considéraient les sacrements, au mieux comme des signes d'appartenance sociale, au pis comme de simples formalités, « pour faire comme tout le monde » ou « pour que les enfants n'aient rien à reprocher plus tard ».

Observateur attentif d'une génération « en quête de mémoire », au milieu de laquelle il vit quotidiennement, le père Luc Pareydt[1], jésuite, soutient que la problématique des dix-huit-vingt-cinq ans est d'abord culturelle et que l'Eglise n'échappe pas à ce contexte.

« Comme bien d'autres, elle est déroutée. Elle a quelque mal à entrer dans une nouvelle manière d'être et de faire : comprendre, écouter, proposer selon les priorités humaines et spirituelles qui correspondent à l'attente de cette génération. Celle-ci n'est pas " anticléricale " ou anti-institutionnelle, elle ne milite pas comme le faisaient ses aînés, qui professaient une incroyance intellectuelle ou s'en tenaient à une indif-

---

1. *Génération en mal d'héritage*, Assas-Editions, 1992.

férence polie. Les propositions de sens l'intéressent, l'esthétisme qui s'y attache la séduit, l'éthique qui soutient le discours la retient. »

La soif de sens et de morale (le mot fait beaucoup moins peur) des jeunes est un atout certain pour une Eglise mieux à l'écoute, délivrant un message fort d'espoir et d'amour, et plus unie pour leur tendre la main. Transmis par le texte depuis les origines, avec la force et le caractère immuable de l'écrit, et seulement expliqués par les prêtres dans le champ clos des églises et des cathédrales, les grands enseignements de l'Eglise n'ont pas changé et n'ont pas à changer puisqu'ils s'inscrivent dans la modernité jusqu'à inspirer aujourd'hui l'humanisme laïc auquel se réfèrent les non-croyants. Mais plus qu'à des barrières culturelles hostiles, leur transmission se heurte, pour s'y noyer, aux flots de mots et d'images libérés par les puissants moyens de communication électroniques (télévisions et radios), que l'Eglise ne peut ni maîtriser, ce qui n'est pas dans ses intentions, ni influencer, malgré ses efforts récents, alors que ces médias lui imposent en permanence des contre-valeurs plus séduisantes. A l'adresse de ces envoûtés de la télévision, l'Eglise peut-elle seulement espérer peser à armes égales, par la qualité et la modernité de son discours, en se confrontant sans détour aux réalités de vie de ces millions de jeunes en mal de repères ?

« Les peurs restent grandes de s'y affronter vraiment, d'aller au-delà des effets de surface, des discours rassurants, pour partager les doutes et les aspirations d'une génération, reconnaît Luc Pareydt dans sa remarquable étude. Pour cela, sans doute faudrait-il poser en premier lieu cette exigence pastorale, demandée par beaucoup de jeunes : que nous soyons désintéressés à leur égard. Exigence éthique : être attentifs à ce qu'ils vivent, prendre au sérieux les questions qu'ils posent, accepter de modifier certains comportements et de réfléchir sur des points fondamentaux de notre discours (en morale en particulier) ; mais abandonner cette prétention, toujours plus ou moins sous-jacente, de les " avoir ", de vouloir montrer que l'Eglise sait encore captiver les jeunes. »

Les positions de Rome sur la morale, et particulièrement sur la sexualité, sont généralement jugées trop conservatrices et trop rigides par les jeunes dont certains, reprenant à leur compte le discours de leurs aînés, n'hésitent pas à parler d'archaïsme. Un sur deux, par exemple, regrette que l'Eglise continue à rejeter les divorcés et ne se montre pas plus souple pour tenir compte de l'évolution des mœurs. Un prêtre défroqué, réduit à l'état laïc par le Vatican, peut se marier à l'Eglise, mais pas un divorcé, croyant sincère et pratiquant régulier depuis trente ans.

« Je suis pourtant croyante et pratiquante, l'une des benjamines de ma paroisse, mais il y a des choses que j'ai beaucoup de mal à comprendre, admet Murielle, vingt-quatre ans. Une personne mariée civilement deux fois peut se remarier une troisième devant le curé, mais pas un croyant divorcé dès lors qu'il a prêté serment une première fois devant Dieu. Bien sûr, je sais sur quoi se fonde l'Eglise pour arrêter sa position : la rupture d'un sacrement. Mais l'augmentation du nombre des divorces prouve que cette exclusion n'est pas un frein, mais qu'elle conduit l'Eglise à s'éloigner — parfois à se couper — d'un nombre important de ses fidèles, dont beaucoup gardent leur foi mais souffrent profondément de ce qu'il faut bien appeler une grande intransigeance. »

« Tu as raison, lui répond le père Alain G. Mais face à toutes les tentatives de démolition du couple et de la famille, et à leurs séquelles sociales et humaines, l'Eglise — et pas seulement l'Eglise catholique — est dans son rôle lorsqu'elle en appelle au respect des liens sacrés du mariage. Elle est la seule à pouvoir le faire. Ni les parents souvent trop loin de toute vie spirituelle, ni les enseignants, ni les autorités civiles ne seraient là pour tenir un discours sur la fidélité et l'amour si l'Eglise venait à renoncer à ce qui fonde son dogme. »

En s'opposant aux jeux amoureux avant le mariage et donc à l'union libre, aux partenaires multiples, à la contraception et à l'interruption volontaire de grossesse qu'ils considèrent comme un crime, les prêtres, et le premier d'entre-eux, le pape Jean-Paul II particulièrement intraitable sur le sujet, ne choisissent pas les chemins de la facilité ou de la démagogie. Leur discours, courageux et nécessaire pour les uns, déplacé et moyenâgeux pour les autres, se heurte de plein fouet aux réalités vécues par une très forte majorité de moins de vingt-cinq ans.

Huit pour cent seulement des Français et 22 % des catholiques pratiquants réguliers estiment que le rôle de l'Eglise est de rappeler les exigences morales concernant la sexualité et la vie du couple[1]. Ces

1. Sofrès pour *Le Figaro* et FR3, novembre 1990.

pourcentages sont en forte baisse depuis dix ans, preuve que l'autorité de l'Eglise est mal acceptée dans ce domaine. Très majoritairement, l'opinion considère qu'elle n'a pas à intervenir ni à imposer ses vues sur ces sujets.

Elles acceptent presque autant que leurs amies de faire l'amour et de vivre en couple avant le mariage et n'hésitent pas beaucoup plus à utiliser des moyens contraceptifs, mais les jeunes filles catholiques pratiquantes sont, par contre, beaucoup plus nombreuses que les autres à exclure totalement la possibilité de se faire avorter un jour.

« On regarde, perplexes, ces milliers de jeunes applaudir à tout rompre le pape qui leur enjoint de s'abstenir de relations sexuelles avant le mariage, alors que la plupart n'imagineraient pas un seul instant, honnêtement, s'en priver... » souligne encore le père Luc Pareydt.

Les convictions des jeunes croyants sont souvent diffuses, vécues au milieu des angoisses de toutes sortes et entretenues comme des moyens de se dépasser et de voir au-delà des problèmes du moment.

« Pour tout cela, affirme un prêtre, aumônier d'étudiants, leurs croyances sont à leurs yeux très précieuses car capables d'adoucir un peu les souffrances de la vie. Mais leur religiosité est très différente de celle des générations qui ont précédé. Les jeunes prennent souvent de grandes libertés avec le dogme. Ils vivent leur foi de façon très personnelle. Chacun adapte le discours de l'Eglise à sa mesure et à ses goûts, selon les circonstances. Leur vie spirituelle est " à la carte ". Face à ce zapping, l'Eglise est normalement déroutée mais, fidèle à sa tradition, elle sait rester accueillante. Par exemple, si elle condamne l'IVG, elle n'exclut pas les femmes qui se font avorter et cherche à comprendre leur douleur et à les aider. »

La profonde transformation du paysage catholique français a conduit ces « héritiers sans testament », selon la jolie formule de René Le Corre, soit à dériver vers l'indifférence la plus totale, soit à vivre leur foi de façon individualiste et très pragmatique, en recourant à ce que le sociologue Yves Lambert[1] appelle « le bricolage du religieux ».

« Je suis très déroutée, reconnaît Aliette, vingt ans, étudiante antillaise à Toulouse. Je ne vais jamais à la messe mais il ne se passe pratiquement pas un jour sans que je trouve un moment pour prier à ma façon, même quelques minutes dans le bus. Quand j'étais enfant, Dieu m'a été présenté comme bon, tout-puissant, comme un Dieu d'amour. Et depuis mon adolescence, depuis que je regarde régulièrement le journal télévisé et que je m'intéresse à l'actualité, je suis troublée par Son impuissance à supprimer le mal, la misère, l'injustice, la guerre... »

Et Aliette de poursuivre : « J'ai maintenant très envie d'entrer dans une église et de parler de tout cela à un prêtre, mais la position du Vatican sur le préservatif me retient de le faire. Face à la menace du sida, je n'accepte pas cette interdiction qui, au-delà du problème moral, me semble très dangereuse. Je suis pour le respect total de la vie, et donc d'accord avec le

1. Auteur de *Dieu change en Bretagne*, Le Cerf, 1985.

pape pour condamner l'avortement, mais en désaccord avec lui sur le problème du préservatif. Et pourtant, même si cela peut faire sourire, ma vie personnelle fait que je ne suis concernée ni par l'un, ni par l'autre... pour le moment. »

Les oscillations entre une certaine soif spirituelle et leurs réserves pour une Eglise dont ils perçoivent difficilement le sens du discours expliquent peut-être pourquoi, selon Yves Lambert[1], les jeunes sont passés de la certitude de Dieu au possibilisme. Du « je crois » au « il est probable ». Plus personne, ou presque, ne mise sur l'existence d' « une seule vraie religion » (11 %) et cette génération préfère dire que « si aucune grande religion n'a de vérité à offrir, il y a du bon à prendre dans chacune ».

« Chez les jeunes nés depuis 1966, le déclin reprend pour l'appartenance religieuse, la croyance en Dieu, l'importance de Dieu et les opinions sur l'Eglise », observe le sociologue.

Le constat est clairement établi par toutes les études, y compris celles réalisées selon les formulations européennes en 1990. Quand on demande aux jeunes de dix-huit-vingt-quatre ans, non plus : « quelle est votre religion ? » mais, de façon plus impliquante : « actuellement, appartenez-vous à une religion, et si oui, à laquelle ? », 37 % seulement se disent catholiques, contre 59 % sans religion. Ce retournement de tendance est sans précé-

---

1. *Crépuscule des religions chez les jeunes ?*, avec G. Michelat, L'Harmattan, 1992.

dent et se heurte à la certitude communément répandue que « les Français sont catholiques... à plus de 80 % ».

Après l'arrivée à l'âge adulte des générations de l'après-guerre, à partir de 1965, accompagnée de la chute brutale de la pratique religieuse, de la crise des mouvements de jeunesse (effectifs réduits de moitié en dix ans) et des polémiques nées du concile Vatican II, l'Eglise avait connu de nouvelles secousses autour de 1975 avec l'émergence des traditionalistes autour de Mgr Lefebvre et de la contestation née de la loi Veil sur l'avortement et du divorce par consentement mutuel, avec cette fois un net tassement de la pratique chez les jeunes et une baisse du nombre des baptêmes. Au moment même où naissaient ceux qui ont aujourd'hui autour de vingt ans et qui ont été moins nombreux à recevoir le sel de l'Eglise.

Suit alors une stabilisation qui s'étend de 1979 à 1985 et qui est sans doute à relier à l'avènement du pape Jean-Paul II et à l'écho du syndicat ouvrier polonais Solidarnosc, moteur de la chute du communisme en Pologne puis dans le bloc soviétique, analyse Yves Lambert. La reprise de la baisse depuis 1986 aurait-elle été causée par le durcissement du Vatican (film de Scorcese, pilule abortive RU 486, « fivette », condamnations de théologiens, avortement, usage des préservatifs) et plus largement par la crainte des fondamentalismes religieux dans le contexte d'un tournant géopolitique où la peur de l'islamisme s'est bientôt substituée à celle du communisme effondré ? Là encore, c'est difficile à affirmer avec certitude.

Yves Lambert voit juste lorsqu'il partage le paysage religieux français des années 90 en trois grandes familles[1]. D'abord le christianisme « confessant » qui rassemble ceux qui pratiquent et revendiquent leur foi. Ensuite le christianisme « culturel », au sens de l'héritage culturel, qui regroupe les dubitatifs qui n'ont rien contre la religion et gardent une grande indépendance par rapport aux recommandations de l'Eglise. Et enfin l' « humanisme séculier », lequel concerne ceux qui sont indifférents ou hostiles à toute religion mais accordent souvent, au nom des droits de l'homme, une réelle importance aux valeurs et au sens de la vie.

« L'évolution des vingt dernières années constitue, affirme le sociologue, un glissement progressif du christianisme confessant vers le christianisme culturel et surtout vers l'humanisme séculier. »

Et, dans ce paysage, les moins de vingt-cinq ans se classent massivement dans le pôle de l'humanisme séculier (les « Kouchner ») et en nombre significatif dans celui des « héritiers culturels » (l'abbé Pierre, avec ou sans la soutane). Huit sur dix n'hésitent d'ailleurs pas à reconnaître qu'ils adaptent leur éthique personnelle aux nécessités du moment : « Il ne peut jamais y avoir, disent-ils[2], de lignes directrices parfaitement claires pour savoir ce qui est le bien ou le mal, cela dépend entièrement des circonstances. »

On comprend mieux pourquoi il leur est difficile de se plier aux contraintes imposées par les grands

1. *Les Valeurs des Français*, collectif, PUF, 1993.
2. Enquête européenne sur les valeurs, 1990.

enseignements de l'Eglise, particulièrement dans le domaine de la morale, et comment les valeurs plébiscitées par tous (famille, amour, justice, etc.) prennent un sens religieux chez les croyants et un sens profane chez les non-croyants. Si les jeunes choisissent avec une très grande liberté la façon de vivre leur foi et prennent ce qui les séduit pour mieux écarter tout ce qui les dérange, ils revendiquent ce « bricolage » comme un gage de leur sincérité.

« Nos parents ont peut-être abandonné la religion parce qu'on les avait forcés à y venir, beaucoup par automatisme, estime Patricia, dix-huit ans. Ce n'est pas notre cas. Nos parents, à de rares exceptions près, ne nous imposent plus rien. La religion n'est pas pour moi un héritage mais un choix, une option personnelle. C'est le cas pour beaucoup de mes amis. Et le fameux " bricolage des valeurs " dont on accuse les jeunes en se moquant de leur " cuisine " n'a rien de nouveau. Auparavant, on cachait hypocritement les arrangements pris avec le ciel. Aujourd'hui, nous exprimons tout cela plus librement et avec une grande franchise. »

S'ils contestent souvent à l'Eglise le droit de s'immiscer dans leur vie privée et de leur faire des « leçons de morale ringardes », ils lui font à l'inverse un devoir de se battre pour les grandes causes jugées par eux essentielles : la pauvreté, la justice, la paix, le tiers monde, les droits de l'homme. Sur tous ces points, et sur bien d'autres qui touchent à la cause et à la dignité de l'homme, l'Eglise leur apparaît parfaitement crédible et ils attendent d'elle qu'elle joue pleinement son rôle au service de l'égalité et de la fraternité universelle.

« Vu comme ça, la religion a un sens et Dieu n'est pas démodé », précise Marie-Eve, qui a choisi de recevoir le baptême à l'âge de vingt ans.

« Pourquoi pas ? lui répond Pascal, son jeune compagnon. Mais la religion n'est pas un supermarché. On ne peut se dire chrétien sans aimer Dieu et le prier. »

Pascal appartient depuis deux ans à un groupe de prière de Lyon et envisage, avec Marie-Eve, de rejoindre l'une des quinze grandes communautés du Renouveau charismatique catholique (RCC), né il y a vingt-cinq ans et qui regroupe plus de 150 000 adhérents en France, parmi lesquels de très nombreux jeunes disposés à s'engager au service de Dieu et même de porter autour d'eux la Parole de l'Evangile. Un temps méfiante face à ces croyants très démonstratifs, et parfois un peu exaltés, l'Eglise a fini par les intégrer et même à leur confier des paroisses. Le Vatican voit même dans ces jeunes un ferment du renouveau de la foi.

Dans le même temps, des mouvements comme les Scouts (de France ou d'Europe), ainsi que la Jeunesse ouvrière catholique (JOC) ou le Mouvement eucharistique de la jeunesse (MEJ) ont connu un vrai regain très encourageant aux yeux de l'Eglise.

Ceux qui viennent par dizaines de milliers dans les grands rassemblements annuels de jeunes souhaitent y trouver des structures chaleureuses et accueillantes — qui font défaut ailleurs — pour les aider à réfléchir en commun et à donner un sens à leur vie. Dans un discours sur fond de crise, les adultes ne leur proposent généralement que de réussir leur vie professionnelle. Eux veulent aller plus loin et avoir une vraie réflexion sur des questions très déroutantes et dont la complexité les dépasse un peu : la recherche médicale, les techniques de procréation assistée, l'euthanasie...

La distance prise par la grande majorité de cette génération avec les institutions religieuses ne l'a pas pour autant conduite à se tourner vers les sectes. Et pour cause, ces sectes les priveraient de ce qui semblent leur tenir particulièrement à cœur : leur autonomie et le pouvoir de choisir individuellement et librement leurs comportements. Par contre, c'est très net, les dix-huit-vingt-cinq ans sont beaucoup plus attirés par les croyances les plus irrationnelles, comme le spiritisme, la voyance, l'astrologie, la magie ou la numérologie.

Il y a maintenant en France deux fois plus de voyantes, d'extralucides, de marabouts et d'exorcistes que de prêtres (50 000 contre 25 000), et les dix millions de consultations données chaque année représentent pour ces marchands d'illusion un chiffre d'affaires de plus de 20 milliards de francs. Au cours des cinq dernières années, au moment où ils se sont rendu compte que la crise multiforme les frappait de plein fouet, les jeunes ont été plus nombreux que jamais à tenter de voir au-delà des difficultés du moment pour essayer de reprendre confiance. Et il y avait parmi eux de nombreux catholiques pratiquants...

En 1975, André Malraux confiait à Pierre Desgraupes[1] : « On m'a fait dire : " Le XXIᵉ siècle sera religieux ou ne sera pas. " Je n'ai jamais dit cela, bien entendu, car je n'en sais rien. Ce que je dis est plus incertain : je n'exclus pas la possibilité d'un événement spirituel à l'échelle planétaire. »

La formule de Malraux est beaucoup plus vague... Elle n'aide pas à mieux cerner l'univers spirituel dans lequel vivront ces « héritiers sans testament » qui ont peut-être déjà, à leur façon, commencé à définir les contours du siècle nouveau qui s'avance : les non-croyants en ancrant, sans le savoir, leur vie aux valeurs chrétiennes qui imprègnent encore la société française, et les croyants en cultivant une liberté de jugement et de comportement au cœur même de leur foi sans cesse redessinée.

1. *Le Point,* 10 novembre 1975.

10

Les atouts de la renaissance

L'espoir changea de camp,
Le combat changea d'âme.

Victor Hugo.

Une société ne revient jamais à son point de départ. Elle empile ses siècles d'or et ses blessures collectives, ses heures de gloire et de honte, dans la confusion entretenue par la marche du temps. Elle n'oublie aucun de ses combats qu'elle accroche au palmarès de l'Histoire. Elle passe des compromis entre l'ancien et le nouveau, entre hier et aujourd'hui, entre ce qu'elle souhaite et ce qu'elle peut, pour inventer autre chose et aller de l'avant. Le choix ne sera pas laissé aux huit millions de jeunes de la « génération galère ». Pas plus que leurs aînés et ceux qui les suivront, ils ne pourront se dérober. Faisant contre mauvaise fortune bon cœur, c'est eux qui porteront à bout de bras le vieux pays fatigué sur les marches du XXIᵉ siècle.

Aujourd'hui, même s'ils ne le disent pas, ils ont peur. La tâche qui les attend leur semble presque insurmontable. L'hydre de la crise a plongé toute la nation dans un malaise d'une gravité rarement connue. L'angoisse est collective et le moral national en ruine.

« La France est aujourd'hui une personne bien

malheureuse, note Alain Duhamel[1]. A tous ceux qui l'observent, du dedans comme du dehors, elle apparaît habitée par le doute, rongée par l'inquiétude, submergée par la déception, exaspérée par le pouvoir politique, amère vis-à-vis de la gauche, anorexique vis-à-vis de la droite, déçue par son destin, incertaine d'elle-même et de son avenir, par-dessus tout déstabilisée à force d'anxiété. »

Il n'est pas certain que le retour au pouvoir des libéraux et la confiance inspirée à son arrivée par Edouard Balladur soient suffisants pour changer en profondeur le psychisme de la France dépressive. La crise de confiance a gagné tous les rouages de la société, les édiles et le peuple, les possédants et les pauvres, les salariés et les chômeurs, les entreprises et leurs banquiers, les citadins et les ruraux, les vieux et les jeunes.

Déstabilisée, toute la jeune génération peint aujourd'hui son avenir en noir, un peu plus encore à chaque rentrée de septembre lorsque le système éducatif rejette sur la banquise du chômage quelques centaines de milliers de naufragés supplémentaires, dont la plupart devront attendre des mois ou des années avant de trouver un « vrai » emploi. Parents, enseignants, gouvernants... ils ne croient plus personne. Les premiers les ont poussés à étudier afin, disaient-ils, d'augmenter leurs chances de réussite. Les autres leur ont donné l'illusion de les préparer à entrer dans la vie active. Les derniers leur annoncent depuis qu'ils sont en âge de comprendre que la crise

---

1. *Les Peurs françaises, op. cit.*

touche à sa fin, que la sortie du tunnel est imminente, les clignotants au vert, la conjoncture bien meilleure, la reprise internationale inévitable. Face à ces encouragements aux saveurs de mensonge, ils constatent que la crise perdure et le chômage augmente, convaincus d'avoir été trompés, manipulés et abusés par l'ensemble de la société.

Dans la génération des dix-huit-vingt-cinq ans, il y a bien sûr plusieurs générations. La jeunesse est à l'opposé d'un groupe social monolithique. Elle est si éclatée, si atomisée qu'une bande de quartier ou même un jeune isolé peut s'observer comme une génération. Les clivages se remarquent en fonction de l'âge, avec des différences énormes d'une année sur l'autre, de l'origine géographique, les ruraux étant toujours très différents des « zonards », et du milieu social d'origine, avec des comportements et des modes de vie très contrastés entre les enfants d'intellectuels et ceux d'ouvriers. Mais, au-delà de ces contradictions, les fils de cadres supérieurs de Paris et les filles de familles ouvrières de Lorraine partagent, certes à des degrés divers, le même sentiment profond et désolant d'être nés trop tard.

« Nés trop tard »... Ils sont nombreux à le dire, avec la résignation contrainte, mais sourdement révoltée, du voyageur qui arrive à la gare pour voir s'éloigner le wagon de queue de son train. « Trop tard » pour entrer à l'université quand les inscriptions sont complètes. « Trop tard » pour travailler lorsque le poste auquel ils se présentent vient d'être pourvu. « Trop tard » pour obtenir un stage d'insertion professionnelle quand les crédits sont épuisés.

313

« Quand on fait du porte-à-porte dans les entreprises pour trouver un emploi, ceux qui nous reçoivent ont l'âge de nos pères, disent-ils. Mais on les sent tellement préoccupés par leur propre avenir professionnel qu'ils ne sont pas disposés à bousculer quoi que ce soit, à prendre le moindre risque personnel pour nous donner une petite chance. »

Ils sont, en effet, arrivés trop tard pour participer au festin social des Trente Glorieuses, au temps béni du plein emploi, de la reconstruction du pays, de l'industrialisation, du boum économique. Leurs mères prenaient la pilule et ils sont donc censés ne pas être les enfants du hasard. Mais ils ont le sentiment d'être aujourd'hui en trop, tombés là par accident, sans que rien n'ait été prévu pour leur faire une petite place dans une société qui préfère boiter sans eux.

Dans la grande psychose collective des années 90, qui puise ses causes au-delà de nos frontières, le chômage est à l'origine de toutes les peurs et de tous les rejets exprimés par les jeunes. De lui découlent tous les maux quotidiens qui s'enchaînent les uns aux autres jusqu'à étrangler l'espérance. La France s'impose à cette génération comme une nation duale, avec d'un côté ceux qui ont du travail et qui vivent, consomment, voyagent et choisissent, et de l'autre la masse grandissante (5 millions au moins) des chômeurs, des exclus, des nouveaux pauvres, des stagiaires permanents. Justes et généreux par essence, les jeunes ont la perception d'une société inégalitaire, sans ambition sociale et donc indigne de leur confiance.

Les banlieues sont devenues les vitrines de cette

génération désolée. C'est là que s'exposent, de façon caricaturale parfois et médiatique toujours, les plaies de ceux qui cumulent les inégalités. Loisirs de bas de gamme, écoles sinistrées, climat social détestable, habitat médiocre, délinquance accrue, drogue, violence, chômage, pauvreté, immigration massive et souvent clandestine, etc., tout est ici réuni pour composer le microcosme explosif de l'échec français, à partir de toutes les misères humaines rendues plus insupportables encore par leur promiscuité avec les couches nanties de la population.

Les quatre cents quartiers déshérités, objet d'un dispendieux plan gouvernemental d'urgence, ne sont que les pustules visibles d'un tissu urbain dangereusement atteint d'une maladie contagieuse. L'urbanisation française est un échec qui remonte aux années 50 et 60, époque à laquelle des urbanistes inconscients, incompétents et irresponsables ont truffé le pays de tours et de barres, goulags de béton construits dans l'urgence du moment sous le regard bienveillant des gouvernements et des élus locaux. L'accélération de l'exode rural et le gonflement des périphéries urbaines (un demi-million de personnes en plus par an, contre 100 000 il y a vingt ans) ont conduit à prendre, mais beaucoup trop tardivement, la mesure de ce cataclysme social, économique et humain.

Personne, ni à droite, ni à gauche, ne connaît de recette miracle pour sauver la ville et sa banlieue. On fait aujourd'hui sauter à la dynamite les verrues les plus malignes mais sans savoir par quoi, ni avec quel argent, les remplacer. Le nuage de poussière qui s'élève au-dessus des cages à lapins qui s'écroulent soulève l'enthousiasme des jeunes des cités et distrait les vieux jours des urbanistes et des bâtisseurs de l'après-guerre, aujourd'hui retirés des affaires après avoir engrangés de jolies fortunes. Leur culpabilité, ainsi que celle des politiques qui les ont laissés faire, est totale, mais ils sont hors de portée des lois ; le système judiciaire ne sanctionnant pas la responsabilité sociale de ceux qui fourvoient la nation dans l'erreur.

Le constat ne se limite pas aux banlieues à problèmes, relativement circonscrites, où l'explosion des ghettos risque d'alimenter la chronique pendant de nombreuses années. La ville classique, celle qui s'est nourrie de son histoire et de son architecture passées pour se développer, n'est pas beaucoup mieux armée pour réconcilier les jeunes avec la société. Elle leur apparaît hostile, menaçante, violente et indifférente. Les logements, déplorent-ils, y sont horriblement coûteux, la vie bruyante et polluée et les habitants plutôt froids envers eux. Sauf à opérer un grand mouvement en arrière et à redonner vie aux zones rurales, grâce à une politique hardie d'aménagement du territoire, c'est pourtant dans les villes et les secteurs périurbains, où se pressent déjà 80 % de la population française, que les jeunes devront s'installer pour avoir la meilleure chance de trouver du travail.

« C'est déjà le cas depuis longtemps, témoigne Fabienne, vingt-six ans. Sans qualification, j'ai dû quitter ma Dordogne à regret pour venir tenter ma chance à Paris où j'ai fini par décrocher un bon job. Dans ma région, il n'y a que des entreprises qui ferment. »

L'inquiétude des jeunes prend aussi sa source dans

le fait qu'ils se sentent nus. Dans la ville surtout, mais pas seulement. La génération de la carte à puce, du Minitel, des distributeurs automatiques, des fast-foods où l'on avale seul un hamburger face à la vitre, de la télévision et du walkman qui isole de tout... cette génération-là voudrait rompre les lois de l'individualisme et redonner un peu de chair à la vie en société. Elle souhaite d'autres perspectives que celle de l'immédiat, qui la conduit actuellement à traverser l'existence sans faire de vagues, en attendant des jours meilleurs. Mais la crise est toujours là, tenace, qui les rend prudents et repliés sur eux-mêmes.

A l'abri dans le foyer familial aussi longtemps que possible, ils observent ce qui se passe à l'extérieur, presque sans être vus, en attendant le moment de sauter du « ventre » de leur mère. Pour cette raison, les sociologues qui les observent les appellent les « kangourous [1] »... De cette poche qui les protège des agressions extérieures jusqu'à les priver souvent des défenses immunitaires indispensables, ils sont les témoins des événements qui bousculent le monde en cercles concentriques, sous le regard des caméras de télévision.

Au premier plan, il y a « chez eux », c'est-à-dire l'univers familial tel qu'il a subsisté. Puis la société française avec ses vieilles chimères et ses querelles intestines, qui ne les intéressent plus, et ses grands défis de l'époque, comme le chômage, le sida, la violence, la pauvreté, etc. pour lesquels ils se sentent directement concernés.

1. Expression utilisée par le CCA (Centre de communication avancée).

Un peu plus loin se situe la montée inexorable de la famine qui ronge les continents, les intégrismes religieux qui dictent par le sang leur loi aux Etats, les grandes maladies endémiques qui fauchent les plus faibles par millions. A ce niveau d'importance et de perception se situent l'effondrement des systèmes totalitaires et la naissance de zones de tensions plus locales, plus proches et plus explosives.

Enfin, aussi loin que porte le regard se dessine un monde global, surveillé nuit et jour par des satellites capables de compter les poules dans une basse-cour ou de lire une plaque minéralogique, un astre où plus rien ne paraît encore à explorer tant tout y est connu et répertorié.

Les jeunes ne nourrissent plus pour les nouveautés scientifiques la même passion que leurs parents à l'époque du Concorde et du premier pas sur la Lune. Toutes les principales techniques développées depuis vingt ans leur apparaissent maîtrisées et même parfois un peu inutiles en regard du calendrier des urgences dictées par les problèmes sociaux.

A quoi bon engloutir des sommes astronomiques dans la conquête de l'espace puisque l'on sait maintenant que rien ne pourra en être ramené pour secourir l'humanité souffrante ? Est-il nécessaire de gagner quelques kilomètres-heure supplémentaires en faisant rouler un train plus vite si c'est pour détruire de nouveaux paysages ? Faut-il construire des avions monstrueux capables de transporter mille personnes au risque d'augmenter les nuisances des aéroports ?

Seule la recherche médicale, lorsqu'elle vise à porter remède aux grandes maladies invaincues (sida, lèpre, paludisme, etc.), trouve vraiment grâce aux yeux des jeunes qui sont, par ailleurs, très nettement réservés lorsque la science s'aventure sur le terrain de la génétique. Dans ce domaine, les progrès de la science leur font un peu peur, et particulièrement aux femmes, même si certaines se réjouissent des possibilités qui leur sont offertes d'avoir un enfant « à trois » (le père, la mère et la médecine), lorsque tout espoir d'une maternité naturelle est perdu. La congélation du sperme, la fécondation in vitro, la sélection des embryons et leur destruction comme s'il s'agissait de boutures de géranium, la capacité des chercheurs à fabriquer des clones humains (par exemple par parthénogenèse), comme ils savent déjà le faire pour les pucerons ou les tomates... autant d'avancées scientifiques rendues inquiétantes par la concurrence internationale qui pousse les chercheurs à continuer leurs travaux expérimentaux pour ne pas laisser leurs concurrents étrangers prendre de l'avance et conquérir un énorme marché à leur place.

Les risques sont énormes car la course folle à laquelle se livrent les chercheurs en biogénétique ne tient pas grand compte des exigences morales de la société et de la dignité de l'homme. Même si tout cela est compliqué pour eux, les jeunes mesurent bien les dangers d'une recherche médicale faisant fi de la morale, qui offrirait demain la possibilité de choisir le sexe, la taille, la couleur des yeux et des cheveux et même le degré d'intelligence de ses enfants. Cette hypothèse n'est pas sortie d'un film de science-fiction ni du *Meilleur des mondes*. Elle est aujourd'hui possible en peu de temps, dans les hôpitaux de nos villes.

« Père » médical d'Amandine, le premier bébé-éprouvette français, le professeur Jacques Testart a préféré interrompre ses travaux et mettre en garde ses confrères contre les dangers d'un dérapage de la recherche médicale. Les inquiétudes exprimées en toute connaissance de cause par ce pionnier montrent à quel point des apprentis sorciers peuvent demain, s'ils le veulent ou si l'un d'entre eux perd la raison, se livrer à des manipulations abominables au service de la pire des causes, l'eugénisme.

Face aux inquiétantes avancées de la science, dès aujourd'hui capable de jouer avec l'intégrité de l'homme en violation de ses origines, la société a pris peur et a éprouvé le besoin de créer quelques garde-fous. Pour cela, elle a édicté des règles morales. Mais, la morale ayant été attaquée de toutes parts et tournée en dérision, depuis la fin des années 60, comme une valeur ringarde, bourgeoise, réactionnaire et « curé », il a fallu inventer un autre mot. Ainsi est née la mode de l'éthique, de connotation moins moralisatrice... et plus laïque.

Bioéthique en ce qui concerne la recherche médicale et surtout les manipulations génétiques évoquées plus haut, mais aussi éthique des affaires, éthique politique, éthique de l'information, etc., l'éthique s'est glissée partout entre les mailles de la société malade.

Parce que leurs parents ont aimablement tué le concept de la morale, sans toutefois pouvoir en faire totalement disparaître l'impérieux besoin, la génération des dix-huit-vingt-cinq ans aura d'abord été bercée aux accents des droits de l'homme, textes essentiels, certes, mais qui ne sont rien d'autre que des règles morales remodelées par les philosophes, les enseignants et les médias avant d'être adoptées par les socialistes, la démocratie chrétienne et les libéraux, incapables de résister au courant en affirmant leurs propres valeurs sous leur bannière !

Puis les jeunes ont été guidés sur les précieux chemins de l'action humanitaire et de la solidarité, avec comme maître à penser le dynamique et très médiatique Bernard Kouchner, sans jamais apprendre de la bouche de leurs parents réfractaires que ces valeurs éminemment morales, et présentées comme neuves, ne sont autres que celles enseignées depuis toujours par les instituteurs et les curés.

Et voici maintenant nos enfants emportés dans ce que le philosophe Alain Etchegoyen appelle merveilleusement « la valse des éthiques[1] », l'éthique n'étant souvent que le pâle substitut, adapté à l'époque, d'une morale rendue archaïque et ridicule par les coups de boutoir de ses adversaires.

« Nous sommes aujourd'hui " démoralisés " explique Alain Etchegoyen. Ce qui signifie, ici et maintenant, que nous n'avons plus de morale. Les repères ont disparu, les devoirs s'effacent et nous héritons du vide [...]. Oui, nous sommes démoralisés car nous avons besoin de croire en quelque chose, en quelques vérités : nous désirons que la pulsion effrénée soit arrêtée, orientée, balisée par ce que nous

1. Editions François Bourin, 1991

appellerons, génériquement, le devoir. Le désir de morale dérive d'une double exigence : il nous faut des repères et de la spiritualité. Et l'on doit se battre avec des mots — " morale ", " spiritualité " — qui nous embrouillent et nous brûlent la langue tant nous refusions même d'en discuter, tant nous en avons perdu l'habitude. Nous hésitons encore, par peur des coups, des réactions, des polémiques. »

Dans le monde qui s'impose à eux, les jeunes n'ont pas fini d'entendre les grands acteurs sociaux s'en remettre à l'éthique. Alors, autant leur dire tout de suite de ne pas la confondre avec la morale... Si la morale est, de façon spontanée, dictée et imposée par la conscience individuelle, l'éthique relève d'un choix réfléchi, mûri, avec la recherche calculée d'un intérêt. Plus « intelligente », elle est moins « pure » car elle ajoute l'attente d'un profit à l'exigence de la moralité. En cela, l'éthique est moins contraignante, plus souple, plus conforme à une société de libertés si séduisante pour tous, pour les jeunes générations notamment.

« La morale commande alors que l'éthique recommande », soutient le philosophe André Comte-Sponville. Il a parfaitement raison. Et d'ailleurs, contrairement aux Eglises qui se placent sur le terrain de la morale et prennent des positions tranchées (souvent mal admises), les comités d'éthique ne font rien d'autre que des recommandations ou d'émettre des avis.

Les jeunes sont écœurés par les « affaires », les pots-de-vin empochés par les politiques, les « bavures » des médecins dans l'affaire du sang contaminé, la corruption qui mine l'immobilier, les scandales dans le monde sportif, les manipulations idéologiques grossières auxquelles se livrent certains médias. Ils réclament une société plus qualitative, qui imposerait comme règles d'or la probité, la morale, la justice et la solidarité. Aucune enquête ne dit le contraire. Alors ils doivent savoir qu'en se parant du bouclier de l'éthique, financiers, élus, patrons, médecins, journalistes et tous ceux dont l'autorité et la crédibilité sont remises en cause, ne deviennent pas pour autant des parangons de vertu. Chaque fois qu'elle se présente comme un compromis entre la morale et l'intérêt, l'éthique devient hautement suspecte. Et beaucoup plus hypocrite que la vieille morale chrétienne, pourtant chargée de tous les maux.

Pour les sortir du piège du doute et de la morosité dans lequel ils ont été embastillés, les jeunes ont besoin d'un langage de vérité. C'est douter de leurs responsabilités de citoyen et de leur bon sens, forgés par ces années de crise, que de les croire incapables d'admettre la réalité, si rugueuse soit-elle.

Aujourd'hui, les garçons et les filles de dix-huit à vingt-cinq ans demandent à être rassurés, sécurisés, réconfortés, mobilisés. Leur amertume et leur découragement, qui peuvent se transformer à tout moment en mouvement de révolte, viennent pour beaucoup de l'absence d'un discours mobilisateur, fort et chaleureux à leur égard. D'un discours puisé aux sources du réalisme constructif et des convictions tranquilles. Aux accès de vanité parfois soutenus par le discours du gaullisme, inspiré par la grandeur et le sens, a succédé l'autodestruction par le dénigrement systématique, né de l'échec des utopies socialistes.

La perte de la certitude du progrès, qui découle conjointement de la persistance de la crise et de la limitation des avancées scientifiques à ce qui est « humainement et moralement acceptable », ne doit pas faire douter la « génération du futur immédiat » des capacités de la société française à se ressaisir comme elle a toujours su le faire aux périodes les plus troublées de son histoire.

Edgar Morin est d'un pessimisme destructeur lorsqu'il va jusqu'à remettre en question l'avenir de la civilisation, en annonçant aux jeunes l'éventualité d'un désastre planétaire. Son passage au parti communiste, il y a plus d'un demi-siècle, le conduirait-il aujourd'hui encore à douter à ce point de l'homme ? On peut le croire lorsqu'il affirme : « Il est visible que l'économie mondiale, la croissance démographique, la menace écologique, les carences du développement font problème. C'est ce que j'ai appelé problèmes de première évidence. Mais on voit moins des problèmes sous-jacents encore plus profonds, qui minent le cours de toute la civilisation [...]. Le fait que tant de problèmes dramatiques soient liés et menacent la planète me fait dire que le monde n'est pas seulement en crise. Il est dans cet état violent où s'affrontent les forces de mort et les forces de vie, que l'on peut appeler agonie. Nous ne savons pas encore, estime Edgar Morin, s'il s'agit seulement de l'agonie d'un vieux monde, qui annonce une nouvelle naissance, ou d'une agonie mortelle[1]. »

C'est bien à une nouvelle naissance, à une renaissance, qu'il faut convier les jeunes à prendre part, en partant du postulat raisonnable que tous les maux peuvent trouver remède.

Il est vrai que le nucléaire a apporté à la fois l'énergie propre et proche et aussi la bombe atomique ; mais la réduction des arsenaux de mort est entrée dans une phase opérationnelle.

Il est vrai que le développement de l'industrie a contribué au bien-être des populations tout en engendrant des pollutions, mais la nécessité de mieux prendre en compte la protection de l'environnement est maintenant acquise et irréversible.

Il est vrai que l'intervention humanitaire est trop souvent devenue un palliatif à l'action diplomatique déficiente, mais le droit d'ingérence, d'inspiration française, devrait finir par s'imposer en strict appui du politique.

Il est vrai que les découvertes scientifiques permettent à la fois de sauver des malades et de réaliser des manipulations génétiques effrayantes, mais les comités d'éthique adjoints au pouvoir législatif sont là pour éviter les dérives dangereuses.

Il est vrai que la juxtaposition des continents riches où les terres sont mises en jachère pour limiter les productions agro-alimentaires et des continents pauvres où la famine s'étend (800 millions de mal-nourris dans le monde) choque le bon sens élémentaire, mais les nécessités du développement n'ont jamais été aussi

1. *L'Humanité*, 25 mai 1993.

actuelles. Et les efforts accomplis depuis trente ans (mortalité infantile, scolarisation, santé), souvent très sous-estimés, montrent que la voie est prise.

« Il faut rompre avec l'espérance d'arriver au meilleur des mondes mais il faut nourrir l'espérance d'un monde meilleur », soutient encore Edgar Morin. C'est ce discours qu'il faut tenir aux jeunes, haut et fort, à propos de leur pays et du monde qui l'environne.

Malgré un coût social énorme (chômage, pauvreté), dû en partie aux erreurs stratégiques commises peu après le déclenchement de la première crise du pétrole en 1973 puis dans les années du socialisme idéologique (1981-1984), la France est sans doute, hormis le Japon et l'Allemagne, le pays qui a le mieux résisté, au cours de ces vingt dernières années. L'Allemagne réunifiée digère son flanc Est en s'enfonçant maintenant dans des difficultés de tous ordres qui laissent à la France l'espoir de faire meilleure figure encore au sein de la Communauté européenne.

La France était hier une grande puissance ; elle est aujourd'hui une grande nation influente et exemplaire dans beaucoup de domaines (régimes sociaux, respect des droits de l'homme, qualités de sa démocratie). En faisant ce constat alors qu'il était encore installé à l'Elysée, Valéry Giscard d'Estaing s'était attiré les foudres des archéo-gaullistes qui y avaient vu un inqualifiable renoncement à la mère patrie et une trahison de la mémoire de « l'Homme du 18 juin ». Il ne faisait pourtant que constater la réalité. Avec 1 % de la population du globe sur 0,5 % des terres émergées habitables, la France se classe par sa population au 20ᵉ rang mondial. Et elle n'a plus de colonies mais des territoires et départements d'outre-mer, poussières d'empire qu'elle entretient en se saignant aux quatre veines.

Les jeunes générations sont insensibles à ces empoignades sur la puissance et la grandeur de la nation. L'Histoire leur manque. Mais il est important, ne serait-ce que pour forger leur confiance en l'avenir, de mieux leur enseigner la spécificité de la France et son rang dans le monde, bien supérieur aux classements des richesses ou des populations. Ni chauvins, ni cocardiers, les jeunes pourraient puiser des forces et des espérances dans un palmarès plutôt très flatteur.

Pour prendre le contre-pied de toutes les campagnes de dénigrement et de discrédit, qui justifient parfois le fatalisme des dirigeants face aux difficultés de l'heure, il n'est pas inutile de dire à la nouvelle vague des « héritiers » que la France est la 4ᵉ puissance économique et commerciale, le 2ᵉ exportateur mondial (principalement grâce au secteur agro-alimentaire), la 3ᵉ puissance nucléaire, le 5ᵉ marchand d'armes et la 1ʳᵉ destination touristique du globe.

De lui dire aussi que son niveau de vie moyen est l'un des meilleurs du monde, malgré une poussée de la pauvreté très forte depuis près de dix ans.

Que sa monnaie est l'une des plus stables et des plus respectées des pays riches.

Qu'elle reste aux yeux de tous les continents une terre de référence en matière d'humanisme et de droits de l'homme.

Que sa démocratie apparaît comme exemplaire et

solide, grâce aux institutions héritées du général de Gaulle et qui ont permis à François Mitterrand, qui en fut pourtant un farouche adversaire, de jouer l'alternance douce pendant deux mandats présidentiels.

Que sa capacité nucléaire et son siège au conseil de sécurité des Nations unies (deux autres héritages de De Gaulle) en font une nation écoutée et influente.

Que son rôle historique dans la construction de l'Europe, grâce à Aristide Briand et Edouard Herriot entre les deux guerres, à Robert Schuman et à Jean Monnet dans les années 50, puis ensuite au général de Gaulle, à Valéry Giscard d'Estaing et à François Mitterrand, en fait un pilier légitime et déterminant d'une nouvelle Communauté de 350 millions de citoyens, appelée à devenir non seulement la première puissance commerciale du monde mais ensuite, lorsqu'elle aura soigné ses maladies de jeunesse, un irremplaçable pôle de paix et de prospérité.

Qu'avec un taux de natalité (même faible) supérieur à celui de ses voisins, la France est mieux placée qu'eux pour régler l'avenir de ses régimes sociaux, malgré l'énorme handicap actuel du chômage.

Qui peut prétendre qu'il n'y a pas là de quoi faire se lever toute une génération, pour peu que lui soient donnés les moyens de tracer sa route en participant pleinement à la vie de la communauté nationale ?

Entre le communisme vaincu et le socialisme en ruine d'un côté, et le capitalisme sauvage et la technocratie froide de l'autre, la France puise aujourd'hui dans sa culture centriste et modérée pour inventer de nouveaux comportements. Sans tomber dans le consensus mou qui nuit au débat des idées et à la vigueur de la démocratie, c'est le moment d'associer plus volontairement les jeunes à cette rénovation de la culture politique et sociale, en misant sur leurs valeurs, leurs espérances et leurs audaces qui ne demandent qu'à s'exprimer dans le cadre d'une société plus déterminée et plus fraternelle. Le pari peut être tenu sans risque si l'on tient pour un atout majeur le fait que les jeunes ne souffrent pas des peurs qui paralysent souvent leurs aînés.

Ils n'ont pas peur des réformes, des changements ni des évolutions de la société qu'ils jugent même assez peu inventive. Ils se montrent tout disposés à élaborer de nouveaux modes de travail et d'organisation sociale, allant jusqu'à accepter souvent de servir de « cobayes » pour expérimenter ces innovations.

Ils n'ont pas peur de la mobilité et des nouveaux horizons. N'ayant encore aucune attache, ils n'auraient sans doute pas résisté aux mesures de délocalisation vers la province des administrations et des entreprises publiques. Beaucoup y auraient vu la possibilité de conjuguer un emploi avec la chance de vivre en province. Et tous savent dès le départ qu'il leur faudra changer plusieurs fois de métier et de lieu de résidence dans leur vie.

Ils n'ont pas peur des entreprises et des patrons, et sont même souvent prêts à occuper un poste inférieur à celui auquel les ont préparés leurs études.

Ils n'ont pas peur de la réussite ni de l'argent, ce qui contraste avec l'attitude de leurs parents à leur âge. Eux sont devenus des consommateurs avisés et raisonnables pour qui un bon salaire s'accepte sans complexe, en contrepartie d'un travail et d'une qualification.

Ils n'ont pas peur de l'étranger et admettent parfaitement les différences de race, de couleur et de religion. S'ils estiment que des mesures s'imposent pour stopper l'immigration clandestine et mettre hors d'état de nuire les immigrés trafiquants de drogue, ils manifestent en revanche une réelle solidarité avec les travailleurs étrangers rendus, comme eux, vulnérables par la crise.

Ils n'ont pas peur de la classe politique pourtant discréditée, mais tiennent les élus à bonne distance, ne croient plus en leurs promesses et leur demandent une plus grande probité. Avant de les juger en fonction de leurs actes.

Ils n'ont pas peur de la famille, qu'ils souhaitent ardemment construire pour avoir des enfants, même s'ils ne la conçoivent pas obligatoirement dans les liens du mariage.

Ils n'ont pas peur du déclin de la France et n'aspirent qu'à trouver, dès que possible, leur place au sein d'une société plus ouverte, dans un pays qu'ils aiment et où ils se disent privilégiés de vivre.

Ils n'ont pas peur de l'Europe, n'ayant envers elle aucune réserve d'ordre historique, même si le caractère bureaucratique et pour l'heure exclusivement marchand de la CEE les laisse un peu sur leur faim, dans l'attente d'une Europe des citoyens, mieux identifiée, plus humaine et plus solidaire.

Après avoir laissé détruire les signes et les repères, et noyé les illusions et les espérances de toute une génération dans les remous et les convulsions d'une crise aux mille visages, il n'est pas certain que la société ait pris toute la mesure de la gravité du malaise qui couve sous la cendre de l'aide sociale. En persistant à minimiser la situation jusqu'à englober les problèmes spécifiques de la jeunesse avec les sports dans un « ministère de la gymnastique », sans discours et sans moyens, comme en négligeant de décréter la mobilisation générale pour mettre en œuvre un plan Marshall pour l'emploi des jeunes, les gouvernements qui se suivent (et se ressemblent) courent le risque énorme d'une explosion autrement plus dangereuse que celle de 1968. Aux « apôtres du refus » (du travail, de l'argent, de l'ordre, de la morale) succéderaient demain les « croisés de l'exigence » (de l'emploi, de la probité, de la sécurité).

Ceux qui ont bénéficié d'une enfance heureuse n'ont pas de revanche à prendre et sont rarement révolutionnaires. C'est pour cela que mai 1968 n'a pas été une révolution. Mais personne ne peut soutenir sérieusement que la génération de la crise multidimensionnelle, du divorce banalisé, du chômage endémique, du sida pernicieux et du monologue télévisuel aura connu une jeunesse heureuse.

La résignation dont elle semble faire preuve peut-elle se métamorphoser et céder la place à une volonté de revanche ?

Qui peut répondre, sinon les intéressés ?

Table

*La composition de cet ouvrage
a été réalisée par l'Imprimerie BUSSIÈRE,
l'impression et le brochage ont été effectués
sur presse CAMERON dans les ateliers de B.C.A.,
à Saint-Amand-Montrond (Cher),
pour le compte des Éditions Albin Michel.*

*Achevé d'imprimer en avril 1994.
N° d'édition : 13750. N° d'impression : 94/245.
Dépôt légal : avril 1994.*